银行业专业人员职业资格考试

风险管理
（初、中级适用）

银行业专业人员职业资格考试研究组 主编

严格依据银行业专业人员职业资格考试大纲编写

扫描二维码
获取天一网校 APP

关注天一金融课堂
获取增值服务

西南财经大学出版社
Southwestern University of Finance & Economics Press

中国·成都

图书在版编目(CIP)数据

风险管理:初、中级适用/银行业专业人员职业资格考试研究组主编. —成都:西南财经大学出版社,2024.1(2024.12重印)

ISBN 978 – 7 – 5504 – 6014 – 0

Ⅰ.①风… Ⅱ.①银… Ⅲ.①银行—风险管理—中国—资格考试—自学参考资料 Ⅳ.①F832.2

中国国家版本馆 CIP 数据核字(2023)第 226857 号

风险管理(初、中级适用)
FENGXIAN GUANLI(CHU、ZHONGJI SHIYONG)
银行业专业人员职业资格考试研究组　主编

责任编辑:冯　梅
封面校对:乔　雷
封面设计:天　一
责任印制:朱曼丽

出版发行	西南财经大学出版社(四川省成都市光华村街55号)
网　　址	http://cbs.swufe.edu.cn
电子邮件	bookcj@swufe.edu.cn
邮政编码	610074
电　　话	028 – 87353785
印　　刷	焦作市海德瑞印务有限公司
成品尺寸	185mm×260mm
印　　张	14
字　　数	411 千字
版　　次	2024 年 1 月第 1 版
印　　次	2024 年 12 月第 2 次印刷
书　　号	ISBN 978 – 7 – 5504 – 6014 – 0
定　　价	56.00 元

版权所有,翻印必究。

目录 CONTENTS

第一章 风险管理基础
- 考纲要求 ········· 001
- 知识解读 ········· 001
  - 第一节 商业银行风险 ········· 001
  - 第二节 商业银行风险管理 ········· 006
  - 第三节 风险管理定量基础 ········· 009
- 章节自测 ········· 017
- 答案详解 ········· 018

第二章 风险管理体系
- 考纲要求 ········· 019
- 知识解读 ········· 019
  - 第一节 风险治理架构 ········· 019
  - 第二节 风险文化、偏好和限额 ········· 025
  - 第三节 风险管理政策和流程 ········· 029
  - 第四节 风险数据与 IT 系统 ········· 032
  - 第五节 内部控制与内部审计 ········· 035
- 章节自测 ········· 039
- 答案详解 ········· 040

第三章 信用风险管理
- 考纲要求 ········· 041
- 知识解读 ········· 042
  - 第一节 信用风险识别 ········· 042
  - 第二节 信用风险评估与计量 ········· 050
  - 第三节 信用风险监测与报告 ········· 056
  - 第四节 信用风险控制与缓释 ········· 062
  - 第五节 信用风险加权资产计量 ········· 066
  - 第六节 集中度风险管理 ········· 068
  - 第七节 资产证券化风险管理(中级考试内容) ········· 070
  - 第八节 贷款损失准备与不良资产处置 ········· 073
- 章节自测 ········· 076
- 答案详解 ········· 077

第四章　市场风险管理

考纲要求 …… 078
知识解读 …… 079
　　第一节　市场风险识别 …… 079
　　第二节　市场风险计量 …… 084
　　第三节　市场风险监测与报告 …… 090
　　第四节　市场风险资本计量 …… 093
　　第五节　银行账簿利率风险管理 …… 099
　　第六节　交易对手信用风险管理(中级考试内容) …… 100
章节自测 …… 101
答案详解 …… 103

第五章　操作风险管理

考纲要求 …… 104
知识解读 …… 105
　　第一节　操作风险识别 …… 105
　　第二节　操作风险评估 …… 107
　　第三节　操作风险监测与报告 …… 108
　　第四节　操作风险控制与缓释 …… 112
　　第五节　操作风险资本计量 …… 117
　　第六节　外包风险管理 …… 119
　　第七节　信息科技风险管理 …… 120
　　第八节　反洗钱管理 …… 124
章节自测 …… 129
答案详解 …… 130

第六章　流动性风险管理

考纲要求 …… 132
知识解读 …… 132
　　第一节　流动性风险识别 …… 132
　　第二节　流动性风险评估与计量 …… 137
　　第三节　流动性风险监测与报告 …… 142
　　第四节　流动性风险控制 …… 145
　　第五节　流动性风险应急管理 …… 148
章节自测 …… 150
答案详解 …… 152

第七章 国别风险管理

- 考纲要求 153
- 知识解读 154
  - 第一节 国别风险识别 154
  - 第二节 国别风险评估和计量 155
  - 第三节 国别风险监测与报告 157
  - 第四节 国别风险控制与缓释 158
- 章节自测 160
- 答案详解 161

第八章 声誉风险与战略风险管理

- 考纲要求 162
- 知识解读 162
  - 第一节 声誉风险管理 162
  - 第二节 战略风险管理 166
- 章节自测 171
- 答案详解 172

第九章 其他风险管理

- 考纲要求 173
- 知识解读 173
  - 第一节 交叉性金融风险管理 173
  - 第二节 表外业务风险管理 175
  - 第三节 产品风险管理 176
  - 第四节 衍生产品风险管理（中级考试内容） 178
  - 第五节 行为风险管理 179
  - 第六节 气候风险管理 180
- 章节自测 181
- 答案详解 182

第十章 压力测试

- 考纲要求 183
- 知识解读 183
  - 第一节 压力测试概述 183
  - 第二节 压力测试情景 185

  第三节 压力测试方法 …………………………………… 186
  第四节 压力测试报告内容及结果应用 ………………… 188
 章节自测 ………………………………………………………… 189
 答案详解 ………………………………………………………… 190

第十一章 资本管理

 考纲要求 ………………………………………………………… 191
 知识解读 ………………………………………………………… 192
  第一节 资本定义及功能 ………………………………… 192
  第二节 资本分类和构成 ………………………………… 193
  第三节 资本充足率 ……………………………………… 197
  第四节 杠杆率 …………………………………………… 200
  第五节 内部资本充足评估程序（中级考试内容）…… 202
 章节自测 ………………………………………………………… 206
 答案详解 ………………………………………………………… 207

第十二章 银行监督管理

 考纲要求 ………………………………………………………… 208
 知识解读 ………………………………………………………… 208
  第一节 银行监管 ………………………………………… 208
  第二节 金融监管体制和我国银行法律法规体系 …… 210
  第三节 银行监管的主要方法 …………………………… 211
  第四节 市场约束 ………………………………………… 214
 章节自测 ………………………………………………………… 217
 答案详解 ………………………………………………………… 218

第一章 风险管理基础

考情直击

本章的主要内容是与商业银行的风险、风险管理模式以及定量基础等相关的知识。分析近几年的考试情况,本章的常考点有商业银行风险的主要类别、风险管理模式、风险管理策略、概率及概率分布、线性回归分析、风险分散的数理原理等,在考试中占12~13分。

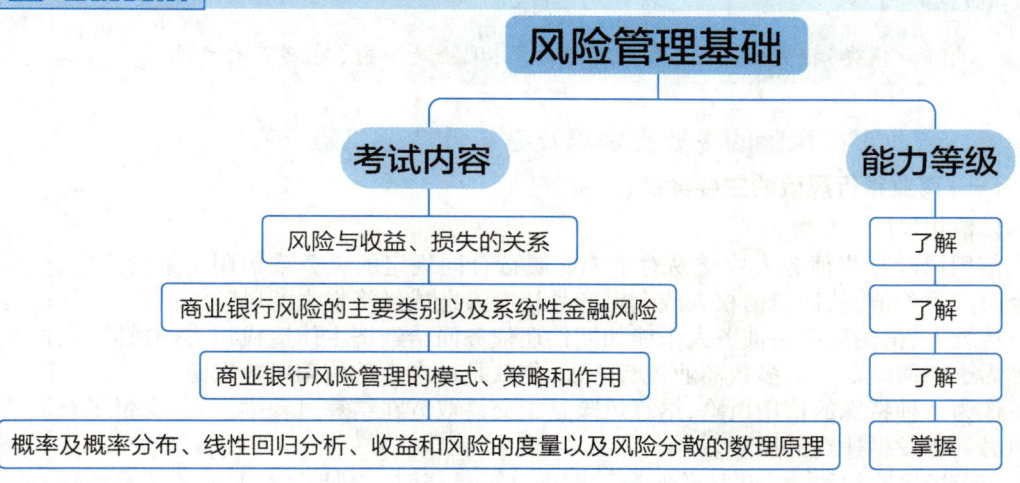

考纲要求

风险管理基础

考试内容	能力等级
风险与收益、损失的关系	了解
商业银行风险的主要类别以及系统性金融风险	了解
商业银行风险管理的模式、策略和作用	了解
概率及概率分布、线性回归分析、收益和风险的度量以及风险分散的数理原理	掌握

知识解读

第一节 商业银行风险

一、风险、收益与损失的关系 ★

(一)风险与收益

1.风险

风险是指商业银行在经营活动中,因不确定性因素的影响,而遭受经济损失或不能获取额外收益的可能性。根据该定义,本书所称风险,实际上特指商业银行风险。

2.收益

收益是指商业银行通过发放贷款、进行投资、开展金融产品交易、为客户提供金融服务所获得的盈利。

(二)风险与损失

1.损失

在实践中,人们通常将金融风险可能造成的损失分为**预期损失、非预期损失和灾难性损失**三大类。

（1）预期损失是指商业银行业务发展中基于历史数据分析可以预见到的损失，通常为一定历史时期内损失的平均值（有时也采用中间值）。

（2）非预期损失是指利用统计分析方法（在一定的置信区间和持有期内）计算出的对预期损失的偏离，是商业银行难以预见到的较大损失。

（3）灾难性损失是指超出非预期损失之外的可能威胁到商业银行安全性和流动性的重大损失。

2. 风险与损失的关系

风险虽然通常采用损失的可能性以及潜在的损失规模来计量，但绝不等同于损失本身。

严格地说，损失是一个事后概念，反映风险事件发生后所造成的实际结果；而风险却是一个明确的事前概念，反映损失发生前事物发展状态，在风险定量分析中可以采用概率和统计方法计算出损失规模和发生的可能性。

教你一招

> 风险≠损失，损失是事后，对应实际结果；风险是事前，对应不确定性。

二、商业银行风险的主要类别以及系统性金融风险 ★

（一）商业银行风险的主要类别

1. 信用风险

信用风险是指债务人或交易对手未能履行合同规定的义务或信用质量发生变化，影响金融产品价值，从而给债权人或金融产品持有人造成经济损失的风险。

传统上，信用风险是债务人未能如期偿还债务而给经济主体造成损失的风险，因此又被称为违约风险。对大多数商业银行来说，贷款是最主要的信用风险来源。

作为一种特殊的信用风险，结算风险是指交易双方在结算过程中，一方支付了合同资金但另一方发生违约的风险。

与市场风险相比，信用风险观察数据少且不易获取，因此具有明显的非系统性风险特征。

2. 市场风险

市场风险是指金融资产价格和商品价格的波动给商业银行表内头寸、表外头寸造成损失的风险。市场风险包括利率风险、汇率风险、股票风险和商品风险。

相对于信用风险而言，市场风险具有数据充分且易于计量的特点，更适于采用量化技术加以控制。由于市场风险主要来自所属经济体，因此具有明显的系统性风险特征，难以通过在自身经济体内分散化投资完全消除。国际金融机构通常采取分散投资于多国金融市场的方式降低系统性风险。

3. 操作风险

操作风险是指由不完善或有问题的内部程序、员工、信息科技系统以及外部事件所造成损失的风险，包括法律风险，但不包括声誉风险和战略风险。

操作风险可分为人员因素、内部流程、系统缺陷和外部事件四大类别，表现形式主要有：

（1）员工方面表现为职员欺诈、失职违规、违反用工法律等。

（2）内部流程方面表现为流程不健全、流程执行失败、控制和报告不力、文件或合同缺陷、担保品管理不当、产品服务缺陷、泄密、与客户纠纷等。

(3)系统方面表现为信息科技系统和一般配套设备不完善。
(4)外部事件方面表现为外部欺诈、自然灾害、交通事故、外包商不履责等。

与市场风险主要存在于交易账户和信用风险主要存在于银行账户不同,**操作风险广泛存在于商业银行业务和管理的各个领域,具有普遍性和非营利性,不能给商业银行带来盈利**。

4. 法律风险

法律风险是指商业银行因日常经营和业务活动无法满足或违反法律规定,导致不能履行合同、发生争议/诉讼或其他法律纠纷而造成经济损失的风险。法律风险是一种特殊类型的操作风险,包括但不限于:签订的合同因违反法律或者行政法规可能被依法撤销或者确认无效;因违约、侵权或者其他事由被提起诉讼或者申请仲裁,依法可能承担赔偿责任;业务、管理活动违反法律、法规或者监管规定,依法可能承担刑事责任或者行政责任。

狭义上,法律风险主要关注商业银行所签署的各类合同、承诺等法律文件的有效性和可执行力。广义上,与法律风险密切相关的还有合规风险等。

合规风险,是指商业银行因没有遵循法律、规则和准则可能遭受法律制裁、监管处罚、重大财务损失和声誉损失的风险。合规管理是商业银行一项核心的风险管理活动。商业银行应综合考虑合规风险与信用风险、市场风险、操作风险和其他风险的关联性,确保各项风险管理政策和程序的一致性。

5. 流动性风险

流动性是指商业银行在不影响日常经营或财务状况的情况下,能够以合理成本及时获得充足资金,以满足资产增长或履行到期债务的能力。流动性风险是指商业银行无法以合理成本及时获得充足资金,用于偿付到期债务、履行其他支付义务和满足正常业务开展的其他资金需求的风险。**流动性风险是银行所有风险中最具破坏力的风险**。几乎所有摧毁银行的风险都是以流动性风险爆发来为银行画上句号的。**流动性风险堪称银行风险中的"终结者"**。

流动性风险与信用风险、市场风险和操作风险相比,形成的原因更加复杂,涉及的范围更广,**通常被视为一种多维风险**。

6. 国别风险

国别风险是指由于某一国家或地区经济、政治、社会变化及事件,导致该国家或地区借款人或债务人没有能力或者拒绝偿付商业银行债务,或使商业银行在该国家或地区的商业存在遭受损失,或使商业银行遭受其他损失的风险。

国别风险可能由一国或地区经济状况恶化、政治和社会动荡、资产被国有化或被征用、政府拒付对外债务、外汇管制或货币贬值等情况引发。

国别风险体系中的国家或地区,是指不同的司法管辖区或经济体。中国的银行业金融机构在进行国别风险管理时,应当视中国香港、中国澳门和中国台湾为不同的司法管辖区或经济体。

7. 声誉风险

声誉是商业银行所有利益持有者基于持久努力、长期信任建立起来的无形资产。声誉风险是指由商业银行经营、管理及其他行为或外部事件导致利益相关方对商业银行负面评价的风险。商业银行通常将声誉风险看作是对其经济价值最大的威胁。**声誉风险也被视为一种多维风险**。

8. 战略风险

战略风险是指商业银行在追求短期商业目的和长期发展目标的过程中,因不适当的发展规划和战略决策给商业银行造成损失或不利影响的风险。

战略风险主要体现在四个方面：一是商业银行战略目标缺乏整体兼容性；二是为实现战略目标而制定的经营策略存在缺陷；三是为实现战略目标所需要的资源匮乏；四是整个战略实施过程的质量难以保证。

9. 其他风险

除了上述八大类主要风险，《巴塞尔资本协议》在不断发展和完善过程中又提出了**交易对手信用风险、集中度风险、银行账簿利率风险**等其他风险类别。

（二）系统性金融风险

1. 系统性金融风险的定义

系统性金融风险是指可能对正常开展金融服务产生重大影响，进而对实体经济造成巨大负面冲击的金融风险。系统性金融风险主要来源于时间和结构两个维度：从时间维度看，系统性金融风险一般由金融活动的一致行为引发并随时间累积，主要表现为金融杠杆的过度扩张或收缩，由此导致的风险顺周期的自我强化、自我放大。从结构维度看，系统性金融风险一般由特定机构或市场的不稳定引发，通过金融机构、金融市场、金融基础设施间的相互关联等途径扩散，表现为风险跨机构、跨部门、跨市场、跨境传染。

2. 系统性金融风险的特征

与单个金融机构风险或个体风险相比，系统性金融风险主要有四个方面的特征：

复杂性
系统性金融风险初始积累的多样性和不确定性、传染渠道的多样性和关联性，以及金融体系结构的复杂性，使得系统性金融风险是一种复杂的风险类型。

突发性
系统性金融风险的爆发通常会带来剧烈的短期风险，可能引发市场参与者恐慌性反应。

交叉传染性快，波及范围广
随着互联网金融和金融科技的发展，系统性金融风险的交叉传染性还会变得更为迅速。

负外部性强
负的外部性以及对整个实体经济的巨大溢出效应是系统性金融风险最重要的特征。

3. 系统性金融风险的监测、评估

系统性金融风险的监测重点包括宏观杠杆率，政府、企业和家庭部门的债务水平和偿还能力，具有系统重要性影响和较强风险外溢性的金融机构、金融市场、金融产品和金融基础设施等。

宏观审慎管理牵头部门根据系统性金融风险的特征，建立健全系统性金融风险监测和评估框架。完善系统性金融风险监测评估指标体系并设定阈值，适时动态调整以反映风险的发展变化。丰富风险监测方法和技术，采取热力图、系统性金融风险指数、金融压力指数、金融条件指数、宏观审慎压力测试、专项调查等多种方法和工具进行监测和评估，积极探索运用大数据技术。

4. 宏观审慎政策工具

宏观审慎政策工具主要用于防范金融体系的整体风险，具有"宏观、逆周期、防传染"的基本属性，这是其有别于主要针对个体机构稳健、合规运行的微观审慎监管的重要特征。

（1）按照时间维度和结构维度两种属性划分。针对不同类型的系统性金融风险，宏观审慎政策工具可按照时间维度和结构维度两种属性划分，也有部分工具兼具两种属性。

时间维度的工具用于逆周期调节,平滑金融体系的顺周期波动;结构维度的工具,通过提高对金融体系关键节点的监管要求,防范系统性金融风险跨机构、跨市场、跨部门和跨境传染。

时间维度的工具主要包括以下几种:

①资本管理工具,主要通过调整对金融机构资本水平施加的额外监管要求、特定部门资产风险权重等,抑制由资产过度扩张或收缩、资产结构过于集中等导致的顺周期金融风险累积。

②流动性管理工具,主要通过调整对金融机构和金融产品的流动性水平、资产可变现性和负债来源等施加的额外监管要求,约束过度依赖批发性融资以及货币、期限严重错配等,增强金融体系应对流动性冲击的韧性和稳健性。

③资产负债管理工具,主要通过对金融机构的资产负债构成和增速进行调节,对市场主体的债务水平和结构施加影响,防范由金融体系资产过度扩张或收缩、风险敞口集中暴露,以及市场主体债务偏离合理水平等引发的系统性金融风险。

④金融市场交易行为工具,主要通过调整对金融机构和金融产品交易活动中的保证金比率、融资杠杆水平等施加的额外监管要求,防范金融市场价格大幅波动等可能引发的系统性金融风险。

⑤跨境资本流动管理工具,主要通过对影响跨境资本流动顺周期波动的因素施加约束,防范跨境资本"大进大出"可能引发的系统性金融风险。

结构维度的工具主要包括以下几种:

①特定机构附加监管规定。

②金融基础设施管理工具。

③跨市场金融产品管理工具。

④风险处置等阻断风险传染的管理工具。

(2)按照对政策实施对象约束力大小划分。按照对政策实施对象约束力大小,宏观审慎政策工具可分为强约束力工具和引导类工具。

强约束力工具是指政策实施对象根据法律法规要求必须执行的工具;引导类工具是指宏观审慎管理牵头部门通过研究报告、信息发布、评级公告、风险提示等方式,提出对系统性金融风险状况的看法和风险防范的建议。

(3)压力测试。宏观审慎压力测试包括宏观层面压力测试,还包括系统重要性金融机构压力测试、金融控股公司压力测试、金融行业压力测试等针对特定机构和行业的压力测试。

💡 真题精练

【例1·多项选择题】商业银行的战略风险主要体现在(   )。
A. 为实现战略目标所需要的资源匮乏
B. 为实现战略目标而制定的经营战略存在缺陷
C. 政治、经济和社会环境发生变化
D. 整个战略实施过程的质量难以保证
E. 商业银行战略目标缺乏整体兼容性

A B D E 战略风险主要体现在四个方面:一是商业银行战略目标缺乏整体兼容性;二是为实现战略目标而制定的经营策略存在缺陷;三是为实现战略目标所需要的资源匮乏;四是整个战略实施过程的质量难以保证。

第二节　商业银行风险管理

一、商业银行风险管理的模式 ★

表 1-1　商业银行风险管理的模式

风险管理模式	时间	背景	主要内容	主要理论
资产风险管理模式	20世纪60年代以前	商业银行的风险管理主要侧重于资产业务的风险管理，强调保持商业银行资产的流动性。这主要是当时商业银行经营中最直接、最经常性的风险来自资产业务（如贷款等）	当时商业银行极为重视资产业务风险管理，通过加强资信评估、项目调查、严格审批制度、减少信用放款、实施抵押、资产分散化等措施和手段，防范、减少资产业务损失的发生，确立稳健经营的基本原则，增强商业银行的安全性	同期现代金融理论初步确立。哈里·马柯维茨于20世纪50年代提出的不确定条件下的投资组合理论，成为现代风险管理的重要基石
负债风险管理模式	20世纪60年代	西方各国经济高速增长，社会对商业银行的资金需求极为旺盛，商业银行面临资金相对不足的巨大压力	为扩大资金来源，满足流动性需求，同时避开金融监管的限制，西方商业银行变被动负债为主动负债，创新金融工具（如大额可转让定期存单、回购协议、同业拆借等），扩大商业银行的资金来源。但负债规模的迅速扩张大大提高了商业银行的杠杆率，加大了商业银行的经营压力和不确定性。由此商业银行风险管理的重点转向了负债风险管理	同期现代金融理论又有了重大发展。威廉·夏普等人在1964年提出的资本资产定价模型（CAPM），揭示了在一定条件下资产的风险溢价、系统性风险和非系统性风险的定量关系，为现代风险管理提供了重要的理论基础
资产负债风险管理模式	20世纪70年代	单一的资产风险管理模式稳健有余而进取不足，单一的负债风险管理模式进取有余而稳健不足，两者均不能保证商业银行安全性、流动性和效益性的均衡	在此背景下，资产负债风险管理理论应运而生，重点强调对资产业务和负债业务的协同管理，通过匹配资产负债期限结构、经营目标互相代替和资产分散，实现总量平衡和风险控制。同期，利率、汇率、商品期货/期权等金融衍生工具大量涌现，为金融机构提供了更多资产负债风险管理工具	1973年，费雪·布莱克、迈伦·斯科尔斯、罗伯特·默顿提出的欧式期权定价模型，为金融衍生产品定价及广泛应用铺平了道路，开辟了风险管理的全新领域

表1-1（续）

风险管理模式	时间	背景	主要内容	主要理论
全面风险管理模式	20世纪80年代以后	随着银行业的竞争加剧，存贷利差变窄，商业银行逐步转向利用金融衍生工具或从事中间业务谋取更高收益，非利息收入占比因此迅速增加。在捕捉更多业务机会的同时，金融自由化、全球化浪潮和金融创新的迅猛发展，使商业银行面临的风险日益呈现多样化、复杂化、全球化的趋势，原有的风险管理模式已无法适应新形势需要	风险管理理念和技术由以前单纯的信用风险管理模式，转向信用风险、市场风险、操作风险、流动性风险管理并举，信贷资产与非信贷资产管理并举，组织流程再造与定量分析技术并举的全面风险管理模式。风险管理绝不仅仅是风险管理部门的职责，无论是董事会、高级管理层，还是业务部门，乃至运营部门，每个人在履行工作职责时，都必须深刻认识其潜在风险因素，并主动预防	**全面风险管理代表了国际先进银行风险管理的最佳实践，符合《巴塞尔资本协议》和各国监管机构的监管要求，已成为现代商业银行谋求发展和保持竞争优势的重要基石**

💡 真题精练

【例2·单项选择题】（　　）代表了国际先进银行风险管理的最佳实践，符合《巴塞尔资本协议》和各国监管机构的要求，已经成为现代商业银行谋求发展和保持竞争优势的重要基石。

A. 全面风险管理　　　　　　B. 负债风险管理
C. 资产风险管理　　　　　　D. 资产负债风险管理

A　全面风险管理代表了国际先进银行风险管理的最佳实践，符合《巴塞尔资本协议》和各国监管机构的监管要求，已成为现代商业银行谋求发展和保持竞争优势的重要基石。

二、商业银行风险管理的策略 ★

从经营风险角度考虑，商业银行应当基于自身风险偏好选择其应承担或经营的风险，并制定恰当的风险管理策略控制和管理所承担的风险，确保商业银行稳健运营，不断提高竞争力。商业银行的风险管理策略通常可概括为**风险分散、风险对冲、风险转移、风险规避和风险补偿五种策略**。

（一）风险分散

风险分散是指通过多样化投资分散并降低风险的策略性选择。"不要将所有的鸡蛋放在一个篮子里"的经典投资格言形象地说明了这一方法。马柯维茨的投资组合理论认为，**只要两种资产收益率的相关系数不为1（即不完全正相关），分散投资于两种资产就具有降低风险的作用**。而对于由相互独立的多种资产组成的投资组合，只要组合中的资产个数足够多，该投资组合的非系统性风险就可以通过这种分散策略完全消除。

商业银行可通过信贷资产组合管理或与其他商业银行组成银团贷款的方式，使授信对象多样化，从而分散和降低风险。

（二）风险对冲

风险对冲是指通过投资或购买与标的资产收益波动负相关的某种资产或衍生产品，来抵消标的资产潜在损失的一种策略性选择。

风险对冲对管理市场风险（利率风险、汇率风险、股票风险和商品风险）非常有效，可以分为自我对冲和市场对冲两种情况。

（1）自我对冲是指商业银行利用资产负债表或某些具有收益负相关性质的业务组合本身所具有的对冲特性进行风险对冲。

（2）市场对冲是指对于无法通过资产负债表和相关业务调整进行自我对冲的风险，通过衍生产品市场进行对冲。

（三）风险转移

风险转移是指通过购买某种金融产品或采取其他合法的经济措施将风险转移给其他经济主体的一种策略性选择。风险转移可分为保险转移和非保险转移。

（1）保险转移。保险转移是指商业银行购买保险，以缴纳保险费为代价将风险转移给承保人。当商业银行发生风险损失时，承保人按照保险合同的约定责任给予商业银行一定经济补偿。

（2）非保险转移。担保、备用信用证等能够将信用风险转移给第三方。

（四）风险规避

风险规避是指商业银行拒绝或退出某一业务或市场，以避免承担该业务或市场风险的策略性选择。

在现代商业银行风险管理实践中，风险规避可以通过限制某些业务的经济资本配置实现。风险规避策略的实质是为了不承担风险，宁可放弃收益，即在规避风险的同时自然也失去了在这一业务领域获得收益的机会。风险规避策略的局限性在于这是一种消极的风险管理策略，不宜成为商业银行风险管理的主导策略。

（五）风险补偿

风险补偿是指商业银行在从事的业务活动造成实质性损失之前，对承担的风险进行价格补偿的策略性选择。

对于那些无法通过风险分散、风险对冲、风险转移或风险规避进行有效管理的风险，商业银行可以采取在交易价格上附加更高的风险溢价，即通过提高风险回报的方式，获得承担风险的价格补偿。

对商业银行而言，风险管理的一个重要内容就是对所担风险进行合理定价。如果定价过低，将使自身所担风险难以获得合理补偿；定价过高又使自身业务失去竞争力，陷入业务萎缩困境。

> **知识加油站**
>
> 商业银行以经营风险为核心职能，因此风险管理应贯穿于商业银行经营活动的始终。

> **真题精练**
>
> 【例3·单项选择题】"不要把所有的鸡蛋放在同一个篮子里"的经典投资格言体现的是（　　）的风险管理策略。
>
> A. 风险转移　　　　　　　　B. 风险分散
> C. 风险对冲　　　　　　　　D. 风险规避
>
> B　风险分散是指通过多样化投资分散并降低风险的策略性选择。"不要将所有鸡蛋放在一个篮子里"的经典投资格言形象地说明了这一方法。

三、商业银行风险管理的作用 ★

本质上,商业银行就是经营风险的金融机构,以经营风险为其营利的根本手段,防范好金融风险是商业银行实现高质量发展的重要保障。商业银行是否愿意承担风险、能否有效管理和控制风险,直接决定商业银行的经营成败。因此,风险管理是商业银行经营管理的核心内容。风险管理对于商业银行经营的作用主要体现在以下几个方面。

(1)健全的风险管理体系能为商业银行创造价值。健全的风险管理体系具有自觉管理、微观管理、系统管理、动态管理等功能,能够降低商业银行的破产可能性和财务成本,保护商业银行所有者利益,实现股东价值最大化。此外,良好的风险管理体系能有效降低各类风险水平,减少附加监管要求,降低法律、合规、监管成本。因此,建立和完善全面风险管理体系是商业银行创造价值的重要手段。

(2)良好的风险管理能力是商业银行业务发展的原动力。商业银行作为经济社会各类参与者转嫁风险的主要平台,利用其专业化的风险管理技能,通过分散或对冲等方法对从客户方承担过来的风险进行管理。例如,商业银行利用资产证券化、信用衍生产品等创新工具,将其面临的流动性风险、信用风险等进行有效转移。

(3)风险管理可以改变商业银行的经营模式。随着风险管理理念的不断深入,风险管理手段的不断创新,当今商业银行正从传统上片面追求扩大规模、增加利润的粗放经营模式,向风险与收益相匹配的精细化管理模式转变;从以定性分析为主的传统管理方式,向以定量分析为主的风险管理模式转变;从侧重于对不同风险分散管理的模式,向集中进行全面风险管理的模式转变。通过风险管理,商业银行了解和认识外部环境、内部状况和业务开展的不确定性,分析和预测影响商业银行盈利性的风险因素,从宏观层次和微观层次管理潜在风险,为提高收益制定相关策略,将风险控制在"与风险管理能力相匹配的水平",最终实现风险—收益的合理平衡。

(4)风险管理能够为商业银行风险定价提供依据。通过现代风险管理技术,商业银行可准确识别和计量金融产品与服务的风险成本和风险水平,并据此制定具有竞争力的价格。此外,商业银行广泛采用风险管理技术对金融资产、负债组合进行动态管理,发现并拓展新业务。

(5)风险管理水平体现了商业银行的核心竞争力。从市场经济本质看,商业银行的核心竞争力主要指在市场竞争中一家商业银行相对于其他商业银行把握良好投资机会的能力。

在商业银行的经营管理过程中,有两个至关重要的因素决定其风险承担能力:一是资本充足率水平。二是商业银行的风险管理水平。

> **要点点拨**
>
> 资本充足率较高的商业银行有能力接受相对高风险、高收益的项目,比资本充足率低的商业银行具有更强的竞争力。

第三节 风险管理定量基础

一、概率及概率分布 ★★★

(一)随机事件与概率

1. 随机事件

社会实践或金融活动中产生的现象可以分为确定性现象与随机现象两类。概率论的主要研究对象是随机现象。在每次随机试验中可能出现,也可能不出现的结果称为随机事件。随机事件由基本事件构成。基本事件是指在每次随机试验中至少发生一次,也仅发生一次的事件。

2. 概率

概率是对不确定性事件进行描述的最有效的数学工具,是对不确定性事件发生可能性的一种度量。

(二)随机变量及其概率分布

随机变量就是用数值来表示随机事件的结果,对样本空间中的每一个或每一类所感兴趣的可能结果设定一个数值,也即定义一个从样本空间到实数的函数。根据所给出的结果和对应到实数空间的函数取值范围,可以把随机变量分为离散型随机变量和连续型随机变量。如果随机变量 X 的所有可能值只有有限多个或可列多个,即为离散型随机变量;如果随机变量 X 的所有可能值由一个或若干个(有限或无限)实数轴上的区间组成,则为连续型随机变量。通过对每一个随机变量的取值定义一个对应的概率,就得到了随机变量的分布。

1. 离散型随机变量的概率分布

离散型随机变量的一切可能值及与其取值相应的概率,称作离散型随机变量的概率分布,表示法有<u>列举法或表格法</u>。

2. 连续型随机变量的概率分布

连续型随机变量的概率分布通常使用<u>累积概率分布或概率密度</u>来定义。对于连续型随机变量 X,如果存在一个非负可积函数 $f(x)$,对任意实数 a 和 $b(a<b)$,都有:

$$P(a < X \leqslant b) = \int_a^b f(x) \mathrm{d}x$$

则称 $f(x)$ 为随机变量 X 的概率密度函数,简称概率密度或密度函数。

无论是离散型随机变量还是连续型随机变量,都可以用一种统一的形式即分布函数来描述其概率特征。假设随机变量 X 和任意实数 x,记随机变量 X 不超过 x 的累积概率为 $F(x)$,即 $F(x) = P(X \leqslant x)$, $-\infty < x < \infty$,则称 $F(x)$ 为 X 的累积概率分布函数,简称分布函数。

对于任意实数 x_1 和 $x_2(x_1 < x_2)$,根据分布函数有:

$$P(x_1 < X \leqslant x_2) = P(X \leqslant x_2) - P(X \leqslant x_1) = F(x_2) - F(x_1)$$

因此,若 X 的分布函数 $F(x)$ 已知,就能知道 X 落在任一区间 $(x_1, x_2]$ 上的概率。从这个意义上说,分布函数完整地描述了随机变量的变化和统计规律性,概率分布是对随机变量概率特征全面、完整的描述。

(三)随机变量的期望、方差和协方差

1. 期望

期望是随机变量的概率加权和,对离散型的随机变量,期望可以用求和式表示为:

$$E(x) = \sum_{i=1}^{N} x_i \cdot p_i$$

其中,p_i 为随机变量取值为 x_i 的概率。

对连续型的随机变量,期望值可以通过定积分公式表示为:

$$E(x) = \int_{-\infty}^{+\infty} x f(x) \mathrm{d}x$$

其中,$f(x)$ 为随机变量的分布密度函数。

2. 方差

随机变量的方差描述了随机变量偏离其期望值的程度。当一个随机变量取值以很大的可能性偏离其期望值时,其方差就比较大,反之方差较小。方差是随机变量取值偏离期望值的概率加权之和。常用的方差计算公式为:

$$D(X) = E[X - E(X)]^2$$

(1)对离散型的随机变量,方差可以用求和式表示为:
$$D(X) = \sum_{i=1}^{N}[x_i - E(x)]^2 p_i$$
其中,p_i 为随机变量取值为 x_i 的概率。

(2)对连续型的随机变量,方差可以通过定积分公式表示为:
$$D(X) = \int_{-\infty}^{+\infty}[x - E(x)]^2 f(x)dx$$
其中,$f(x)$ 为随机变量 x 的概率密度函数。

方差越大,随机变量取值的范围越大,其不确定性增加,风险程度也越大。当方差变小时,随机变量的取值将越来越集中到期望值的附近,风险程度减小。

3. 标准差

标准差(又叫波动率)是随机变量方差的算术平方根,公式表示为:
$$\sigma(X) = \sqrt{D(X)}$$
随机变量的方差和标准差均反映了数据的离散程度,两者的区别主要体现在量纲不同。标准差是对随机变量不确定性程度进行刻画的一种常用指标,在风险管理实践中,标准差或波动率长期以来一直作为风险度量的代名词。

4. 线性变换

风险管理中通常需要关注多个变量的线性组合。常用的期望和方差线性变换公式包括:
$$E(\alpha + \beta X) = \alpha + \beta E(X)$$
$$D(\alpha + \beta X) = \beta^2 D(X)$$
$$E(X + Y) = E(X) + E(Y)$$
$$D(X + Y) = D(X) + D(Y) + 2\text{Cov}(X, Y)$$
其中,X、Y 是随机变量;α、β 均为常数;$\text{Cov}(X, Y)$ 是协方差。

5. 协方差与相关系数

协方差可以用来度量不同随机变量之间的相关性,在资产配置时,协方差可以用于了解 X 和 Y 两种不同资产之间的收益率的相关关系。协方差的计算公式如下:
$$\text{Cov}(X, Y) = E\{[X - E(X)][Y - E(Y)]\}$$
协方差作为资产之间相关性的度量存在一些缺陷,它的取值是负无穷到正无穷,没有考虑量纲。因此,将协方差除以两个资产的标准差,引入相关系数的概念以改进协方差的缺点,从而剔除量纲的影响。相关系数的计算公式可以表示为:
$$\rho_{X,Y} = \frac{\text{Cov}(X, Y)}{\sigma(X)\sigma(Y)}$$
相关系数的取值范围为 $-1 \sim 1$。当相关系数等于 -1 时,表示 X 和 Y 完全负相关;当相关系数等于 1 时,表示 X 和 Y 完全正相关;当相关系数等于零时,表示 X 和 Y 不相关,此时 $\text{Cov}(X, Y) = 0$。相关系数绝对值越大,表明 X 和 Y 相关程度越高。

> **教你一招**
>
> 协方差度量不同随机变量之间的相关性,取值范围在 $(-\infty, +\infty)$;相关系数取值范围:$-1 \sim 1$,相关系数绝对值越大,表明资产之间相关程度越高。

(四)一些重要的概率分布

1. 二项分布

二项分布是描述只有两种可能结果的多次重复事件的离散型随机变量的概率分布。

假定每一次试验的可能结果是成功或失败,用离散型随机变量 X 表示发生成功的次数,则在 n 次重复后发生 k 次成功的概率为:

$$P\{X=k\} = C_n^k p^k (1-p)^{n-k}, k=0,1,2,\cdots,n$$

其中,$0<p<1$ 为在每一次试验时成功的概率;C_n^k 为从 n 个中取 k 个的组合次数,称随机变量 X 服从参数为 n、p 的二项分布,记作 $X \sim B(n,p)$。当 $n=1$ 时,二项分布即为 0-1 分布或伯努利分布。

二项分布的数学期望和方差:$E(X)=np$,$D(X)=np(1-p)$。

2. 泊松分布

泊松分布是一种常见的离散分布,通常用来描述独立单位时间内(也可以是单位面积、单位产品)某一事件成功次数所对应的概率。泊松分布的概率分布如下:

$$P(X=k) = \frac{\lambda^k e^{-\lambda}}{k!}$$

上式说明了单位时间内某一事件成功 k 次的概率,其中成功次数为随机变量 X。泊松分布式由唯一参数 λ 定义的,记为 $X \sim P(\lambda)$,λ 表示单位时间内平均成功的次数。

可以证明服从泊松分布的随机变量均值与方差都等于 λ,即

$$E(X) = D(X) = \lambda$$

3. 指数分布

指数分布是描述泊松过程中事件间隔时间的概率分布。假定对应的泊松分布参数为 λ,那么相应的指数分布的概率密度函数为:

$$p(y) = \begin{cases} 0, & y<0 \\ \lambda e^{\lambda y}, & y \geq 0 \end{cases}$$

并且,两次事件之间的时间间隔 Y 大于某段时长 t 的概率为:

$$P(Y>t) = e^{-\lambda t}$$

在信用风险管理中,可以用指数分布来计量违约概率。假定违约事件服从参数为 λ 的泊松分布,那么 t 时长内,不发生违约的概率为 $P(Y>t)=e^{-\lambda t}$。相反,发生至少一次违约的概率为 $1-e^{-\lambda t}$。此时的 λ 称为风险率,反映的是单位时间内平均发生的违约次数。

4. 均匀分布

如果连续型随机变量 X 在一个区间 $[a,b]$ 里以相等的可能性取 $[a,b]$ 中的任何一个实数值,即分布密度函数在区间里是一个常数,则称 X 在区间 $[a,b]$ 上服从均匀分布。均匀分布的概率密度函数为:

$$u(x;a,b) = \begin{cases} \dfrac{1}{b-a}, & a \leq x \leq b \\ 0, & 其他 \end{cases}$$

均匀分布的分布函数是一条斜线。

5. 正态分布

正态分布可以说是概率论与数理统计中最重要的一个分布,同时也是在金融研究中运用最为广泛的一个分布,在金融风险管理中,很多随机变量的概率分布都可以运用正态分布描述或近似描述。若随机变量 x 的概率密度函数为:

$$f(x) = \frac{1}{\sigma\sqrt{2\pi}} e^{-\frac{1}{2}\left(\frac{x-\mu}{\sigma}\right)^2}, \quad -\infty < x < +\infty$$

其中,$\sigma>0$,μ 与 σ 均为常数,则称 x 服从参数为 μ、σ 的正态分布,记为 $N(\mu,\sigma^2)$;μ 是正态分布的均值;σ^2 是方差。

正态分布曲线性质:

(1)关于 $x=\mu$ 对称,在 $x=\mu$ 处曲线最高,在 $x=\mu\pm\sigma$ 处各有一个拐点。

(2)若固定 σ，随 μ 值不同，曲线位置不同，故也称 μ 为位置参数。
(3)若固定 μ，σ 大时，曲线矮而胖，σ 小时，曲线瘦而高，故也称 σ 为形状参数。
(4)整个曲线下面积为1。
(5)正态随机变量 X 的观测值落在距均值的距离为1倍、2倍、2.5倍标准差范围内的概率分别如下：

$$P(\mu - \sigma < X < \mu + \sigma) \approx 68\%$$
$$P(\mu - 2\sigma < X < \mu + 2\sigma) \approx 95\%$$
$$P(\mu - 2.5\sigma < X < \mu + 2.5\sigma) \approx 99\%$$

当 $\mu = 0, \sigma = 1$ 时，称正态分布为标准正态分布，记为 $N(0,1)$，其概率密度函数为：

$$\varphi(z) = \frac{1}{\sqrt{2\pi}} \exp\left(-\frac{z^2}{2}\right)$$

标准正态分布的概率计算可以通过正态分布表查询；而一般的正态分布，可通过下面的线性变换转化为标准正态分布：

$$Z = \frac{X - \mu}{\sigma} \sim N(0,1)$$

6. χ^2 分布

假设 n 个随机变量 $X_1, X_2, \cdots, X_n$ 独立同分布且服从标准正态分布，则称统计量

$$\chi^2 = X_1^2 + X_2^2 + \cdots + X_n^2$$

服从自由度为 n 的 χ^2 分布，记为 $X \sim \chi^2(n)$。

χ^2 分布常用于假设检验和置信区间的计算。χ^2 分布的性质包括：
(1)若 $X \sim \chi^2(n)$，则 $E(X) = n$，$D(X) = 2n$。
(2)若 $Z_1 \sim \chi^2_{n1}$ 和 $Z_2 \sim \chi^2_{n2}$，且 Z_1, Z_2 相互独立，则 $Z_1 + Z_2 \sim \chi^2_{n1+n2}$。

7. t 分布

设随机变量 X 服从标准正态分布 $N(0,1)$，Y 服从 χ^2 分布，且 X, Y 相互独立，则称统计量

$$t = \frac{X}{\sqrt{Y/n}}$$

服从自由度为 n 的 t 分布，记为 $t \sim t(n)$。

t 分布根据小样本来估计呈正态分布且方差未知的总体的均值。t 分布的性质包括：
(1)若 $t \sim t(n)$，则 $E(X) = 0$，其中 $n > 1$；$D(X) = n/(n-2)$，其中 $n > 2$。
(2) t 分布曲线是一条以 0 为中心，左右对称的单峰分布曲线。
(3)自由度 n 是确定 t 分布形状的参数。当 n 较小时，t 分布的概率密度函数呈现厚尾形状；随着 n 逐渐增大，t 分布越来越接近于标准正态分布。

8. F 分布

设随机变量 X 服从 $\chi^2(m)$ 分布，Y 服从 $\chi^2(n)$ 分布，且 X 与 Y 独立，则称统计量

$$F(m,n) = \frac{X/m}{Y/n}$$

服从自由度分别是 m 和 n 的 F 分布，记为 $F \sim F(m,n)$。

F 分布是两个服从卡方分布的独立随机变量各自除以其自由度后的比值的抽样分布，是一种非对称分布。F 分布有着广泛的应用，在方差分析、回归方程的显著性检验中都有着重要的地位。F 分布的性质包括：
(1)若 $Z \sim F(m,n)$，则 $1/Z \sim F(n,m)$。
(2)若 $T \sim t(n)$，则 $T^2 \sim F_{1,n}$。

(五)偏度和峰度

1. 偏度

偏度用来度量随机变量概率分布的不对称性,公式如下:

$$S = E\left[\frac{X - E(X)}{\sigma(X)}\right]^3$$

偏度刻画了概率密度曲线尾部的相对长度。偏度的取值范围为$(-\infty, +\infty)$,当偏度大于0时,说明X右边偏离均值的数据较多,数据分布呈现出右偏,也称正偏。当偏度小于0时,说明X左边偏离均值的数据较多,数据分布呈现出左偏,也称负偏。对于正态分布来说,偏度等于零,表示数据分布左右对称。

2. 峰度

峰度可以用来度量随机变量概率分布的陡峭程度,公式如下:

$$K = E\left[\frac{X - E(X)}{\sigma(X)}\right]^4$$

峰度刻画了概率密度曲线在平均值处峰值的相对高低。峰度的取值范围为$[1, +\infty)$,正态分布的峰度为3。若峰度小于3,则称为低峰,图形上相比正态分布呈现出矮峰瘦尾;若峰度值大于3,则称为高峰,图形上相比正态分布呈现出尖峰肥尾。

> **知识加油站**
>
> 峰度的绝对值数值越大表示其分布形态的陡缓程度与正态分布的差异程度越大。

二、线性回归分析 ★★★

回归分析可以建立随机变量之间的统计相关关系。在风险管理领域,回归分析是内部评级、压力测试等各类风险管理工具的基础方法。

随机变量Y与其他随机变量$X_1, \cdots, X_n$之间的线性回归关系用如下回归方程表示:

$$Y = \alpha + \beta_1 X_1 + \cdots + \beta_n X_n + \varepsilon$$

其中,α表示截距;$\beta_i (i = 1, \cdots, n)$是$Y$与对应随机变量$X_i$的偏回归系数,表示在其他解释变量不变的情况下,$X_i$每变化一个单位;$Y$的期望值$E(Y)$的变化;$\varepsilon$是误差项。

当$n = 1$时,称为一元回归;当$n > 1$时,称为多元回归。对于一元回归,回归系数β也称斜率。

1. 模型的假定

(1)Y与解释变量X_i之间的关系是线性的。

(2)解释变量X_i之间互不相关,即不存在多重共线性。

(3)误差项ε的期望值为零,$E(\varepsilon) = 0$。

(4)对不同的观察值,ε的方差不变,即不存在异方差。

(5)误差项ε满足正态分布。

在建立模型前,需要对不同变量的观察样本进行统计描述分析,计算相关系数,开展统计检验以判定是否存在多重共线性、异方差性等,以便在建模过程中采取合适的统计方法。

2. 建立模型

对众多的影响因素,需要通过逐步回归等方法,挑选出适合的解释因素来建立模型。

逐步回归的基本思想是逐一增加解释变量个数,逐一进行显著性检验,直到既没有显著的解释变量选入回归方程,也没有不显著的解释变量从回归方程中剔除,保证最后所得到的解释变量集是最优的。

3. 评估模型的性能

一般来说,可以用残差图、均方误差(MSE)、拟合优度(R^2)、模型拟合优良性评价准则等来评价一个回归模型的拟合效果。

(1)残差图。从预测结果中减去对应的目标变量的真实值,便可获得残差值。将残差值绘制成残差图,可对回归模型进行评估。

(2)均方误差。线性回归模型拟合过程中,误差平方和(SSE)的平均值。

(3)拟合优度。可解释的波动与总波动之比,反映了 Y 的波动有多少百分比能被 X 的波动所描述。

(4)模型拟合优良性评价准则。评价准则包括 AIC 准则(赤池信息准则)、BIC 准则(贝叶斯信息准则)。

4. 回归分析在压力测试中的应用

在信用风险压力的情景测试方法中,需要分析多个风险因素同时发生变化以及某些极端不利事件发生对银行资产组合和银行承受风险能力的影响。在这个过程中,需要采用回归分析等统计模型方法建立压力情景和承压指标之间的传导模型。

建立回归模型包括以下步骤:

(1)因子分析。包括:检验因变量与自变量之间统计量显著并符合经济常识;检验自变量之间不存在明显的多重共线性等问题。

(2)选择模型入模因子。

(3)确定压力测试模型。

三、收益和风险的度量 ★★★

(一)收益的度量

1. 绝对收益

绝对收益是对投资成果的直接衡量,反映投资行为得到的增值部分的绝对量。用数学公式表示为:

$$绝对收益 = P - P_0$$

其中,P 为期末的资产价值总额;P_0 为期初投入的资金总额。

绝对收益是实际生活中对投资收益最直接和直观的计量方式,是投资成果的直接反映,也是很多报表中记录的数据。

2. 持有期收益率

持有期收益率是最常用的评价投资收益的方式,是当期资产总价值的变化及其现金收益占期初投资额的百分比。用数学公式表示为:

$$R = \frac{P_1 + D - P_0}{P_0} \times 100\%$$

其中,P_0 为期初的投资额;P_1 为期末的资产价值;D 为资产持有期间的现金收益。

在实践中,如果需要对不同投资期限金融产品的投资收益率进行比较,通常需要计算这些金融产品的年化收益率,同时考虑复利收益。

3. 预期收益率

假定收益率 R 服从某种概率分布,资产的未来收益率有 n 种可能的取值 $r_1, r_2, \cdots, r_n$,每种收益率对应出现的概率为 p_i,则该资产的预期收益率 $E(R)$ 为:

$$E(R) = p_1 r_1 + p_2 r_2 + \cdots + p_n r_n$$

其中,$E(R)$ 代表收益率 R 取值平均集中的位置。

(二)风险的度量:方差和标准差

假设资产的未来收益率有 n 种可能的取值 $r_1, r_2, \cdots, r_n$,每种收益率对应出现的概率为 p_i,收益率 r 的第 i 个取值的偏离程度用 $[r_i - E(R)]^2$ 来计量,则资产的方差 $D(R)$ 为:

$$D(R) = p_1 [r_1 - E(R)]^2 + p_2 [r_2 - E(R)]^2 + \cdots + p_n [r_n - E(R)]^2$$

方差的平方根称为标准差,用 σ 表示。

> **要点点拨**
>
> 资产收益率标准差越大,表明资产收益率的波动性越大。当标准差很小或接近于零时,资产的收益率基本稳定在预期收益水平,出现的不确定性程度逐渐减小。

真题精练

【例4·单项选择题】某金融产品的收益率为20%的概率是0.8,收益率为10%的概率是0.1,本金完全不能收回的概率是0.1,则该金融产品的预期收益率为(　　)。

A.17%　　　　　　　　　　　　　B.7%
C.10%　　　　　　　　　　　　　D.15%

B　由于风险的存在,商业银行所获收益具有不确定性。在风险管理实践中,为了对这种不确定性收益进行计量和评估,通常需要计算未来的预期收益,即将不确定性收益的所有可能结果进行加权平均计算出的平均值,而权数是每种收益结果发生的概率。因此该金融产品的预期收益率 = 20% × 0.8 + 10% × 0.1 - 1 × 0.1 = 7%。

四、风险分散的数理原理 ★★★

(一)马柯维茨的投资组合理论

马柯维茨认为,最佳投资组合应当是具有风险厌恶特征的投资者的无差异曲线和资产的有效边界线的交点。 他提出的均值—方差模型描绘出了资产组合选择的最基本、最完整的框架,是目前投资理论和投资实践的主流方法。

按照马柯维茨的投资组合理论,市场上的投资者都是理性的,即偏好收益、厌恶风险,并存在一个可以用均值和方差表示自己投资效用的均方效用函数。理性投资者获得使自己的投资效用最大的最优资产组合的一般步骤如下:

首先,建立均值—方差模型,通过模型求解得到有效投资组合,从而得到投资组合的有效选择范围,即有效集。

其次,假设存在一个可以计量投资者风险偏好的均方效用函数,并以此确定投资者的一簇无差异曲线。

最后,从无差异曲线簇中寻找与有效集相切的无差异曲线,其中切点就是投资者的最优资产组合,也就是给出了最优选择策略。

(二)风险分散的数理原理

根据投资组合理论,构建资产组合即多元化投资能够降低投资风险。以投资两种资产为例,假设两种资产的预期收益率分别为 R_1 和 R_2,每一种资产的投资权重分别为 W_1 和 $W_2 = 1 - W_1$,则该资产组合的预期收益率为:

$$R_p = W_1 R_1 + W_2 R_2$$

如果这两种资产的标准差分别为 σ_1 和 σ_2,两种资产之间的相关系数为 ρ(刻画了两种资产收益率变化的相关性),则该资产组合的标准差为:

$$\sigma_p = \sqrt{W_1^2 \sigma_1^2 + W_2^2 \sigma_2^2 + 2\rho W_1 W_2 \sigma_1 \sigma_2}$$

因为相关系数 $-1 \leq \rho \leq 1$,因此根号下的式子有:

$$W_1^2 \sigma_1^2 + W_2^2 \sigma_2^2 + 2\rho W_1 W_2 \sigma_1 \sigma_2 \leq W_1^2 \sigma_1^2 + W_2^2 \sigma_2^2 + 2 W_1 W_2 \sigma_1 \sigma_2$$
$$= (W_1 \sigma_1 + W_2 \sigma_2)^2$$

根据上述公式可得,当两种资产之间的收益率变化不完全正相关(即 $\rho < 1$)时,该资产组合的整体风险小于各项资产风险的加权之和,揭示了资产组合降低和分散风险的数理原理。

如果资产组合中各资产存在相关性,则风险分散的效果会随着各资产间的相关系数有所不同。**假设其他条件不变,当各资产间的相关系数为正时,风险分散效果较差;当相关系数为负时,风险分散效果较好。**

需要明确的是,即使是完美的资产组合,也无法完全消除所有的风险。这是因为一项资产的风险由两个部分组成,即系统性风险和非系统性风险。

要点点拨

系统性风险是因外部条件的变化,如宏观经济形势和市场的波动、经济政策的突然变化等因素给资产价格带来的变化。而非系统性风险是一项资产特有的风险,这种风险不随资产组合中其他资产价格的变动而同方向同幅度变动。充分多样化的资产组合可以消除组合中不同资产的非系统性风险,但不能消除系统性风险。

章节自测

一、单项选择题(在以下各小题所给出的四个选项中,只有一个选项符合题目要求,请将正确选项的代码填入括号内)

1. 下列关于风险的说法中,错误的是(　　)。
   A. 风险是一个事前概念
   B. 风险是未来结果出现收益或损失的不确定性
   C. 风险是一个贯穿于事前和事后的概念
   D. 风险反映的是损失发生前的事物发展状态

2. 下列关于风险管理策略的说法中,正确的是(　　)。
   A. 风险分散是指"将所有的鸡蛋放在同一个篮子里"
   B. 风险补偿是指事前(损失发生以前)对所承担的风险进行价格补偿
   C. 风险转移只能是保险转移
   D. 风险规避可分为保险规避和非保险规避

3. 在资产风险管理模式阶段,商业银行经营中最直接、最经常性的风险来自(　　)业务。
   A. 负债　　　　　　　　　　B. 资产
   C. 理财　　　　　　　　　　D. 信用

4. 甲、乙两家企业均为某商业银行的客户,甲的信用评级低于乙,在其他条件相同的情况下,商业银行为甲设定的贷款利率高于为乙设定的贷款利率,这种风险管理的方法属于(　　)。
   A. 风险补偿　　　　　　　　B. 风险转移
   C. 风险分散　　　　　　　　D. 风险对冲

5. (　　)可以说是概率论与数理统计中最重要的一个分布,同时也是在金融研究中运用最为广泛的一个分布,在金融风险管理中,很多随机变量的概率分布都可以运用它描述或近似描述。
   A. 二项分布　　　　　　　　B. 泊松分布
   C. 均匀分布　　　　　　　　D. 正态分布

二、多项选择题(在以下各小题所给出的选项中,至少有两个选项符合题目要求,请将正确选项的代码填入括号内)

1. 决定商业银行风险承担能力的有(　　)。
   A. 资本充足率水平　　　　　　　　B. 风险管理水平
   C. 资产管理　　　　　　　　　　　D. 负债管理
   E. 资产负债管理

2. 根据商业银行的业务特征及诱发风险的原因,一般将商业银行面临的风险划分为八大类,其中包括(　　)。
   A. 系统风险　　　　　　　　　　　B. 信用风险
   C. 操作风险　　　　　　　　　　　D. 战略风险
   E. 声誉风险

三、判断题(请判断以下各小题的正误,正确的选 A,错误的选 B)

1. 操作风险是债务人未能如期偿还债务而给经济主体造成损失的风险,因此又被称为违约风险。(　　)
   A. 正确　　　　　　　　　　　　　B. 错误

2. 方差越大,随机变量取值的范围越大,其不确定性程度增加。(　　)
   A. 正确　　　　　　　　　　　　　B. 错误

答案详解

一、单项选择题

1. C。【解析】风险是未来结果出现收益或损失的不确定性。风险是一个明确的事前概念,反映的是损失发生前的事物发展状态。

2. B。【解析】风险分散是指"不要将所有的鸡蛋放在一个篮子里",选项 A 错误。风险转移可分为保险转移和非保险转移,选项 C 错误。风险规避就是没有风险就没有收益,并没有保险规避或非保险规避的说法,选项 D 错误。

3. B。【解析】在资产风险管理模式阶段,商业银行经营中最直接、最经常性的风险来自资产业务。

4. A。【解析】题干所给情景并没有发生将甲的风险进行转移的情况,排除 B 项;也没有通过组合甲、乙进行风险分散,排除 C 项;也没有购买别的产品来对冲甲的风险,排除 D 项。事实上,这是一种风险补偿方式,通过对信用评级低的客户收取较高的贷款利率,对自己承担更高的风险进行补偿。

5. D。【解析】正态分布可以说是概率论与数理统计中最重要的一个分布,同时也是在金融研究中运用最为广泛的一个分布,在金融风险管理中,很多随机变量的概率分布都可以运用正态分布描述或近似描述。

二、多项选择题

1. AB。【解析】在商业银行的经营管理过程中,有两个至关重要的因素决定其风险承担能力:(1)资本充足率水平。(2)商业银行的风险管理水平。

2. BCDE。【解析】根据商业银行的业务特征及诱发风险的原因,一般将商业银行面临的风险分为信用风险、市场风险、操作风险、法律风险、流动性风险、国别风险、声誉风险以及战略风险八大类。

三、判断题

1. B。【解析】信用风险是债务人未能如期偿还债务而给经济主体造成损失的风险,因此又被称为违约风险。

2. A。【解析】方差越大,随机变量取值的范围越大,其不确定性程度增加。

第二章 风险管理体系

考情直击

本章的主要内容是与商业银行的风险治理架构、风险管理政策和流程、内部控制与内部审计等相关的知识。分析近几年的考试情况，本章的常考点有风险管理部门、风险限额管理、风险管理流程、风险IT系统建设、内部控制与内部审计的内容及作用等，在考试中占7~8分。

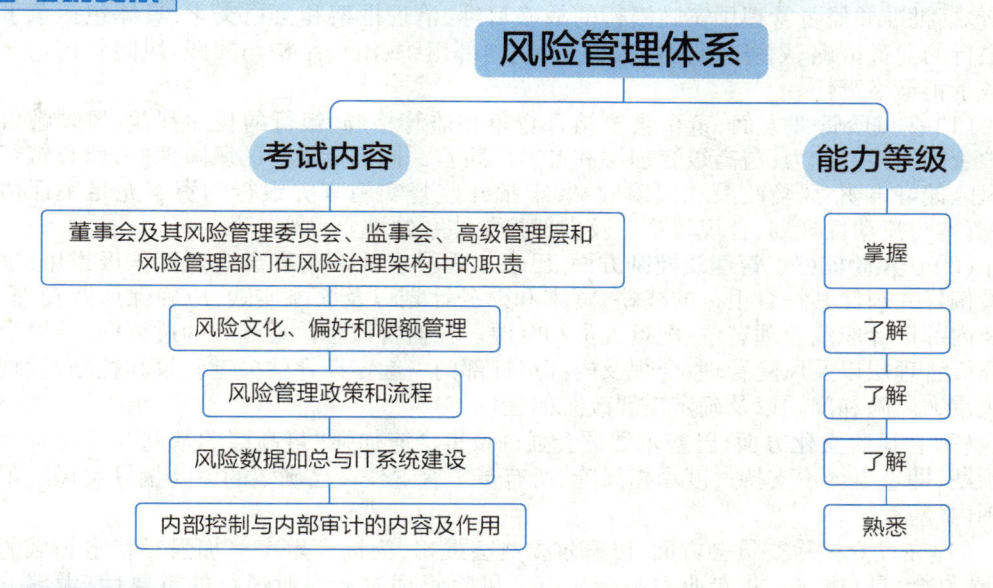

考纲要求

风险管理体系

考试内容	能力等级
董事会及其风险管理委员会、监事会、高级管理层和风险管理部门在风险治理架构中的职责	掌握
风险文化、偏好和限额管理	了解
风险管理政策和流程	了解
风险数据加总与IT系统建设	了解
内部控制与内部审计的内容及作用	熟悉

知识解读

第一节 风险治理架构

一、风险治理概述 ★★★

风险治理是**董事会、高级管理层、业务条线、风险管理部门之间**在风险管理职责方面的监督和制衡机制。风险治理是公司治理框架的一部分，董事会和管理层通过该框架建立并决定银行的战略和风险管理方法，制定并监控银行战略对应的风险偏好和风险限额，识别、计量、缓释、控制风险。

二、董事会及其风险管理委员会在风险治理架构中的职责 ★★★

（一）《商业银行资本管理办法》

2023年11月，国家金融监督管理总局印发的《商业银行资本管理办法》规定，商业银行董事会承担资本管理的最终责任,对其在银行风险管理和资本管理方面应履行的职责进行了详细规定。概括来说,在风险管理方面,负责设定与银行发展战略和外部环境相适应的风险偏好,确保资本充分覆盖主要风险,持续关注银行的风险状况,充分了解风险计量、风险加总的主要假设和局限性等。

(二)《银行业金融机构全面风险管理指引》

2016年9月,原银监会印发的《银行业金融机构全面风险管理指引》规定,董事会应承担全面风险管理的最终责任,负责建立风险文化,制定风险管理策略,设定风险偏好和确保风险限额的设立,审批重大风险管理政策和程序,监督高级管理层开展全面风险管理,审议全面风险管理报告,审批全面风险和各类重要风险的信息披露,聘任风险总监(首席风险官)或其他高级管理人员,牵头负责全面风险管理,同时还明确董事会可以授权其下设的风险管理委员会履行全面风险管理的部分职责。

(三)第四版《银行公司治理原则》

巴塞尔委员会发布的第四版《银行公司治理原则》,强调董事会对银行负有整体责任,包括批准并监督管理层实施银行的战略目标、治理框架和公司文化,具体包括董事会对银行的业务战略、财务稳健性、关键人员、内部组织、治理结构与实践、风险管理与合规义务承担最终责任。

(1)在**风险管理**方面,董事会要结合竞争和监管格局、银行的长期利益、风险敞口及有效管理风险的能力,与高级管理层和首席风险官一同确定银行的风险偏好,监督银行遵守风险偏好声明、风险政策和风险限额,审批并监督实施有关银行的资本充足率评估流程、资本与流动性规划、合规政策以及内部控制体系的重要政策。

(2)在**风险偏好、管理及控制**方面,巴塞尔委员会强调董事会应发挥积极作用,确定风险偏好并确保其符合银行的战略、资本和财务计划以及薪酬实践,应确保风险管理、合规及内部审计职能合理定位、配备人员和资源。在监督风险治理框架的过程中,董事会应与高级管理层以及风险管理、合规及内部审计部门一起定期评估关键政策和控制,发现并解决重大风险和问题以及确定需要改善的领域。

(3)在**风险文化**方面,巴塞尔委员会强调董事会应加强"最高层的基调",传达董事会的预期,即董事会不支持过度承担风险,所有员工有责任在已确定的风险偏好和风险限额范围内经营。

(4)在设立风险委员会方面,巴塞尔委员会提出,为提高效率并加强对特定领域的关注,董事会可以建立一些专业委员会。由于风险管理对于商业银行的重要性,大部分银行,特别是大型银行和国际活跃银行,均在董事会设立了风险管理委员会或同类组织。巴塞尔委员会认为,风险委员会是系统性重要银行的必备委员会。

> **📖 知识加油站**
> 董事会向股东大会负责,是商业银行的决策机构。

(四)《银行保险机构公司治理准则》

《银行保险机构公司治理准则》规定,董事会应当根据法律法规、监管规定和公司情况,单独或合并设立专门委员会,如战略、审计、提名、薪酬、关联交易控制、风险管理、消费者权益保护等专门委员会。专门委员会成员由董事组成,应当具备与专门委员会职责相适应的专业知识或工作经验。审计、提名、薪酬、风险管理、关联交易控制委员会中独立董事占比原则上不低于三分之一,审计、提名、薪酬、关联交易控制委员会应由独立董事担任主任委员或负责人。

> **真题精练**
>
> 【例1·单项选择题】承担商业银行风险管理最终责任的是(　　)。
> A. 监事会　　　　　　　　B. 风险管理委员会
> C. 董事会　　　　　　　　D. 高级管理层
>
> C　在风险管理方面,董事会对商业银行风险管理承担最终责任,负责风险偏好等重大风险管理事项的审议、审批,对银行承担风险的整体情况和风险管理体系的有效性进行监督。

三、监事会在风险治理架构中的职责 ★★★

《银行保险机构公司治理准则》规定,监事会对股东大会负责,监事会职权由公司章程根据法律法规、监管规定和公司情况明确规定。在风险管理方面,对公司经营决策、风险管理和内部控制等进行监督检查并督促整改。《银行保险机构公司治理准则》《银行业金融机构全面风险管理指引》《商业银行资本管理办法》等均对监事会职责进行了明确。概括来说,监事会主要监督董事会、高级管理层履职尽责情况并向股东大会报告,对商业银行的财务活动、经营决策、风险管理和内部控制等进行监督检查并督促整改。

在风险管理领域,监事会应当加强与董事会及董事会审计委员会、风险管理委员会等相关专门委员会,高管层以及审计部门、风险管理部门的工作联系,全面了解商业银行的风险管理和内部控制状况,跟踪监督董事会和高级管理层为加强风险管理、完善内部控制所做的相关工作,检查和调研银行日常经营活动中是否存在违反既定风险管理政策和原则的行为。

监事会需要处理好与董事会、高级管理层之间的关系,加强相互的理解、沟通与协调,充分听取对内部监督工作的要求、意见和建议,避免重复检查,不干预正常的经营管理活动,扩展对风险管理监督工作的深度和广度,更加客观、全面地对商业银行的风险管理能力和风险状况进行监督、评价。

四、高级管理层在风险治理架构中的职责 ★★★

高级管理层向董事会负责,是商业银行的执行机构。我国商业银行在高级管理层层面,普遍设立负责对各类具体风险管理政策制度、风险管理和风险水平等进行审议的专业风险管理委员会,负责对信用风险进行审议的信用风险委员会,负责对市场风险进行审议的市场风险委员会,负责对操作风险进行审议的操作风险委员会,负责对流动性风险进行审议的资产负债委员会;在各分支机构层面,一般也会根据风险管理工作需要,设立风险管理相关委员会。

(一)《商业银行资本管理办法》

《商业银行资本管理办法》规定,商业银行高级管理层负责根据业务战略和风险偏好组织实施资本管理工作,确保资本与业务发展、风险水平相适应,落实各项监控措施,定期评估资本计量高级方法和工具的合理性、有效性。

(二)《银行保险机构公司治理准则》

《银行保险机构公司治理准则》规定,高级管理层对董事会负责,同时接受监事会监督,应当按照董事会、监事会要求,及时、准确、完整地报告公司经营管理情况,提供有关资料。高级管理人员应当遵守法律法规、监管规定和公司章程,具备良好的职业操守,遵守高标准的职业道德准则,对公司负有忠实、勤勉义务,善意、尽职、审慎履行职责,并保证有足够的时间和精力履职,不得怠于履行职责或越权履职。

(三)《银行业金融机构全面风险管理指引》

《银行业金融机构全面风险管理指引》规定,银行业金融机构高级管理层应承担全面风险管理的实施责任,执行董事会的决议,履行以下职责:建立适应全面风险管理的经营管理架构,明确全面风险管理职能部门、业务部门以及其他部门在风险管理中的职责分工,建立部门之间相互协调、有效制衡的运行机制;制定清晰的执行和问责机制,确保风险管理策略、风险偏好和风险限额得到充分传达和有效实施;根据董事会设定的风险偏好,制定风险限额,包括但不限于行业、区域、客户、产品等维度;制定风险管理政策和程序,定期评估,必要时予以调整;评估全面风险和各类重要风险管理状况并向董事会报告;建立完备的管理信息系统和数据质量控制机制;对突破风险偏好、风险限额以及违反风险管理政策和程序的情况进行监督,根据董事会的授权进行处理;风险管理的其他职责。

银行保险机构应当设立首席风险官或指定一名高级管理人员担任风险责任人。首席风险官或风险责任人应当保持充分的独立性,不得同时负责与风险管理有利益冲突的工作。

> **知识加油站**
> 首席风险官的聘任和解聘由董事会负责并及时向公众披露。

(四)第三版《银行公司治理原则》

巴塞尔委员会2010年发布的第三版《银行公司治理原则》提出:高级管理层应在董事会的指导下,确保银行业务活动与董事会审核通过的经营战略、风险偏好和各项政策相符。具体而言,在风险管理方面,高级管理层负责组织实施经董事会审核通过的重大风险管理事项,以及在董事会授权范围内就有关风险管理事项进行决策,负责建设银行风险管理体系,组织开展各类风险管理活动,识别、计量、监测、控制或缓释银行的风险,向董事会就银行风险管理和风险承担水平进行报告并接受监督。

(五)第四版《银行公司治理原则》

巴塞尔委员会在第四版《银行公司治理原则》中进一步强调,高级管理层的成员应对他们管理的人员和业务提供全面监督,并确保银行的业务符合董事会批准的经营战略、风险偏好和政策。**高级管理层应定期向董事会提供经营战略、风险战略/风险偏好的调整,银行的业绩和财务状况,违反风险限额或合规规定,内部控制失效等有关的充足信息。**

大型、复杂且拥有国际业务的银行以及其他银行(基于风险状况和当地监管要求)应委任一名高级管理人员(首席风险官或同等职位),全面负责银行的风险管理职能。在银行集团中,除了子公司层面的风险官之外,还应任命集团首席风险官。首席风险官的主要职责是监督银行的风险管理职能的建立和实施,其中包括持续加强员工技能并强化必要的风险管理体系、政策、流程、定量模型和报告,确保银行的风险管理能力足够强大和有效,从而可以充分支持银行的战略目标及所有的风险承担活动。

(六)《银行业金融机构全面风险管理指引》

《银行业金融机构全面风险管理指引》要求,规模较大或业务复杂的银行业金融机构应当设立风险总监(首席风险官),董事会应当将风险总监(首席风险官)纳入高级管理人员,风险总监(首席风险官)或其他牵头负责全面风险管理的高级管理人员应当保持充分的独立性,独立于操作和经营条线,可以直接向董事会报告全面风险管理情况。

五、风险管理部门在风险治理架构中的职责 ★★★

银行风险管理部门设置应与银行的经营管理架构、银行业务的复杂程度、银行的风险水平相适应。在整体把握上,一是要将银行承担的各类主要风险全部纳入统一的管理框架;二是风险管理部门设置上,在关注各单类型风险的管理基础上,还要从银行整体层面对不同类型风险进行加总、资本充足程度进行评估,厘清不同风险管理职能部门的职责及相互协作关系,避免职责重叠或空白;三是风险管理职能部门要独立于业务经营等风险承担部门;四是风险管理要贯穿在业务经营流程之中,进行积极、主动的风险管理,既为业务经营提供专业支持,也要控制业务经营承担的风险水平。

(一)第四版《银行公司治理原则》

巴塞尔委员会在第四版《银行公司治理原则》指出,风险管理职能的主要活动应包括:识别重大及新兴风险;评估这些风险并计量银行对这些风险的敞口;制定并实施企业范围内的风险治理框架,包括银行的风险文化、风险偏好及风险限额;根据董事会已批准的风险偏好、风险限额,持续监控风险承担活动和风险敞口;建立违反银行风险偏好或限制的预警或触发机制;向高级管理层、董事会或风险委员会汇报,包括但不限于提出适当的风险缓释措施。风险管理职能应与业务部门之间保持充分独立,并且不得参与产生收入的经营活动。

(二)银行具体实践

在银行实践中,风险管理部门按照分工,分别负责某个或几个专业风险,一般涉及全面风险管理、信用、市场、操作、流动性、银行账户利率、集中度、声誉、战略、国别风险管理的不同部门。在总体上呈现分块管理和全面管理相结合的组织形式。

1. 三道防线

《银行业金融机构全面风险管理指引》规定,银行业金融机构应当确定业务条线承担风险管理的直接责任;风险管理条线承担制定政策和流程,监测和管理风险的责任;内审部门承担业务部门和风险管理部门履职情况的审计责任。

(1)第一道防线。业务条线部门是第一道风险防线,其是风险的承担者,应负责持续识别、评估和报告风险敞口。

第一道防线——前台业务部门(风险承担部门)。前台业务人员处在业务经营和风险管理的最前沿,应当具备可持续的风险—收益理念,掌握最新的风险信息,对其业务经营活动所承担的风险实施积极、主动的管理,切实遵守风险偏好、风险限额等风险管理政策制度,及时报告、主动化解业务经营中出现的风险。

(2)第二道防线。风险管理部门和合规部门是第二道风险防线。风险管理部门负责监督和评估业务部门承担风险的业务活动。合规部门负责定期监控银行对于法律、公司治理规则、监管规定、行为规范和政策的执行情况。风险管理和合规管理部门均应独立于业务条线部门。

第二道防线——风险管理职能部门。该职能负责监督银行的风险承担活动并独立评估来自业务条线的风险和问题。第二道防线还包括独立和有效的合规职能。合规职能应监控银行对法律、公司治理规则、法规、规范及政策的遵守情况。合规职能应评估政策的遵守程度并向高级管理层及董事会(视情况而定)报告银行如何管理合规风险。

(3)第三道防线。内部审计是第三道风险防线。内审部门对银行的风险治理框架的质量和有效性进行独立的审计。

第三道防线——内部审计。内部审计不仅要对前台如何盈利等业务问题有深入的理解,而且要对风险管理政策和流程有正确的认识,独立、客观地对风险管理有效性进行监督评价,确保业务部门和风险管理部门切实履行董事会所批准的风险管理政策及程序。内部审计要对发现的风险管理问题进行持续监控,监督整改,从而促进风险管理有效性的持续提高。

2. 前、中、后台分离

前、中、后台分离体现了通过职责分工和流程安排形成的相互监督和制约的风险治理原则。前台主要是市场营销部门,负责对公司类、机构类和个人类目标客户开展市场营销,推介金融服务方案;中台主要是财务管理和风险管理部门,负责信用分析、贷款审核、风险评价控制等,后台主要是人力资源管理、稽核监督、业务处理、信息技术等支持保障部门。风险管理部门独立于前台营销部门,通过构造组织内部监督的方式实现了关键监督管理部门的相对独立,有效控制前台营销部门过分偏重短期利益而牺牲长期利益的做法,保证了银行的稳健经营。

3. 独立的风险管理职能

(1)《银行保险机构公司治理准则》。《银行保险机构公司治理准则》规定,银行保险机构应当设立独立的风险管理部门负责全面风险管理。银行保险机构应当在人员数量和资质、薪酬和其他激励政策、信息系统访问权限、专门的信息系统建设以及内部信息渠道等方面给予风险管理部门足够的支持。

(2)第四版《银行公司治理原则》。巴塞尔委员会在第四版《银行公司治理原则》指出:银行应设立有效的独立风险管理职能,由首席风险官领导,具有充足的权威性、独立性、资源。

要点点拨

风险管理部门在高管层(首席风险官)的领导下,负责建设完善包括风险管理政策制度、工具方法、信息系统等在内的风险管理体系,组织开展各项风险管理工作,对银行承担的风险进行识别、计量、监测、控制、缓释以及风险敞口的报告,促进银行稳健经营、持续发展。

真题精练

【例2·判断题】中台主要是市场营销部门,负责对公司类、机构类和个人类目标客户开展市场营销,推介金融服务方案。(   )
A. 正确　　　　　　　　　　B. 错误

B　前台主要是市场营销部门,负责对公司类、机构类和个人类目标客户开展市场营销,推介金融服务方案。

第二节　风险文化、偏好和限额

一、风险文化和策略 ★

2014年4月，金融稳定理事会发布了《关于风险文化的监管与金融机构互动原则——评估风险文化框架》，对有效风险文化的基本要素进行阐述，提出除了风险治理和风险偏好外，风险承担机制和薪酬激励机制是风险文化的两个重要内容。

（一）风险承担机制

金融稳定理事会强调，风险责任承担机制是有效风险文化的重要内容：董事会和高级管理层应该建立一套风险承担的程序，使员工对自己产生风险的行为及其后果负责。

风险承担机制的元素包括以下方面：
(1)"谁产生了风险"。
(2)"升级程序"。
(3)"明确的后果"。

（二）稳健薪酬和绩效考核

1.《商业银行稳健薪酬监管指引》

《商业银行稳健薪酬监管指引》强调，薪酬机制应坚持"薪酬水平与风险成本调整后的经营业绩相适应""短期激励和长期激励相协调"的原则，薪酬支付期限应与相应业务的风险持续时期保持一致，商业银行应根据不同业务活动的业绩表现和风险变化情况合理确定薪酬的支付时间并不断加以完善性调整。

2.《银行业金融机构绩效考评监管指引》

2012年原中国银监会印发《银行业金融机构绩效考评监管指引》，作为落实稳健薪酬原则的基础。该指引强调，绩效考评应坚持"综合平衡"的原则，应当统筹业务发展和风险防控，建立兼顾效益与风险、财务因素与非财务因素、当期成果与可持续发展的绩效考评指标体系。在考评指标上，该指引强调必须包括风险管理类指标，用于评价银行的风险状况和变动趋势，包括信用风险指标、操作风险指标、流动性风险指标、市场风险指标、声誉风险指标等。

3.《银行业金融机构从业人员行为管理指引》

《银行业金融机构从业人员行为管理指引》提出，银行业金融机构应将从业人员行为评估结果作为薪酬发放和职位晋升的重要依据；银行业金融机构应针对高级管理人员及关键岗位人员制定与其行为挂钩的绩效薪酬延期追索、扣回制度；银行业金融机构应明确晋升的基本条件，未达到相关行为要求的从业人员不得晋升。

4.《关于建立完善银行保险机构绩效薪酬追索扣回机制的指导意见》

《关于建立完善银行保险机构绩效薪酬追索扣回机制的指导意见》要求，银行保险机构加强对薪酬制度激励效果的评估。对于因存在明显过失或未尽到审慎管理义务，导致职责范围内风险超常暴露的高级管理人员和关键岗位人员，银行保险机构可以追索扣回其相应期限内的绩效薪酬。

二、风险偏好管理 ★

（一）风险偏好的定义

风险偏好是商业银行全面风险管理体系的重要组成部分，是董事会在考虑利益相关者期望、外部经营环境以及自身实际的基础上，最终确定的风险管理的底线。

风险偏好是商业银行在追求实现战略目标的过程中,愿意而且能够承担的风险类型和风险总量。

国际上一些主要银行对风险偏好的定义如下:

(1)汇丰银行:风险偏好描述了银行根据核心价值、战略和风险管理能力而定的银行所愿意承受的风险的类型和水平。

(2)巴克莱银行:风险偏好阐明了银行在追求经营目标时愿意承受的风险水平。

(3)渣打银行:风险偏好是银行在实施其战略目标时准备承受的风险的水平的描述。

《商业银行资本管理办法》规定,明确商业银行内部充足评估程序要实现资本水平与风险偏好和风险管理水平相适应的目标,同时,规定董事会负责设定风险偏好,高级管理层负责根据业务战略和风险偏好组织实施资本管理工作。

2013年11月,金融稳定理事会公布了《有效风险偏好框架制定原则》,意在加强对系统重要性金融机构的监管,**主要内容包括风险偏好框架、风险偏好声明关键因素、风险限额、内部管理角色和职责四个主要部分**。

(二)有效的风险偏好框架和风险偏好声明

1. 风险偏好框架

风险偏好框架是确定、沟通和监控风险偏好的总体方法,包括**政策、流程、控制环节和制度**。其中,还包括风险偏好声明、风险限额、有关监督和监控风险偏好框架实施的职能和职责。

金融稳定理事会在《有效风险偏好框架原则》中强调,有效的风险偏好框架的制定原则有以下几点:

(1)具备有效的传导和信息共享机制,确保风险偏好可以有效地传递到集团内各个业务条线和各法人机构。

(2)董事会自上而下推动,各管理层级自下而上参与,能够被银行全体人员充分理解。

(3)风险偏好应融入集团的风险文化。

(4)在业务机会出现时,评估银行需要承担的风险,防止过度承担风险或片面规避风险。

(5)能够适应业务和市场条件变化,及时调整业务条线或法律实体风险限额,并且确保金融机构总体风险偏好不变。

(6)涵盖子公司、第三方外包供应商等在风险地图内但不受银行直接控制的活动、运营和体系。

2. 风险偏好声明

金融稳定理事会要求,风险偏好声明应方便沟通,便于所有的利益相关者理解其内容;应与金融机构的战略直接相关,说明机构在正常和压力市场状况、宏观经济环境下的重大风险,确定定量限额和定性说明,从而明确相关能够承受的风险范围和风险水平。在指标选择上,可以通过盈利、资本、风险流动性或其他适当指标(如增长率、波动性)明确定量损失或负面结果。设定整个机构的风险偏好是第一步,然后将总的风险偏好分解至机构的各业务条线、相关法人实体和其他层面。

有效的风险偏好声明应满足的原则有:

(1)包括银行在制定战略和业务规划时所使用的关键背景信息和假设。

(2)与银行长短期战略规划、资本规划、财务规划、薪酬机制相关联。

(3)考虑客户的利益和对股东的受托义务、资本及其他监管要求,在完成战略目标和业务计划时,确定银行愿意接受的风险总量。

(4)基于总体风险偏好、风险能力、风险轮廓,应为每类实质性风险和总体风险确定能够接受的最高风险水平。

(5)包括定量指标。定量指标能够分解成业务条线和法律实体的风险限额,也能在集团层面汇总以反映整体的风险轮廓。

(6)包括定性的陈述。定性陈述要清晰阐明接受或规避某类风险的诱因,确定某种形式的界限或指标以便监测这类风险。

(7)具有前瞻性。能够通过情景分析和压力测试,确保银行理解什么事件可能会使银行超出风险偏好。

> **要点点拨**
>
> 风险偏好声明是金融机构愿意接受或避免的风险总体水平和风险类型的书面说明,包括定性说明,以及有关盈利、资本、风险措施和流动性的定量措施,还须阐明难以量化的风险,如声誉风险、行为风险以及洗钱和不道德的行为。

(三)制定过程中需考虑的因素

(1)风险偏好与利益相关人的期望。

(2)银行需考虑该行愿意承担的风险,以及承担风险的能力。

(3)监管要求。银行监管部门对商业银行的监管指标,是商业银行必须要满足的,而且也有能力达到。

(4)充分考虑压力测试。

三、风险限额管理 ★

限额是有效传导风险偏好的重要工具,限额管理是最常用的风险事前控制手段。从各类限额的关系看,国别限额处在最顶端,行业限额承上启下,客户限额是最基本的限额,主要通过客户授信进行控制。**在管理维度上,将国别、行业和客户限额再进一步按照风险类别细分,分为信用风险限额、市场风险限额等。**

(一)风险限额管理的一般原则

风险限额管理的一般原则

(1)限额种类要覆盖风险偏好范围内的各类风险。

(2)限额指标通常包括盈利、资本、流动性或其他相关指标(如增长率、波动性)。

(3)强调集中度风险,包括全集团、业务条线或相关法人实体层面的重大风险集中度(如交易对手方、国家/地区、担保物类型、产品等)。

(4)参考最佳市场实践,但不以同业标准或以监管要求作为限额标准等。

(二)风险限额的种类和限额设定

风险限额是根据宏观经济形势和整体发展战略所设定的主要风险指标的控制上(下)限。按约束的风险类型,限额主要分为信用风险限额、市场风险(包括银行账户和交易账户)限额、操作风险限额、流动性风险限额、国别风险限额。在风险指标的选取上,各类风险限额一般会选取监管部门关注的风险指标作为限额指标,因此限额指标很多是比率指标,也有部分限额采用的是绝对额指标,例如国别风险敞口限额、行业信贷敞口限额或外汇敞口限额等。

在实践中,银行的一些常用限额指标包括:

(1)**信用风险限额**。如单一客户贷款集中度限额、单一集团客户授信集中度限额、行业限额。

（2）**市场风险限额**。如交易账户 VaR 限额、产品或组合敞口限额、敏感度限额、止损限额。

（3）**操作风险限额**。如操作风险损失率、监管处罚率、千人重大操作风险事发率、千人发案率、案件风险率、操作风险事件败诉率、信息系统主要业务时段可用率、操作风险经济资本率。

（4）**流动性风险限额**。如流动性比例、存贷比、流动性覆盖率（LCR）、净稳定资金比率（NSFR）、流动性缺口率、核心负债依存度、单日现金错配限额、一个月累计现金错配限额、最大十家存款集中度、最大十家金融同业集中度。

（5）**国别限额**。如某一个国家的国别风险敞口。

除了在机构层面（法人或集团）设定总体风险限额外，部分银行在某些特殊的业务条线设置单独的限额体系，控制各类风险。

除了单个风险的分量限额外，一些银行在经营管理中还采用资本（经济资本或者监管资本）作为风险总量的限额进行控制。

（1）经济资本也称风险资本，是在给定置信水平下，银行用来抵御非预期损失的资本量，是一种虚拟的、与银行风险的非预期损失额相等的资本。经济资本是"算"出来的，并不是真正的银行资本，它在数额上与非预期损失相等。

（2）监管资本是按监管当局的要求计算的资本，商业银行应满足监管的最低要求。

从国际银行经验看，风险限额主要包括**集中度限额、VaR 限额和止损限额**三种形式。

（1）集中度限额是直接设定于单个敞口（如国家、行业、区域、客户等）的规模上限，其目的是保证投资组合的多样性，避免风险过度集中于某类敞口。

（2）VaR 限额是对业务敞口的风险价值进行额度限制，这是一种比较科学的限额设定方式，可广泛应用于信贷业务、资金业务、国际业务等领域，并且在使用中具有较高的灵活性，易于在各条业务线上进行加总和分拆计算；同时，也可以根据股指、利率、汇率和商品价格等风险要素产生设定的 VaR 限额，对业务进行多角度风险控制。

（3）止损限额以实际损失而非可能损失为监测对象，它是集中度限额和 VaR 限额的重要补充，主要用于控制市场风险，多采取"盯市"方式，即一旦银行所持资产的市值跌破某一临界点，银行立即采取交割、斩仓等措施，以防止损失进一步扩大。

> **知识加油站**
>
> 经济资本是指商业银行在一定的置信水平下，为了应对未来一定期限内资产的非预期损失而应该持有的资本金。经济资本取决于商业银行实际风险水平，商业银行的整体风险水平高，要求的经济资本就多，反之要求的经济资本就少。经济资本配置对商业银行的积极作用体现在以下两个方面：一是有助于商业银行提高风险管理水平；二是有助于商业银行制定科学的业绩评估体系。

（三）限额管理

一般来说，风险限额管理包括**风险限额设定、风险限额监测和超限额处理**三个环节。

1. 风险限额设定

风险限额设定是整个限额管理流程的重要基础，其本身就构成了一项庞大的系统工程。理论上，风险限额的设定分成四个阶段：

（1）全面风险计量，即银行对各类业务所包含的信用风险、市场风险和操作风险分别进行量化分析，以确定各类敞口的预期损失（EL）和非预期损失（UL）。

(2)利用会计信息系统,对各业务敞口的收益和成本进行量化分析,其中制定一套合理的成本分摊方案是亟待解决的一项重要任务。

(3)运用资产组合分析模型,对各业务敞口确定经济资本的增量和存量。

(4)综合考虑监管部门的政策要求以及银行战略管理层的风险偏好,最终确定各业务敞口的风险限额。

2. 风险限额监测

限额监测的范围应该是全面的,包括银行的整体限额、组合分类的限额乃至单笔业务的限额。其目的是检查银行的经营活动是否服从于限额,是否存在突破限额的现象。一般来说,限额监测作为风险监测的一部分,由风险管理部门负责,并定期发布监测报告。若经营部门认为限额已不能满足业务发展而需要调整,应正式提出申请,风险管理部门对申请做出评估,如确需调整,则重新测算限额和经济资本,并在所授权限内对限额进行修正,超出授权的要提交上一级风险管理部门。

3. 超限额处理

应由风险管理部门负责组织落实对于超限额的处置,具体如下:

(1)对超限额的处置程序和管理职责必须做出明确规定,并根据超限额的程度决定是否上报更高的决策者。

(2)风险管理部门要结合业务特点,制定超限额后的风险缓释措施。

(3)对因违规超限额造成损失的,应进行严格的责任认定。

(4)对超限额处置的实际效果要定期进行返回检验,以持续改进风险控制能力。

> **教你一招**
>
> 限额管理指标通常包括盈利、资本、流动性和其他相关指标(如增长率、波动性)等。

第三节 风险管理政策和流程

一、风险管理政策 ★

风险政策是一系列的风险管理制度规定,目的是确保银行的风险识别、计量、缓释和监控能力与银行的规模、复杂性及风险状况相匹配。具体内容如下:

(1)风险识别应涵盖银行面临的所有重大风险,包括表内与表外、集团层面、投资组合层面及业务条线层面的风险。

(2)为开展有效的风险评估,董事会及高级管理层(包括首席风险官在内)应定期专门评估银行所面临的风险以及整体风险状况,包括已有风险以及识别新兴风险。

(3)除了定性风险分析和监控,银行应使用风险计量和建模技巧,但不能替代定性风险分析和监控。

(4)在风险缓释方面,风险政策指导降低或对冲风险敞口。

(5)对于新产品或服务、业务条线及市场以及大型复杂交易,银行应制定风险管理和批准流程。

《银行业金融机构全面风险管理指引》规定,风险管理政策应包括全面风险管理的方法,风险定性管理和定量管理的方法,风险管理报告,压力测试安排,新产品、重大业务和机构变更的风险评估,资本和流动性充足情况评估,应急计划和恢复计划。

二、风险管理流程 ★

商业银行的风险管理流程可以概括为四个主要步骤,即风险识别/分析、风险计量/评估、风险监测/报告和风险控制/缓释。

(一)风险识别/分析

1. 风险识别的含义

风险识别是指对影响各类目标实现的潜在事项或因素予以全面识别,进行系统分类并查找出风险原因的过程,其目的在于帮助银行了解自身面临的风险及风险的严重程度,为下一步的风险计量和防控打好基础。

2. 风险识别的环节

风险识别包括感知风险和分析风险两个环节:
(1)感知风险是通过系统化的方法发现商业银行所面临的风险种类和性质。
(2)分析风险是深入理解各种风险的成因及变化规律。

3. 风险因素

风险识别的关键在于对风险影响因素的分析,风险因素考虑得愈充分,风险识别与分析也会愈加全面和深入。很多风险因素,如利率和汇率的波动,比较容易通过信息系统自动捕捉和分析;而有些风险因素,如 GDP、CPI、失业率等指标同样会对某些金融产品的价格以及多数信贷业务产生直接或间接的影响,但这种相关性很难被捕捉或准确量化。

> **要点点拨**
> 风险识别必须采用科学的方法,避免简单化与主观臆断。

4. 识别/分析方法

作为定量和定性分析的一部分,银行应使用压力测试和情景分析来更好地了解各种不利情况下的潜在风险敞口,内部压力测试应基于有关依赖性和相关性的合理假设涵盖一系列情景。

(二)风险计量/评估

1. 风险计量的含义

风险计量是在风险识别的基础上,对风险发生的可能性、风险将导致的后果及严重程度进行充分的分析和评估,从而确定风险水平的过程。

2. 计量方法

风险计量可以基于历史记录以及专家经验,并根据风险类型、风险分析的目的以及信息数据的可获得性,采取定性、定量或者定性与定量相结合的方式。

> **知识加油站**
> 2014年4月,原中国银监会批准工商银行、农业银行、中国银行、建设银行、交通银行和招商银行实施资本管理高级方法。

3. 风险加总

风险计量既需要对单笔交易承担的风险进行计量,也要对组合层面、银行整体层面承担的风险水平进行评估,也就是通常所说的风险加总。全行层面的风险加总需要确保银行面临的所有实质性风险都被考虑进来。风险加总的关键在于对相关性的考量,不同类型的风险之间、风险参数之间、不同机构之间都存在着相关性,对相关性假设的合理性成为风险加总可信度的关键。风险加总是商业银行进行组合管理和评估整体风险的重要基础。

(三)风险监测/报告

风险监测/报告包含风险管理的两项重要内容：

(1)监测各种风险水平的变化和发展趋势,在风险进一步恶化之前提交相关部门,以便其密切关注并采取恰当的控制措施,确保风险在银行设定的目标范围以内。

风险监测是一个动态、连续的过程,不但需要跟踪已识别风险的发展变化情况、风险产生的条件和导致的结果变化,而且还应当根据风险的变化情况及时调整风险应对计划,并对已发生的风险及其产生的遗留风险和新增风险进行及时识别、分析。

(2)报告商业银行所有风险的定性/定量评估结果,并随时关注所采取的风险管理/控制措施的实施质量/效果。风险报告是将风险信息传递到内外部部门和机构,使其了解商业银行客体风险和商业银行风险管理状况的工具。其是商业银行实施全面风险管理的媒介,贯穿于整个流程和各个层面。可信度高的风险报告能够为管理层提供全面、及时和精确的信息,辅助管理决策,并为监控日常经营活动和合理的绩效考评提供有效支持。

> **要点点拨**
>
> 巴塞尔委员会《有效风险数据加总和风险报告原则》要求,风险报告要具有准确性、综合性、清晰度和可用性,并满足报告频率和分发的要求。

(四)风险控制/缓释

1.风险控制/缓释的含义

风险控制/缓释是商业银行对已经识别和计量的风险,采取分散、对冲、转移、规避和补偿等策略以及合格的风险缓释工具进行有效管理和控制风险的过程。

2.流程要求

风险控制与缓释流程应当符合以下要求：

(1)风险控制/缓释策略应与商业银行的整体战略目标保持一致。

(2)所采取的具体控制措施与缓释工具符合成本/收益要求。

(3)能够发现风险管理中存在的问题,并重新完善风险管理程序。

3.类别

风险控制可以分为事前控制和事后控制。

(1)事前控制是指在银行介入某项业务活动之前制定一定的标准或方案,避免银行介入风险超过自身承受能力的业务领域或提前采取一定的风险补偿措施。**常用的事前控制方法有限额管理、风险定价和制定应急预案等**。

①风险定价是指银行根据客户的风险水平来收取合理的风险报酬。风险定价的原理是,根据风险计量的结果,评估某一客户经风险调整后的回报,对回报高、风险小的客户收取较低的价格,而对于回报低、风险高的客户收取较高的费用。这也是银行进行风险补偿的重要方式。

②应急预案是银行面临极端市场压力环境下可以采的应对措施。应急预案的作用在于帮助银行能够快速应对突发事件和风险,降低风险的影响程度。

(2)风险事后控制是银行在对风险持续监控的基础上,根据所承担的风险水平和变化趋势,采取一系列风险转移或缓释工具来降低风险水平,从而将风险控制在银行的目标范围以内。**常见的风险事后控制的方法有风险缓释或风险转移、风险资本的重新分配、提高风险资本水平**。

①风险缓释或风险转移。风险缓释的目的在于降低未来可能发生的风险所带来的影

响,商业银行所使用的缓释工具应能够起到实质性地减少风险的作用,抵质押担保就是典型的风险缓释措施,风险缓释通常贯穿于银行的日常经营活动之中。风险转移是指银行将自身的风险暴露转移给第三方,包括出售风险头寸、购买保险或者进行避险交易(如互换、期权等)等。

②风险资本的重新分配。当某个风险承担部门具有良好的业务发展机会,足以值得承担额外风险时,可采用上述方法将风险资本重新分配。

③提高风险资本水平。商业银行可以通过增发股票、发行合格资本工具等手段提高自身的资本水平。不过,增资扩股的决策与银行整体战略密切相关,而且这种方法一般耗时耗资,故不会经常使用。

以上就是风险管理流程的四个重要步骤。风险监控和报告贯穿于整个风险管理流程。风险管理流程是一个循环往复的过程。

质量保证和控制机制是风险管理流程正确和有效运转的重要保障。质量控制的内容包括确保风险数据的安全性和真实性以及系统的可靠性,确保银行风险计量方法和程序的一致性,检查风险管理的流程和责任(包括数据来源、风险评估、风险控制措施的制定、风险监控)等以防止出现利益冲突等。同时,有效的沟通和交流应贯穿于整个风险管理流程。

> **教你一招**
>
> 风险控制/缓释类别:事前控制,常用的事前控制方法有限额管理、风险定价和制定应急预案等;事后控制:常见的风险事后控制的方法有风险缓释或风险转移、风险资本的重新分配、提高风险资本水平。

第四节 风险数据与 IT 系统

一、风险数据加总 ★

风险数据包括内部数据和外部数据。内部数据是从各个业务系统中抽取的、与风险管理相关的数据信息。外部数据是通过专业数据供应商所获得的数据。

(一)《银行业金融机构数据治理指引》要求

2018 年 5 月,原中国银保监会印发《银行业金融机构数据治理指引》,该指引分为总则、数据治理架构、数据管理、数据质量控制、数据价值实现、监督管理、附则七章,共 55 条,吸收借鉴了巴塞尔委员会《有效风险数据加总和风险报告原则》的精神。

(1)在数据治理架构方面,要求银行业金融机构应当建立组织架构健全、职责边界清晰的数据治理架构,明确董事会、监事会、高级管理层和相关部门的职责分工,建立多层次、相互衔接的运行机制。

表 2-1　职责分工

要点	内容
董事会	董事会应当制定数据战略,审批或授权审批与数据治理相关的重大事项,督促高级管理层提升数据治理有效性,对数据治理承担最终责任
监事会	监事会负责对董事会和高级管理层在数据治理方面的履职尽责情况进行监督评价

表 2-1（续）

要点	内容
高级管理层	高级管理层负责建立数据治理体系，确保数据治理资源配置，制定和实施问责和激励机制，建立数据质量控制机制，组织评估数据治理的有效性和执行情况，并定期向董事会报告
业务部门	业务部门应当负责本业务领域的数据治理，管理业务条线数据源，确保准确记录和及时维护，落实数据质量控制机制，执行监管数据相关工作要求，加强数据应用，实现数据价值

（2）在数据管理方面，要求银行应当制定全面科学有效的数据管理制度，包括但不限于组织管理、部门职责、协调机制、安全管控、系统保障、监督检查和数据质量控制等方面。

（3）在数据质量控制方面，要求银行业金融机构应当确立数据质量管理目标，建立控制机制，确保数据的真实性、准确性、连续性、完整性和及时性。

（4）在数据应用方面，要求银行业金融机构应当在风险管理、业务经营与内部控制中加强数据应用，实现数据驱动，提高管理精细化程度，发挥数据价值。

> **知识加油站**
>
> 银行业金融机构应当建立数据质量现场检查制度，定期组织实施，原则上不低于每年一次，对重大问题要按照既定的报告路径提交，并按流程实施整改。

（二）巴塞尔委员会有效风险数据加总要求

2013 年 1 月，巴塞尔委员会发布了《有效风险数据加总和风险报告原则》。"有效风险数据加总"是指按照银行的风险报告要求，定义、收集和处理风险数据，使银行能够衡量其风险容忍度/偏好下的业绩表现。《有效风险数据加总和风险报告原则》共包括 14 个原则，主要包括**数据治理和 IT 基础设施，风险数据的准确性、完整性、及时性和灵活性、风险报告以及对监管部门的要求**。

（1）关于数据治理。巴塞尔委员会强调，银行的风险数据加总能力以及风险报告做法，要有强有力的公司治理措施作为保障。在数据治理方面，除了不同层级的职责分工外，还强调了两点：

①对数据加总和风险报告的文档记录和验证。验证的目的是确保数据加总和报告流程的有效性，而且要由风险管理第二道防线（最好由内控部门组织开展）来进行，与内部审计工作分开。

②在收购、新产品研发等过程中，要关注风险加总和报告能力的影响。

（2）关于数据的准确性和真实性。巴塞尔委员会要求：银行应该生成准确可靠的风险数据，满足日常以及压力/危机情景下准确报告的要求，具体有以下三点要求：

①数据应该自动汇总，尽量减少错误概率。

②相关风险数据的质量控制措施应与会计数据的控制措施一样有效，针对依赖于人工处理的数据，银行应制定有效的缓释措施和其他有效的控制措施；风险数据应与银行的来源数据进行核对；对于各类风险数据应尽量采用单个权威数据来源等。

③银行应就所使用的概念编制"词典"，以便整个集团内的数据定义一致。

（3）关于数据完整性。风险相关数据应该涵盖业务条线、法律机构、资产类型、行业、地区以及其他风险相关的分类，以识别和报告风险暴露、风险集中度以及潜在风险。

（4）关于及时性。巴塞尔委员会要求：银行应该能够及时生成最新风险数据汇总，同时满足数据准确性、真实性、完整性和灵活性原则。对数据及时性的频率要求，取决于四个因素,即风险的性质、潜在波动性、重要性、危机情况下的报告频率要求。

(5)关于灵活性。巴塞尔委员会要求:银行生成的汇总风险数据应该有针对性地满足风险管理报告的需要,包括压力/危机情景下的需要、内部需求以及监管问询的要求。

(三)国务院银行业监督管理机构对风险数据加总的要求

2015年,原中国银监会发布的《关于大型银行有效风险数据加总和风险报告有关事项的通知》,是对巴塞尔委员会要求进行细化后,发布的关于大型商业银行的达标评估要求,包括79个基础评分点和13个附加评分点。要求加强风险数据和风险报告治理,制定管理制度,建立集团层面的风险数据加总和风险报告框架,提高风险数据加总和风险报告能力,保障风险数据及其加总过程准确、真实、完整、及时、灵活,风险报告数据及内容准确可靠,具有综合性和前瞻性,全面覆盖所有重要风险领域,夯实全面风险管理基础,提高风险管理水平。

(四)《通用数据模板》

2011年,金融稳定理事会公布了《通用数据模板》,要求银行按周、按月、按季、按年等不同频率,提供的金融机构之间(I-I)或金融机构对整个市场(I-A)的信用暴露和融资数据。这些数据主要是解决下列风险识别和应对中出现的问题:

(1)**集中度风险**。主要是对结构性产品的风险暴露数据。

(2)**市场风险**。主要指的是随着大银行采取相同的降低结构性产品风险暴露的措施,市场的流动性迅速蒸发,产品价格急速下跌,导致持有结构性产品的金融机构无法估计产品的价值。

(3)**融资风险**。主要指金融机构币种和期限错配带来的融资风险。监管部门普遍缺少金融机构融资结构和主要融资来源的数据。

(4)**传染/溢出风险**。主要是由于金融机构风险暴露于相同的市场、产品以及相同交易对手,风险发生时两种途径产生的传染和溢出效应。

> **知识加油站**
>
> 集中度风险是指由于对单一债务人或相关的一群债务人的风险暴露过大而使资产组合额外承担的风险,组合方法是克服集中度风险的一种很好的选择。

二、风险IT系统建设 ★

(一)风险IT系统建设的要求

1.《有效风险数据加总和风险报告原则》

《有效风险数据加总和风险报告原则》对商业银行数据结构和IT设施提出了要求:银行应该设计、搭建和维护良好的数据结构和IT设施,从而在日常以及压力或危机情景下,也能全面支持银行的数据加总能力和风险报告。

2.《金融机构有效处置框架的关键要素》

金融稳定理事会在《金融机构有效处置框架的关键要素》中,把管理信息系统的完备性作为银行可处置性评估的重要内容。

3.《商业银行资本管理办法》

《商业银行资本管理办法》要求,商业银行应当建立与全面风险管理相适应的管理信息系统体系,相关管理信息系统应具备以下主要功能:

(1)支持各业务条线的风险计量和全行风险加总。

(2)识别全行范围的集中度风险,以及信用风险、市场风险、流动性风险、声誉风险等各类风险相互作用产生的风险。

(3)分析各类风险缓释工具在不同市场环境的作用和效果。

（4）支持全行层面的压力测试工作，评估各种压力场景对全行及主要业务条线的影响。

（5）具有适当灵活性，及时反映风险假设变化对风险评估和资本评估的影响。

（二）风险 IT 系统建设的特点

企业级风险管理信息系统极为复杂，具有多向交互式、智能化的特点，需要能够及时、广泛地采集所需要的各种风险信息和数据，并对这些信息进行集中海量处理，以辅助业务部门和风险管理人员做出正确决策。

（三）数据收集和分类

风险管理信息系统需要从很多来源收集海量的数据和信息，除非采用大规模的自动化处理技术，否则对海量数据信息进行有效管理和控制是无法想象的。需要收集的风险信息/数据通常分为：

（1）内部数据，是从各个业务系统中抽取的、与风险管理相关的数据信息。

（2）外部数据，是通过专业数据供应商所获得的数据，或者从税务、海关、公共服务提供部门、征信系统等记录客户经营和消费活动的机构获得的数据。

（四）信息传递

风险管理信息系统一般采用浏览器和服务器结构，相关人员通过浏览器实现远程登录，以便能够在最短的时间内获得所有相关的风险信息。

（五）信息系统安全管理

风险管理信息系统作为商业银行的重要"无形资产"，必须设置严格的安全保障，确保系统能够长期、不间断地运行。风险管理信息系统应当：

（1）针对风险管理组织体系、部门职能、岗位职责等，设置不同的登录级别。

（2）为每个系统用户设置独特的识别标志，并定期更换登录密码或磁卡。

（3）对每次系统登录或使用提供详细记录，以便为意外事件提供证据。

（4）设置严格的网络安全/加密系统，防止外部非法入侵。

（5）随时进行数据信息备份和存档，定期进行检测并形成文件记录。

（6）设置灾难恢复以及应急操作程序。

（7）建立错误承受程序，以便发生技术困难时，仍然可以在一定时间内保持系统的完整性。

> **教你一招**
>
> 风险 IT 系统/风险管理信息系统的要件：数据仓库（核心），良好的 IT 架构和技术支持，明确的、基于具体业务的规范标准和操作规程。

第五节　内部控制与内部审计

一、内部控制的内容及作用 ★★

（一）内部控制的目标

内部控制的目标之一是确保每个关键风险都有政策、流程或其他措施，以及确保该类政策、流程或其他措施按计划实施的控制机制，因此内部控制有助于确保流程完整性、合规及有效性。

（二）内部控制的定义

1. COSO 委员会对内部控制的定义

内部控制是由董事会、管理层和其他员工实施的，旨在为经营的有效性和效率、财务报告的可靠性、法律法规的遵循性等目标的实现提供合理保证的过程。从这一定义来看，内部控制的目标主要包括：

（1）第一类目标针对企业的基本业务目标，包括业绩和盈利目标以及资源的安全性。

（2）第二类目标关于编制可靠的公开发布的财务报表，包括中期和简要的财务报表以及从这些公开发布的报表中精选的财务数据，例如业绩公告。

（3）第三类目标涉及对于企业所适用的法律及法规的遵循。

为实现上述目标，企业应当建立起包括控制环境、风险评估、控制活动、信息与沟通、监控五个要素的内部控制体系。

2. 巴塞尔委员会对内部控制的定义

巴塞尔委员会指出内部控制是一个需要董事会、高级管理部门和各级工作人员共同努力才能实现的过程，并将内部控制过程的主要目标概括为三个方面：**效率与效益，财务与管理信息的可靠性、完整性和及时性，遵守法律及管理条例的情况**。

3. 原中国银监会对内部控制的定义

内部控制是商业银行董事会、监事会、高级管理层和全体员工参与的，通过制定和实施系统化的制度、流程和方法，实现控制目标的动态过程和机制。商业银行内部控制的目标之一是保证商业银行风险管理的有效性。

（三）内部控制在风险管理中的作用

内部控制是风险管理体系的有机组成部分，是银行董事会、高级管理层和全体员工共同参与的，通过制定和实施系统化的制度、程序和方法，实现风险控制目标的动态过程和机制。**内部控制是银行有效实施其风险管理政策和程序的重要手段**。银行应建立完善的内部控制框架，包括组织架构、会计政策和程序、制衡机制、资产和投资保全，为日常经营和各类具体风险的管理提供一个良好的控制环境。

内部控制框架的核心要素包括：

（1）确定岗位职责、明确授权、决策制度和程序。

（2）具备适当的制衡机制，确保关键职能分离（例如业务发起、支付、对账、风险管理、会计、审计和合规等）、交叉核对、双人控制资产、双人签字。

（3）银行的后台、控制部门、运营管理部门和业务发起部门之间，在专业能力和资源方面保持适当平衡，并有充分的专业能力和内部授权，从而对业务发起部门形成有效制衡。

（四）内部控制的五大要素

内部控制主要包括内部环境、风险评估、控制活动、内部监督、信息与沟通五大要素。

1. 内部环境

内部环境处于内部控制五大要素之首。内部环境具体内容包括治理结构、机构设置及权责分配、内部审计、人力资源政策、企业文化等。

2. 风险评估

风险评估是识别和分析与目标实现有关的风险的过程，从而为控制风险提供了基础。风险评估包括设置目标、风险识别、风险分析、风险应对。

3. 控制活动

商业银行应当结合风险评估结果，通过手工控制与自动控制、预防性控制与发现性控制相结合的方法，运用相应的控制措施，将风险控制在可承受度之内。**控制措施一般包括不相容职务分离控制、授权审批控制、会计系统控制、财产保护控制、预算控制、运营分析控制和绩效考评控制等。**

4. 内部监督

内部监督是商业银行对内部控制建立与实施情况进行监督检查，评价内部控制的有效性，发现内部控制缺陷的活动，主要目标是发现内部控制缺陷，改善内部控制体系，促进内部控制的健全性、合理性。内部监督主要内容包括监督活动、缺陷认定和责任追究。

5. 信息与沟通

信息与沟通是组织稳定的基础，对一个组织的发展具有重要作用。商业行应当建立信息与沟通制度，明确内部控制相关信息的收集、处理和传递程序，确保信息及时沟通，促进内部控制有效运行。信息与沟通主要包括信息收集、信息传递、信息共享和反舞弊机制。

二、内部审计的内容及作用 ★★

从内部控制和内部审计的定位上，内部控制侧重于建立控制机制，内部审计侧重评估发现缺陷。

（一）内部审计的定义

国际内部审计师协会（IIA）对内部审计的最新定义为："内部审计是一种独立、客观的确认和咨询活动，旨在增加价值和改善组织的运营。它通过应用系统的、规范的方法，评价并改善风险管理、控制和治理过程的效果，帮助组织实现其目标。"内部审计通过提供多种方式的服务为组织增加价值，IIA最新的内部审计定义将内部审计工作集中于确认和咨询服务两方面。

（1）确认服务是指对组织的风险管理、控制和治理过程提供独立的评估和客观检查证据的活动。内部审计确认服务类型已经从传统的三个类别——财务审计、遵循性审计以及经营审计发展到现代的多元化，如第三方审计、合同审计、绩效审计、舞弊检查、风险和控制自我评估、尽职调查、质量审计、安全审计、信息技术审计、隐私审计等。

（2）咨询服务是一种顾问及其相关的客户服务，目的是增加价值并提高组织的运作效率。咨询服务形式包括顾问、建议、协调和培训等，具体业务如内部控制培训、业务流程检查、标杆比较、信息技术等。

💡 真题精练

【例3·判断题】目前，内部审计确认服务类型为三个类别——财务审计、遵循性审计以及经营审计。（　　）

A. 正确　　　　　　　　　　B. 错误

B　内部审计确认服务类型已经从传统的三个类别——财务审计、遵循性审计以及经营审计发展到现代的多元化，如第三方审计、合同审计、绩效审计、舞弊检查、风险和控制自我评估、尽职调查、质量审计、安全审计、信息技术审计、隐私审计等。

（二）内部审计的基本属性

《国际内部审计专业实务标准》明确指出，内部审计部门必须保持其独立性，内部审计师必须客观地开展工作。**独立性和客观性是审计服务内在价值的根本，独立性被看作**

审计职能（一般是指组织上）的一种属性，而客观性则是内部审计师的属性。

1. 独立性

独立性是指内部审计活动独立于其所审查的活动之外。独立性可以理解为内部审计部门的独立性和内部审计人员的独立性。

（1）组织上的独立性是指内部审计部门在一个特定的组织中，享有经费、人事、内部管理、业务开展等方面的相对独立性，不受来自管理层和其他方面的干扰和阻挠，独立地开展内部审计活动。

（2）人员的独立性是指内部审计人员在审计活动中不受任何来自外界的干扰，独立自主地开展审计工作。

2. 客观性

客观性是指一种公正的、不偏不倚的态度，也是内部审计人员在进行审计工作时必须保持的一种精神状态。

> **知识加油站**
>
> 内部审计部门在内部审计范围、开展工作和报告结果时，必须免受干预。

（三）内部审计的对象

内部审计以企业的全部经营管理活动为审计对象，包括公司治理、风险管理和内部控制。

1. 公司治理

公司治理指的是对公司的统治和支配，它决定公司运营的目标和方向。根据《国际内部审计专业实务标准》中的定义，治理程序是指组织的投资人代表（例如股东等）所遵循的程序，旨在对管理层执行的风险和控制过程加以监督。

2. 风险管理

IIA对风险的定义为可能对目标的实现产生影响的事件发生的不确定性，并指出风险的衡量标准是后果与可能性。对组织而言，风险是某种不利因素产生并造成实际损失，致使组织目标无法实现或降低实现目标的效率的可能性。不确定性因素是在现有的知识、技术手段和其他客观条件的限制下，组织决策者和经营管理者无法预知的因素。风险管理就是采取一定的措施对风险进行监测评估，使风险降低到可以接受的程度，并将其控制在某一可以接受的水平之内。从职能上说，风险管理就是在对风险进行观察、评估的基础上控制风险可能造成的损失，保证组织目标的实现。

3. 内部控制

COSO委员会的《内部控制——整合框架》将内部控制定义为一个由机构的董事会、管理层和其他人员实施的过程，其目的是为实现经营的有效性和效率，确保财务报告的可靠性，与适用的法律和法规相符合提供合理的保证。该报告认为内部控制包括五个相互关联的构成要素：控制环境、风险评估、控制活动、信息与交流、监督。

（四）内部审计在风险管理中的作用

（1）2012年版《有效银行监管核心原则》强调内部审计的职责是评估现行政策、程序和内部控制（包括风险管理、合规和公司治理程序）是否有效、适当并能满足银行业务需要，是否在实践中有效实施相关政策和程序。银行内部审计部门应具有充足的资源并保持适当的独立性，能够及时、充分了解相关信息，并确保其采用的审计方法能够识别银行承担的实质性风险。

（2）巴塞尔委员会2015年第四版《银行公司治理原则》强调：**有效的内部审计职能构成内部控制系统中的第三道防线**。内部审计职能应向董事会提供独立保证，并支持董事会及高级管理层推动有效的治理流程及银行的长期稳健。该职能向董事会和高级管理层提供有关银行的内部控制、风险管理和治理体系的质量和效力的独立保证,从而帮助董事会及高级管理层保护他们的机构及其声誉。

(3)风险管理不仅要求全面识别风险,而且要熟悉本单位的经营战略、工作程序、组织结构等。内部审计的独特地位与专业知识满足了以上要求,内部审计在组织风险管理框架中发挥不可替代的作用。

第一,帮助组织识别、评价重要的风险暴露,促进风险管理和控制系统的改进。

第二,监控和评价组织风险管理系统的效果。

第三,评价与组织的治理、运营和信息系统有关的风险暴露。

第四,把在咨询业务中对风险的了解结合到发现和评价组织的重大风险暴露的过程中去。

章节自测

一、单项选择题(在以下各小题所给出的四个选项中,只有一个选项符合题目要求,请将正确选项的代码填入括号内)

1. 《银行保险机构公司治理准则》规定,监事会对( )负责。
   A. 董事会 B. 高级管理层
   C. 风险管理部门 D. 股东大会

2. 与风险管理"三道防线"相呼应,前中后台分离体现了通过职责分工和流程安排形成的相互监督和制约的风险治理原则。下列关于前中后台的说法中,错误的是( )。
   A. 前台主要是市场营销部门,负责对公司类、机构类和个人类目标客户开展市场营销,推介金融服务方案
   B. 前台主要是人力资源管理、稽核监督、业务处理、信息技术等支持保障部门
   C. 中台主要是财务管理和风险管理部门,负责信用分析、贷款审核、风险评价控制等
   D. 后台主要是人力资源管理、稽核监督、业务处理、信息技术等支持保障部门

3. ( )处在业务经营和风险管理的最前沿,应当具备可持续的风险—收益理念,掌握最新的风险信息。
   A. 前台业务人员 B. 风险管理部门
   C. 合规部门 D. 内部审计

4. 下列不属于《商业银行稳健薪酬监管指引》对薪酬和绩效考核要求的是( )。
   A. 薪酬水平与风险成本调整后的经营业绩相适应
   B. 短期激励和长期激励相协调
   C. 薪酬支付期限应与相应业务的风险持续时期保持一致
   D. 绩效考评应坚持"综合平衡"的原则

5. 下列不属于信用风险限额指标的是( )。
   A. 行业限额 B. 敏感度限额
   C. 单一集团客户授信集中度限额 D. 单一客户贷款集中度限额

二、多项选择题(在以下各小题所给出的选项中,至少有两个选项符合题目要求,请将正确选项的代码填入括号内)

1. 银行风险管理部门设置应与( )相适应。
   A. 银行的地理位置 B. 银行的经营管理架构
   C. 银行业务的复杂程度 D. 银行的风险水平
   E. 银行的从业人员数量

2. 下列属于风险事后控制的方法的有（　　）。
   A. 风险缓释或风险转移　　　　　　B. 限额管理
   C. 风险资本的重新分配　　　　　　D. 风险定价
   E. 提高风险资本水平

三、判断题（请判断以下各小题的正误，正确的选 A，错误的选 B）

1. 内部审计以企业的部分经营管理活动为审计对象，包括公司治理和内部控制。（　　）
   A. 正确　　　　　　　　　　　　　B. 错误
2. 独立性和主观性是审计服务内在价值的根本，独立性被看作审计职能（一般是指组织上）的一种属性，而主观性则是内部审计师的属性。（　　）
   A. 正确　　　　　　　　　　　　　B. 错误

答案详解

一、单项选择题

1. D。【解析】监事会对股东大会负责。
2. B。【解析】前台主要是市场营销部门，负责对公司类、机构类和个人类目标客户开展市场营销，推介金融服务方案。
3. A。【解析】前台业务人员处在业务经营和风险管理的最前沿，应当具备可持续的风险—收益理念，掌握最新的风险信息，对其业务经营活动所承担的风险实施积极、主动的管理，切实遵守风险偏好、风险限额等风险管理政策制度，及时报告、主动化解业务经营中出现的风险。
4. D。【解析】D 项属于《银行业金融机构绩效考评监管指引》对薪酬和绩效考核的要求。
5. B。【解析】信用风险限额指标包括单一客户贷款集中度限额、单一集团客户授信集中度限额、行业限额。

二、多项选择题

1. BCD。【解析】银行风险管理部门设置应与银行的经营管理架构、银行业务的复杂程度、银行的风险水平相适应。
2. ACE。【解析】常见的风险事后控制的方法有风险缓释或风险转移、风险资本的重新分配、提高风险资本水平。

三、判断题

1. B。【解析】内部审计以企业的全部经营管理活动为审计对象，包括公司治理、风险管理和内部控制。
2. B。【解析】独立性和客观性是审计服务内在价值的根本，独立性被看作审计职能（一般是指组织上）的一种属性，而客观性则是内部审计师的属性。

第三章
信用风险管理

考情直击

本章的主要内容是与商业银行信用风险有关的识别、评估与计量、监测与报告、控制与缓释、资本计量、集中度风险管理以及贷款损失准备与不良资产处置等相关的知识。分析近几年的考试情况，本章的常考点有个人客户信用风险识别、单一法人客户信用风险识别、贷款组合信用风险识别、信用风险限额管理、授信集中度管理主要框架、不良资产处置方法等，在考试中占18~19.5分。

考纲要求

信用风险管理

考试内容	能力等级
单一法人客户、集团法人客户、个人客户和贷款组合的信用风险识别要点	掌握
信用风险评估和计量的发展历程	了解
基于内部评级的方法以及信用风险组合的计量	了解
信用风险监测、预警和报告的方法及内容	掌握
信用风险限额管理	了解
关键业务环节的信用风险控制和缓释方法	了解
信用风险资本计量的权重法、内部评级法	了解
集中度风险的定义和特征	熟悉
授信集中度管理主要框架	熟悉
资产证券化的定义、分类和风险管理框架（中级）	熟悉
贷款损失准备管理与不良资产处置方法	了解

知识解读

第一节 信用风险识别

一、信用风险概述 ★

信用风险是指债务人或交易对手未能履行合同规定的义务或信用质量发生变化,影响金融产品价值,从而给债权人或金融产品持有人造成经济损失的风险。**对大多数商业银行来说,贷款是最主要的信用风险来源。**但事实上,信用风险既存在于传统的贷款、债券投资等表内业务中,又存在于信用担保、贷款承诺及衍生产品交易等表外业务中。

> **真题精练**
>
> 【例1·单项选择题】对于商业银行而言,(　　)是最主要的信用风险来源。
> A. 担保　　　　　　　　B. 贷款
> C. 抵押　　　　　　　　D. 理财业务
>
> **B** 对大多数商业银行来说,贷款是最主要的信用风险来源。

二、商业银行的客户 ★

商业银行的客户主要包括:主权国家或经济实体区域及其中央银行、公共部门实体,以及多边开发银行、国际清算银行和国际货币基金组织等;银行类金融机构和非银行类金融机构;公司(包括中小企业)、合伙企业及其他非自然人;自然人/零售客户(包括一些小微企业)。

> **要点点拨**
>
> 根据商业银行不同客户的信贷业务特点及各自的风险特性,可将商业银行客户划分为个人客户与法人客户,法人客户根据其组织形式不同划分为单一法人客户和集团法人客户。

三、个人客户信用风险识别 ★★★

(一)个人客户的基本信息分析

1. 借款人的资信情况调查

商业银行可通过中国人民银行个人征信系统及税务、海关、法院等机构获得个人客户的信用记录,作为借款人是否符合贷款资格的重要依据。资信调查还应关注借款人的第一还款来源:主要收入来源为工资收入的,对其收入水平及证明材料的真实性作出判断;主要收入来源为其他合法收入的(如利息和租金收入等),应检查其提供的财产情况,包括租金收入证明、房产证、商业银行存单、有现金价值的保单等。

2. 借款人的资产与负债情况调查

(1)确认借款人及家庭的人均月收入和年薪收入情况。
(2)调查其他可变现资产情况。
(3)调查借款人在本行或他行是否有其他负债或担保、家庭负债总额与家庭收入的比重情况等。
(4)分析借款人及其家庭收入的稳定性,判断其是否具备良好的还款意愿和还款能力。

3. 贷款用途及还款来源的调查

(1)调查借款人的贷款用途与所申请的信贷品种的相关规定是否一致。

(2)还款来源是否有效落实并足以履约等。
4.对担保方式的调查
(1)借款人是否以价值稳定、易变现的财产作为抵(质)押物。
(2)借款人是否能按商业银行要求,为其所购商品办理财产保险等。

> **知识加油站**
>
> 个人贷款业务所面对的客户主要是自然人,其特点是单笔业务资金规模小但数量巨大。

(二)个人信贷产品分类及风险分析
1.个人住房按揭贷款的风险分析
(1)"假按揭"风险。其主要表现形式有:
①开发商不具备按揭合作主体资格,或者未与商业银行签订按揭贷款业务合作协议,未有任何承诺,与某些不法之徒相互勾结,以虚假销售方式套取商业银行按揭贷款。
②以个人住房按揭贷款名义套取企业生产经营用的贷款。
③所有借款人均为虚假购房,有些身份和住址不明。
④信贷人员与企业串谋,向虚拟借款人或不具备真实购房行为的借款人发放高成数的个人住房按揭贷款。
⑤以个人住房贷款方式参与不具真实、合法交易基础的商业银行债权置换或企业重组。
⑥开发商与购房人串通,规避不允许零首付的政策限制。
(2)房产价值下跌导致超额押值不足的风险。
(3)借款人的经济状况变动风险。住房按揭贷款有不同的期限,期限越长,借款人经济状况变化的可能性就越大。
2.其他个人零售贷款的风险分析
其他个人零售贷款包括**个人消费贷款(包括个人汽车消费贷款)、信用卡消费贷款、个人经营贷款、助学贷款**等多种方式,其风险主要表现在:
(1)借款人的真实收入状况难以掌握,尤其是无固定职业者和自由职业者。
(2)借款人的偿债能力有可能不稳定(如职业不稳定的借款人、面临就业困难的大学生等)。
(3)贷款购买的商品质量有问题或价格下跌导致消费者不愿履约。
(4)抵押权益实现困难。
(5)个人生产或者销售活动失败,资金周转发生困难。

> **真题精练**
>
> 【例2·多项选择题】其他个人零售贷款包括( )。
> A.个人汽车消费贷款   B.信用卡消费贷款
> C.助学贷款   D.住房贷款
> E.个人经营贷款
>
> **A B C E** 其他个人零售贷款包括个人消费贷款(含个人汽车消费贷款)、信用卡消费贷款、个人经营贷款和助学贷款等多种方式。

四、单一法人客户信用风险识别 ★★★
(一)单一法人客户的基本信息分析
商业银行在对单一法人客户进行信用风险识别和分析时,必须对客户的基本情况和与商业银行业务相关的信息进行全面了解,以判断客户的类型(企业法人客户还是机构法人客户)、基本经营情况(业务范围、盈利情况)、信用状况(有无违约记录)等。商业银行应当要求客户提供基本资料,并对客户提供的身份证明、财务状况、授信主体资格等资料的合法性、真实性和有效性进行认真核实。对于中长期授信,还需要对资金来源及使用情况、预期资产负债情况、损益情况、项目建设进度及营运计划等做出预测和分析。

(二)单一法人客户的财务状况分析

财务状况分析是通过对企业经营成果、财务状况以及现金流量的分析,达到评价企业经营管理者的管理业绩、经营效率,进而识别企业信用风险的目的。

表3-1 单一法人客户的财务状况分析

要点	内容
财务报表分析	财务报表分析主要是对资产负债表和损益表进行分析,有助于商业银行深入了解客户的经营状况及经营过程中存在的问题。 财务报表分析应特别关注以下内容: (1)**识别和评价财务报表风险**。 主要关注财务报表的编制方法及其质量能否充分反映客户实际和潜在的风险。 (2)**识别和评价经营管理状况**。 通过分析损益表可以识别和评价公司的销售情况、成本控制情况及盈利能力。 (3)**识别和评价资产管理状况**。 主要包括资产质量分析、资产流动性(可变现程度)分析及资产组合(库存、固定资产等投资)分析。 (4)**识别和评价负债管理状况**。 主要分析资产负债期限结构,如长期融资是否支持长期资产,短期资产是否恰当地与短期融资或长期融资匹配等
财务比率分析	(1)**盈利能力比率**,用来衡量管理层将销售收入转换成实际利润的效率,体现管理层控制费用并获得投资收益的能力。 相关公式主要有: ①销售毛利率=[(销售收入−销售成本)/销售收入]×100%。 ②销售净利率=(净利润/销售收入)×100%。 ③资产净利率(总资产报酬率)=净利润/[(期初资产总额+期末资产总额)/2]×100%。 ④净资产收益率(权益报酬率)=净利润/[(期初所有者权益合计+期末所有者权益合计)/2]×100%。 ⑤总资产收益率=净利润/平均总资产=(净利润/销售收入)×(销售收入/平均总资产)。 (2)**效率比率**,又称营运能力比率,体现管理层管理和控制资产的能力。 相关公式主要有: ①存货周转率=产品销售成本/[(期初存货+期末存货)/2]。 ②存货周转天数=360/存货周转率。 ③应收账款周转率=销售收入/[(期初应收账款+期末应收账款)/2]。 ④应收账款周转天数=360/应收账款周转率。 ⑤应付账款周转率=购货成本/[(期初应付账款+期末应付账款)/2]。 ⑥应付账款周转天数=360/应付账款周转率。 ⑦流动资产周转率=销售收入/[(期初流动资产+期末流动资产)/2]。 ⑧总资产周转率=销售收入/[(期初资产总额+期末资产总额)/2]。 (3)**杠杆比率**,用来衡量企业所有者利用自有资金获得融资的能力,也用于判断企业的偿债资格和能力。 相关公式主要有: ①资产负债率=(负债总额/资产总额)×100%。 ②有形净值债务率=[负债总额/(股东权益−无形资产净值)]×100%。

表 3-1（续）

要点	内容
财务比率分析	（4）**流动比率**，用来判断企业归还短期债务的能力，即分析企业当前的现金支付能力和应付突发事件和困境的能力。相关公式主要有： ①流动比率 = 流动资产合计/流动负债合计。 ②速动比率 = 速动资产/流动负债合计。 其中，速动资产 = 流动资产 – 存货。 或：速动资产 = 流动资产 – 存货 – 预付账款 – 待摊费用。 （5）偿债能力，是指企业通过经营偿还长短期债务的能力，主要通过利息保障倍数判断，反映企业财务状况和经营实力。相关公式主要有： 利息偿付比率（利息保障倍数）=（税前净利润 + 利息费用）/利息费用 其中，分子称为息税前收入（EBITDA）
现金流量分析	**现金流是指现金在企业内的流入和流出，分为经营活动的现金流、投资活动的现金流、融资活动的现金流三个部分。** （1）经营活动是指除企业投资活动和筹资活动以外的所有交易和事项。经营活动产生的现金流入包括销售商品或提供劳务、经营租赁等所收到的现金；经营活动产生的现金流出包括购买货物、接受劳务、制造产品、广告宣传、推销产品、缴纳税款等所支付的现金。 （2）投资活动是指企业长期资产的购建和不包括在现金等价物范围内的投资及其处置活动。投资活动产生的现金流入包括：收回投资；分得股利、利润或取得债券利息收入；处置固定资产、无形资产和其他长期资产收到的现金等。投资活动产生的现金流出包括：购建固定资产、无形资产和其他长期资产所支付的资金；进行权益性或债权性投资等所支付的现金。 （3）融资活动是指导致企业资本及债务规模和构成发生变化的活动。融资活动产生的现金流入包括：吸收权益性投资所收到的现金；发行债券或借款所收到的现金。融资活动产生的现金流出包括：偿还债务或减少注册资本所支付的现金；发生筹资费用所支付的现金；分配股利、利润或偿付利息所支付的现金；融资租赁所支付的现金等。 现金流量分析通常首先分析经营性现金流，关注经营活动现金流从何而来、流向何方，现金流是否为正值，现金流是否足以满足和应付重要的日常支出和还本付息，现金流的变化趋势和潜在变化的原因是什么；其次分析投资活动的现金流，关注企业买卖房产、购买机器设备或资产租借，借款给附属公司，或者买卖其他公司的股票等投资行为；最后分析融资活动的现金流，关注企业债务与所有者权益的增加/减少以及股息分配。 针对企业所处的不同发展阶段以及不同期限的贷款，企业现金流量分析的侧重点有所不同： （1）对于短期贷款，应当考虑正常经营活动的现金流量是否能够及时且足额偿还贷款。 （2）对于中长期贷款，应当主要分析未来的经营活动是否能够产生足够的现金流量以偿还贷款本息，但在贷款初期，应当考察借款人是否有足够的融资能力和投资能力来获得所需的现金流量以偿还贷款利息。 此外，由于企业发展可能处于开发期、成长期、成熟期或衰退期，进行现金流量分析时需要考虑不同发展时期的现金流特性

> **知识加油站**
> 流动比率越高，企业资产的流动性越大，但是，比率太大表明流动资产占用较多，会影响经营资金周转效率和获利能力。

（三）单一法人客户的非财务因素分析

1. 管理层风险分析

重点考核企业管理者的人品、诚信度、授信动机、经营能力及道德水准，内容包括：
(1) 历史经营记录及其经验。
(2) 经营者相对于所有者的独立性。
(3) 品德与诚信度。
(4) 影响其决策的相关人员的情况。
(5) 决策过程。
(6) 所有者关系、内控机制是否完备及运行正常。
(7) 领导后备力量和中层主管人员的素质。
(8) 管理的政策、计划、实施和控制等。

2. 行业风险分析

行业风险分析的主要内容有：
(1) 行业特征及定位。
(2) 行业成熟期分析。
(3) 行业周期性分析。
(4) 行业的成本及盈利性分析。
(5) 行业依赖性分析。
(6) 行业竞争力及替代性分析。
(7) 行业成功的关键因素分析。
(8) 行业监管政策和有关环境分析。

3. 生产与经营风险分析

行业风险分析只能够帮助商业银行对行业整体的系统性风险有所认识，但行业中的每个企业又都有其各自的特点。就国内企业而言，存在的最突出问题是经营管理不善，主要表现为总体经营风险、产品风险、原料供应风险、生产风险以及销售风险。

4. 宏观经济、社会及自然环境分析

经济/法律环境、技术进步、环保意识增强、人口老龄化、自然灾害等外部因素的发展变化，均可能对借款人的还款能力产生不同程度的影响。

（四）单一法人客户的担保分析

担保是指为维护债权人和其他当事人的合法权益、提高贷款偿还的可能性、降低商业银行资金损失的风险，由借款人或第三方对贷款本息的偿还或其他授信产品提供的一种附加保障，为商业银行提供一个可以影响或控制的潜在还款来源。**担保方式主要有保证、抵押、质押、定金**等。

1. 保证

保证是为保障债权的实现，保证人和债权人约定，当债务人不履行到期债务或者发生当事人约定的情形时，保证人履行债务或者承担责任的行为。贷款保证的目的是通过第三方为借款人按约、足额偿还贷款提供支持。商业银行对保证担保应重点关注的事项有：

(1)保证人的资格。具有代为清偿能力的法人、其他组织或者公民可以作为保证人。机关法人不得为保证人,但是经国务院批准为使用外国政府或者国际经济组织贷款进行转贷的除外。以公益为目的的非营利法人、非法人组织不得为保证人。

(2)保证人的财务实力。保证人的财务状况、现金流量、或有负债、信用评级以及保证人目前所提供保证的数量/金额,都会影响保证人的偿债能力。

(3)保证人的保证意愿。保证人是否愿意履行责任以及保证人是否完全意识到由此可能产生的一系列风险和责任。

(4)保证人履约的经济动机及其与借款人之间的关系。

(5)保证的法律责任。保证分为连带责任保证和一般保证两种。当事人在保证合同中约定,债务人不能履行债务时,由保证人承担保证责任的,为一般保证。当事人在保证合同中约定保证人和债务人对债务承担连带责任的,为连带责任保证。当事人在保证合同中对保证方式没有约定或者约定不明确的,按照一般保证承担保证责任。

2.抵押

抵押是指债务人或第三方不转移对财产的占有,将该财产作为债权的担保。债务人不履行到期债务或者发生当事人约定的实现抵押权的情形,债权人有权就该财产优先受偿。债务人或第三方为抵押人,债权人为抵押权人,提供担保的财产为抵押物。商业银行对抵押担保应重点关注的事项有:

(1)可以作为抵押品的财产范围及种类。

(2)抵押合同一般包括下列条款:被担保债权的种类和数额;债务人履行债务的期限;抵押财产的名称、数量等情况;担保的范围。

(3)抵押物的所有权转移。

(4)抵押物登记。

(5)抵押权的实现。

> **知识加油站**
>
> 抵押权人在债务履行期限届满前,与抵押人约定债务人不履行到期债务时抵押财产归债权人所有的,只能依法就抵押财产优先受偿。

3.质押

质押又称动产质押,是指债务人或第三方将其动产移交债权人占有,将该动产作为债权的担保。债务人不履行债务时,债权人有权依照法律以该动产折价或者以拍卖、变卖该动产的价款优先受偿。在动产质押中,债务人或第三方为出质人,债权人为质权人,移交的动产为质物。商业银行对质押担保应重点关注的事项有:

(1)可以作为质物的动产/权利范围及种类。

(2)质押合同一般包括下列条款:被担保主债权的种类和数额;债务的期限;质物的名称、数量、质量、状况;质物移交的时间。

(3)质权人对质物承担的权利、义务和责任。

(4)权利质押的生效及转让。

(5)债务履行期届满时质物的处理等。

对中小企业进行信用风险识别和分析时,除了关注与单一法人客户信用风险的相似之处外,商业银行还应重点关注以下风险点:

(1)中小企业普遍自有资金匮乏、产品结构单一,更容易受到市场波动、原材料价格和劳动力成本上涨等因素的影响,因此一般会存在相对较高的经营风险,直接影响其偿债能力。

（2）中小企业在经营过程中大多采用现金交易，而且很少开具发票。因此，商业银行进行贷前调查时，通常很难深入了解其真实情况，给贷款审批和贷后管理带来很大难度。

（3）当中小企业面临效益下降、资金周转困难等经营问题时，容易出现逃废债现象，直接影响其偿债意愿。

> **真题精练**
>
> 【例3·单项选择题】某企业2018年销售收入20亿元人民币，销售净利率为12%，2018年年初所有者权益为40亿元人民币，2018年年末所有者权益为55亿元人民币，则该企业2018年净资产收益率为(　　)。
>
> A. 3.33%　　　　　　　　　　　B. 3.86%
> C. 4.72%　　　　　　　　　　　D. 5.05%
>
> D　净利润=销售收入×销售净利率=20×12%=2.4(亿元)；净资产收益率=净利润/[(期初所有者权益合计+期末所有者权益合计)/2]×100%=2.4÷[(40+55)÷2]×100%≈5.05%。

五、集团法人客户信用风险识别 ★★★

（一）集团法人客户的特征

集团客户是指存在控制关系的一组企事业法人客户或同业单一客户。企事业法人包括除商业银行外的其他金融机构。商业银行识别集团客户应至少考虑以下特征：

（1）一方在股权上或经营决策上直接或间接控制另一方或被另一方控制。

（2）两方共同被第三方控制。

（3）一方主要投资者个人、关键管理人员或其亲属（包括三代以内直系亲属关系和二代以内旁系亲属关系）直接或间接控制另一方。

（4）存在其他关联关系，可能不按公允价格原则转移资产和利润，应视同集团客户管理。

（二）集团法人客户信用风险识别要点

1. 整体状况分析

商业银行首先应当参照单一法人客户信用风险识别和分析方法，对集团法人客户的基本信息、经营状况、财务状况、非财务因素及担保状况等进行逐项分析，以识别其潜在的信用风险。其次，集团法人客户通常更为复杂，因此需要更加全面、深入地分析和了解，特别是对集团内各关联方之间的关联交易进行正确的分析和判断至关重要。

关联交易是指银行保险机构与关联方之间发生的利益转移事项。关联方是指与银行保险机构存在一方控制另一方，或对另一方施加重大影响，以及与银行保险机构同受一方控制或重大影响的自然人、法人或非法人组织。国家控制的企业间不应当仅仅因为彼此同受国家控制而成为关联方。

商业银行发现企业客户下列行为/情况时，应当着重分析其是否属于某企业集团内部的关联方，以及其行为/情况是否属于关联方之间的关联交易：

（1）与无正常业务关系的单位或个人发生重大交易。

（2）进行价格、利率、租金及付款等条件异常的交易。

（3）与特定客户或供应商发生大额交易。

（4）进行实质与形式不符的交易。

（5）易货交易。
（6）进行明显缺乏商业理由的交易。
（7）发生处理方式异常的交易。
（8）资产负债表日前后发生的重大交易。
（9）互为提供担保或连环提供担保。
（10）存在有关控制权的秘密协议。
（11）除股本权益性投资外，资金以各种方式供单位或个人长期使用。

总之，在识别和分析集团法人客户信用风险的过程中，商业银行应当力争做到：

（1）充分利用已有的内外部信息系统，如中国人民银行的信贷登记查询系统、中介征信机构、互联网、媒体等，及时全面收集、调查、核实客户及其关联方的授信记录。

（2）与客户建立授信关系时，授信工作人员应当尽职受理和调查评价，要求客户提供真实、完整的信息资料，包括客户法定代表人、实际控制人、注册资本、注册地、主营业务、股权结构、高级管理人员情况、重大资产项目、财务状况、担保情况和重要诉讼情况等，以有资格机构审计过的财务报表为基础，通过各种方式获取第一手材料，必要时可要求客户聘请独立的具有公证效应的第三方出具资料真实性证明。

（3）识别客户关联方关系时，授信工作人员应重点关注客户的注册资金、股权分布、股权占比的变更情况，通过间接持股方式形成的关联关系，通过非股权投资方式形成的隐性关联关系，客户核心资产重大变动及其净资产10%以上的变动情况，客户对外融资、应收账款情况、大额资金流向，客户主要投资者、关键管理人员及其亲密亲属的个人信用记录。

（4）集团法人客户的识别频率与额度授信周期应当保持一致。

（5）在定期识别期间，集团法人客户的成员单位若发生产权关系变动，导致其与集团的关系发生变化，成员行应及时将有关材料上报牵头行，牵头行汇总有关信息后报管辖行，管辖行做出识别判断后，决定是否继续列入集团加以统一管理或删除在集团之外，并在集团法人客户信息资料库中做出相应调整。

（6）对所有集团法人客户的架构图必须每年进行维护，更新集团内的成员单位（明确新增或删除的成员单位）。

2. 信用风险特征

与单一法人客户相比，集团法人客户的信用风险具有以下明显特征：

（1）**内部关联交易频繁**。
（2）**连环担保十分普遍**。
（3）**真实财务状况难以掌握**。
（4）**系统性风险较高**。
（5）**风险识别和贷后管理难度大**。

六、贷款组合信用风险识别 ★★★

贷款组合内的各单笔贷款之间通常存在一定程度的相关性。与单笔贷款业务的信用风险识别有所不同，商业银行在识别和分析贷款组合的信用风险时，应当更多地关注系统性风险可能造成的影响。

1. 宏观经济因素

系统性风险对贷款组合信用风险的影响，主要是由宏观经济因素的变动反映出来：当宏观经济因素发生不利变动时，有可能导致贷款组合中所有借款人的履约能力下降并造成信用风险损失。因此，对借款人所在地的宏观经济因素进行持续监测、分析及评估，已经成为贷款组合的信用风险识别和分析的重要内容。

2. 行业风险

行业风险是指当某些行业出现产业结构调整或原材料价格上升或竞争加剧等不利变化时,贷款组合中处于这些行业的借款人可能因履约能力整体下降而给商业银行造成系统性的信用风险损失。此外,行业风险也包括上下游行业风险和关联性行业风险。

3. 区域风险

区域风险是指当某个特定区域的政治、经济、社会等方面出现不利变化时,贷款组合中处于该区域的借款人可能因履约能力整体下降而给商业银行造成系统性的信用风险损失。

区域风险识别应特别关注以下几个方面:

(1)银行客户是否过度集中于某个地区。
(2)银行业务及客户集中地区的经济状况及其变动趋势。
(3)银行业务及客户集中地区的地方政府相关政策及其适用性。
(4)银行客户集中地区的信用环境和法律环境出现改善/恶化。
(5)政府及金融监管部门对本行客户集中地区的发展政策、措施是否发生变化,如果变化是否造成地方优惠政策难以执行,及其变化对商业银行业务的影响。

教你一招

贷款组合信用风险识别主要考虑宏观经济因素、行业风险和区域风险。

第二节 信用风险评估与计量

一、信用风险评估与计量的发展历程 ★

(一)专家判断法

1. 含义

专家判断法是商业银行在长期经营信贷业务、承担信用风险过程中逐步发展并完善起来的传统信用分析方法,即专家系统。专家系统是依赖高级信贷人员和信贷专家自身的专业知识、技能和丰富经验,运用各种专业性分析工具,在分析评价各种关键要素基础上依据主观判断来综合评定信用风险的分析系统。

2. 考虑因素

表3-2 专家判断法应考虑的因素

要点	内容
与借款人有关的因素	(1)杠杆。借款人的杠杆或资本结构,即资产负债比率对借款人违约概率影响较大。杠杆比率较高的借款人相比杠杆比率较低的借款人,其未来面临还本付息的压力要大得多,其违约概率也就会高很多。如果贷款给杠杆比率较高的借款人,商业银行就会相应地提高风险溢价。 (2)声誉。借款人的声誉是在其与商业银行的历史借贷关系中反映出来的,如果该借款人过去总能及时、全额地偿还本金与利息,那么他就具有良好的声誉,也就能较容易或以较低的利率从商业银行获得贷款。 (3)收益波动性。如果未来面临同样的本息还款要求,在期望收益相等的条件下,收益波动性高的企业更容易违约,信用风险较大。因此,对于处于成长期的企业或高科技企业而言,由于其收益波动性较大,商业银行贷款往往非常谨慎,即使贷款,其利率也会比较高

表 3-2（续）

要点	内容
与市场有关的因素	（1）利率水平。高利率水平表示中央银行正在实施紧缩的货币政策。从宏观角度看，在该货币政策的影响下，所有企业的违约风险都会有一定程度的提高。另外，在信息不完全对称的情况下，商业银行在向企业要求较高风险溢价的同时也使自身面临的风险增加，这是由于逆向选择效应与激励效应的作用，高利率不仅会造成潜在借款人的整体违约风险提高，而且会促使借款人承担更高的风险。 （2）宏观经济政策。政府宏观经济政策对于行业信用风险分析具有重要作用，尤其是对市场经济不发达或正处于转型经济中的国家/地区而言，影响尤为突出。如果政府对某些行业（如高耗能行业）采取限制发展的措施，那么这些行业的企业信用风险就会比较高。 （3）经济周期。经济周期对于评价借款人的违约风险有着重要的意义

3. 常用的专家系统

目前所使用的专家系统，虽然有各种各样的架构设计，但其选择的关键要素都基本相似。其中，对企业信用分析的 5Cs 系统使用最为广泛：

（1）品德。品德是对借款人声誉的衡量。

（2）资本。资本是指借款人的财务杠杆状况及资本金情况。

（3）还款能力。主要从两个方面对还款能力进行分析：一方面是借款人未来现金流量的变动趋势及波动性；另一方面是借款人的管理水平，银行不仅要对借款人的公司治理机制、日常经营策略、管理的整合度和深度进行分析评价，还要对其各部门主要管理人员进行分析评价。

（4）抵押。

（5）经营环境。经营环境主要包括商业周期所处阶段、借款人所在行业状况、利率水平等因素。

除 5Cs 系统外，使用较为广泛的专家系统还有针对企业信用分析的 5Ps 系统，包括个人因素、资金用途因素、还款来源因素、保障因素、企业前景因素。

专家系统的突出特点在于将信贷专家的经验和判断作为信用分析和决策的主要基础，这种主观性很强的方法/体系带来的一个突出问题是对信用风险的评估缺乏一致性。专家系统这一局限性对于大型商业银行而言尤为突出，使得商业银行统一的信贷政策在实际操作过程中因为专家意见不一致而失去意义。

教你一招

专家系统的代表——5Cs 系统：品德（character）、资本（capital）、还款能力（capacity）、抵押（collateral）、经营环境（condition）。

（二）信用评分模型

1. 含义

信用评分模型利用可观察到的借款人特征变量计算出一个数值（得分）来代表债务人的信用风险，并将借款人归类于不同的风险等级。对法人客户而言，可观察到的特征变量包括现金流量、财务比率等；对个人客户而言，主要包括收入、资产、年龄、职业以及居住地等。

2. 局限性

信用评分模型的关键在于特征变量的选择和各自权重的确定。基于数理统计技术的信用评分计量模型包括线性概率模型、Logit 模型、Probit 模型和线性辨别模型。

尽管信用评分模型是商业银行分析借款人信用风险的主要方法之一，但在使用过程中仍存在一些突出问题：

(1) 信用评分模型是建立在对历史数据（而非当前市场数据）模拟的基础上，回归方程中各特征变量的权重在一定时间内保持不变。

(2) 信用评分模型对借款人历史数据的要求相当高，商业银行需要建立起一个包括大多数企业历史数据的数据库。

3. 评分卡

一些银行会采用评分卡的方式进行中小企业客户的准入和核定，也就是采用履约能力、信用状况等非财务信息作为主要内容，结合财务报表等定量数据进行综合评价，以更准确反映中小企业的实际经营情况。评分卡方式的特点有：

(1) 提高贷款审批的效率。

(2) 提高贷款审批的客观性。

(3) 优化信贷风险管控。

> **真题精练**
>
> 【例4·多项选择题】目前，应用最广泛的信用评分模型有（　　　）。
> A. 线性概率模型　　　　　　　B. 违约概率模型
> C. Logit 模型　　　　　　　　D. Probit 模型
> E. 线性辨别模型
>
> **A C D E**　目前，应用最广泛的信用评分模型有线性概率模型、Logit 模型、Probit 模型和线性辨别模型。

（三）违约概率模型

1. 逻辑回归模型

逻辑回归模型是我国商业银行建立违约概率（PD）模型的主流方法之一，该方法采用一组财务指标作为解释变量来预测客户的违约概率。模型的因变量是取值为 0 和 1 的二值变量；不要求样本数据满足正态分布，自变量和因变量之间不为线性关系。逻辑回归模型可以将违约概率与自变量建立起联系，将客户的违约概率表示为 P，则正常的概率为 1 − P。

2. RiskCalc 模型

RiskCalc 模型是在传统信用评分技术基础上发展起来的一种适用于非上市公司的违约概率模型，其核心是通过严格的步骤从客户信息中选择出最能预测违约的一组变量，经过适当变换后运用 Logit/Probit 回归技术预测客户的违约概率。

3. Credit Monitor 模型

Credit Monitor 模型是一种适用于上市公司的违约概率模型，其核心在于把企业与银行的借贷关系视为期权买卖关系，借贷关系中的信用风险信息因此隐含在这种期权交易之中，从而通过应用期权定价理论求解出信用风险溢价和相应的违约率，即预期违约频率（EDF）。

4. 风险中性定价模型

风险中性定价理论的核心思想是假设金融市场中的每个参与者都是风险中立者，不论是高风险资产、低风险资产或无风险资产，只要资产的期望收益是相等的，市场参与者对其的接受态度就是一致的，这样的市场环境被称为风险中性范式。

5. 死亡率模型

死亡率模型是根据风险资产的历史违约数据，计算在未来一定持有期内不同信用等级的客户/债项的违约概率（即死亡率）。通常分为边际死亡率（MMR）和累计死亡率（CMR）。

> **教你一招**
> RiskCalc 模型适用于非上市公司，Credit Monitor 模型适用于上市公司。

二、基于内部评级的方法 ★

（一）风险暴露分类

在内部评级法下，商业银行的风险暴露分类一般可以分下六类：**主权类、金融机构类、公司类、零售类、股权类和其他类**。

1. 主权风险暴露

主权风险暴露是指对主权国家或经济实体区域及其中央银行、公共部门实体，以及多边开发银行、国际清算银行和国际货币基金组织等的债权。

2. 金融机构风险暴露

金融机构风险暴露是指商业银行对金融机构的债权。根据金融机构的不同属性，可分为**银行类金融机构风险暴露和非银行类金融机构风险暴露**。

3. 公司风险暴露

公司风险暴露是指商业银行对公司、合伙制企业和独资企业及其他非自然人的债权，但不包括对主权、金融机构和纳入零售风险暴露的企业的债权。根据债务人类型及其风险特征，公司风险暴露细分为**中小企业风险暴露、专业贷款风险暴露和一般公司风险暴露**。

4. 零售风险暴露

零售风险暴露应同时具有如下三方面特征：

（1）债务人是一个或几个自然人。
（2）笔数多，单笔金额小。
（3）按照组合方式进行管理。

零售风险暴露分为**个人住房抵押贷款、合格循环零售风险暴露、其他零售风险暴露三大类**。合格循环零售风险暴露中对单一客户最大信贷余额不超过 100 万元人民币。

5. 股权风险暴露

股权风险暴露是指商业银行直接或间接持有的股东权益。纳入股权风险暴露的金融工具应同时满足如下条件：

（1）持有该项金融工具获取收益的主要来源是未来资本利得，而不是随时间所产生的收益。
（2）该项金融工具不可赎回，不属于发行方的债务。
（3）对发行方资产或收入具有剩余索取权。

6. 其他风险暴露

其他风险暴露主要包括购入应收账款、资产证券化风险暴露和资产管理产品。

（二）客户评级

客户评级是商业银行对客户偿债能力和偿债意愿的计量和评价，反映客户违约风险的大小。**客户评级的评价主体是商业银行，评价目标是客户违约风险，评价结果是信用等级和违约概率（PD）**。

客户评级必须具有两大功能：一是**能够有效区分违约客户**，即不同信用等级的客户违约风险随信用等级的下降而呈加速上升的趋势；二是**能够准确量化客户违约风险**，即能够估计各信用等级的违约概率，并将估计的违约概率与实际违约频率的误差控制在一定范围内。

违约的认定

当下列一项或多项事件发生时,债务人即被视为违约:

(1)债务人对银行的实质性信贷债务逾期90天以上。若债务人违反了规定的透支限额或者重新核定的透支限额小于目前的余额,各项透支将被视为逾期。

(2)银行认定,除非采取变现抵(质)押品等追索措施,债务人可能无法全额偿还对银行的债务。

违约概率

违约概率是指借款人在未来一定时期内发生违约的可能性。违约概率一般被具体定义为借款人内部评级1年期违约概率与0.05%中的较高者。

违约概率的估计包括两个层面:一是单一借款人的违约概率;二是某一信用等级所有借款人的违约概率。实施内部评级法的商业银行估计其各信用等级借款人所对应的违约概率,可采用内部违约经验、映射外部数据和统计违约模型等与数据基础一致的技术估计平均违约概率,可选择一项主要技术,辅以其他技术做比较,并进行可能的调整,确保估值能准确反映违约概率。

📎 知识加油站

违约级客户对应的违约概率是100%。

(三)债项评级

债项评级是对交易本身的特定风险进行计量和评价,反映客户违约后估计的债项损失大小。特定风险因素包括抵押、优先性、产品类别、地区、行业等。

在内部评级法下,债项评级与债项的违约风险暴露(EAD)、违约损失率(LGD)、有效期限(M)密切相关。

1.违约风险暴露

违约风险暴露是指债务人违约时预期表内项目和表外项目的风险暴露总额,包括已使用的授信余额、应收未收利息、未使用授信额度的预期提取数量以及可能发生的相关费用等。

2.违约损失率

违约损失率指估计的某一债项违约后损失的金额占该违约债项风险暴露的比例,即损失占风险暴露总额的百分比(损失的严重程度,LGD = 1 - 回收率)。

影响违约损失率的因素有多方面,主要包括:项目因素、公司因素、行业因素、地区因素、宏观经济周期因素。

计量违约损失率的方法主要有以下两种:

(1)市场价值法。通过市场上类似资产的信用价差和违约概率推算违约损失率,其假设前提是市场能及时有效反映债券发行企业的信用风险变化,主要适用于已经在市场上发行并且可交易的大企业、政府、银行债券。根据所采用的信息中是否包含违约债项,市场价值法又进一步细分为市场法(采用违约债项计量非违约债项LGD)和隐含市场法(不采用违约债项,直接根据信用价差计量LGD)。

(2)回收现金流法。根据违约历史清收情况,预测违约贷款在清收过程中的现金流,并计算出LGD,即LGD = 1 - 回收率 = 1 - (回收金额 - 回收成本)/违约风险暴露。

3.有效期限

商业银行采用初级内部评级法,除回购类交易有效期限是0.5年外,其他非零售风险暴露的有效期限为2.5年。

(四)缓释工具

信用风险缓释是指商业银行运用合格的抵(质)押品、净额结算、保证和信用衍生工具等方式转移或降低信用风险。商业银行采用内部评级法计量信用风险监管资本,信用风险缓释功能体现为违约概率、违约损失率或违约风险暴露的下降。

1. 合格抵(质)押品

合格抵(质)押品包括金融质押品、实物抵押品(应收账款、商用房地产和居住用房地产)以及其他抵(质)押品。合格抵(质)押品的信用风险缓释作用体现为违约损失率的下降,同时也可能降低违约概率。

2. 合格净额结算

净额结算对于降低信用风险的作用在于,交易主体只需承担净额支付的风险。内部评级法下,表内净额结算的风险缓释作用体现为违约风险暴露的下降。

初级内部评级法下,合格净额结算包括**表内净额结算、回购交易净额结算、场外衍生工具及交易账户信用衍生工具净额结算**。银行采用合格净额结算缓释信用风险时,应持续监测和控制后续风险,并在净头寸的基础上监测和控制相关的风险暴露。

采用高级内部评级法的银行,应建立估计表外项目违约风险暴露的程序,规定每笔表外项目采用的违约风险暴露估计值。

3. 合格保证和信用衍生工具

在同一风险暴露由两个以上保证人或信用保护提供方提供信用保护,且不划分信用保证责任的情况下,初级内部评级法不同时考虑多个保证人或信用保护提供方的信用风险缓释作用。商业银行可以选择信用等级最好、信用风险缓释效果最优的保证人或信用保护提供方进行信用风险缓释处理。

商业银行采用高级内部评级法,若历史数据能够证明,同一风险暴露由多个保证人或信用保护提供方同时提供信用保护时信用风险缓释作用大于单个信用保护,则可以考虑每个保证人或信用保护提供方缓释风险的作用,表现为违约损失率的下降。

信用衍生工具的范围包括信用违约互换、总收益互换等。 当信用违约互换和总收益互换提供的信用保护与保证相同时,可以作为合格信用衍生工具。

4. 信用风险缓释工具池

对单独一项风险暴露存在多个信用风险缓释工具时:

(1)采用初级内部评级法的银行,应将风险暴露细分为每一信用风险缓释工具覆盖的部分,每一部分分别计算加权风险资产。

(2)采用高级内部评级法的银行,可以对同一风险暴露采用多个信用风险缓释工具。采用此种方法处理的银行应证明此种方式对风险抵补的有效性,并建立合理的多重信用风险缓释工具处理的相关程序和方法。

内部评级法下预期损失的计算:

预期损失(EL)=违约概率(PD)×违约风险暴露(EAD)×违约损失率(LGD)

预期损失属于贷款成本的一部分,可以通过合理的贷款定价和提取准备金等方式进行有效管理。

三、信用风险组合的计量 ★

1. 违约相关性

违约的发生主要基于以下原因:**债务人自身因素,如经营管理不善、出现重大项目失败等;债务人所在行业或区域因素,如整个行业受到原材料价格上涨的冲击,或某一地区发生重大事件;宏观经济因素,如 GDP 增长放缓、贷款利率上升、货币升值等。**

2. 信用风险组合计量模型

目前,国际上应用比较广泛的信用风险组合模型包括 CreditMetrics 模型、Credit Portfolio View 模型、Credit Risk + 模型等。

（1）CreditMetrics 模型。CreditMetrics 模型本质上是一个 VaR 模型，目的是计算出在一定的置信水平下，一个信用资产组合在持有期限内可能发生的最大损失。通常，非交易性资产组合（如贷款以及一些私募债券）的价格不能够像交易性资产组合（如股票）的价格一样容易获得，因此，非交易性资产组合的价格波动率（标准差）也同样难以获得。CreditMetrics 模型的创新之处正是在于解决了计算非交易性资产组合 VaR 这一难题。

（2）Credit Portfolio View 模型。Credit Portfolio View 模型直接将转移概率与宏观因素的关系模型化，然后通过不断加入宏观因素冲击来模拟转移概率的变化，得出模型中的一系列参数值。该模型比较适用于投机类型的借款人，因为该类借款人对宏观经济因素的变化更敏感。

（3）Credit Risk + 模型。Credit Risk + 模型认为，贷款组合中不同类型的贷款同时违约的概率是很小的且相互独立，因此贷款组合的违约率服从泊松分布。

第三节 信用风险监测与报告

一、信用风险监测概念及目标 ★★★

信用风险监测是指风险管理人员通过各种监控技术，动态捕捉信用风险指标的异常变动，判断其是否已达到引起关注的水平或已经超过阈值。如果达到关注水平或超过阈值，就应当及时调整授信政策、优化资产组合结构、利用资产证券化等分散和转移信用风险，将风险损失降到最低。有效的信用风险监测体系应实现以下目标：

(1)确保商业银行了解借款人或交易对方当前的财务状况及其变动趋势。
(2)监测对合同条款的遵守情况。
(3)评估抵(质)押物相对债务人当前状况的抵补程度以及抵(质)押物价值的变动趋势。
(4)识别借款人违约情况，并及时对风险上升的授信进行分类。
(5)对已造成信用风险损失的授信对象或项目，迅速进入补救和管理程序。

二、信用风险监测对象 ★★★

（一）单一客户风险监测

客户风险的内生变量包括基本面指标和财务指标两大类指标。

1. 基本面指标

（1）实力类指标。实力类指标包括资金实力、技术及设备的先进性、人力资源、资质等级、运营效率、成本管理、重大投资影响、对外担保因素影响等。

（2）品质类指标。品质类指标包括融资主体的合规性、公司治理结构、经营组织架构、管理层素质、还款意愿、信用记录等。

（3）环境类指标。环境类指标包括市场竞争环境、政策法规环境、外部重大事件、信用环境等。

2. 财务指标

（1）营运能力指标。营运能力指标包括总资产周转率、流动资产周转率、存货周转率、应收账款周转率、固定资产周转率等指标。

（2）偿债能力指标。偿债能力指标包括营运资金、流动比率、速动比率、现金比率等短期偿债能力指标和利息保障倍数、债务本息偿还保障倍数、资产负债率、净资产负债率、有息负债的息税前盈利（EBITDA）、现金支付能力等长期偿债能力指标。

（3）盈利能力指标。盈利能力指标包括总资产收益率、净资产收益率、产品销售利润率、营业收入利润率、总收入利润率、销售净利润率、销售息税前利润率、资本收益率、销售成本利润率、营业成本费用利润率、总成本费用净利润率,以及上市公司的每股收益率、普通股权益报酬率、股利发放率、价格与收益比率等指标。

(4)**增长能力指标**。增长能力指标包括资产增长率、销售收入增长率、利润增长率、权益增长率等指标。

从客户风险的外生变量来看,借款人的生产经营活动不是孤立的,而是与其主要股东、上下游客户、市场竞争者等"风险域"企业持续交互影响的。这些相关群体的变化,均可能对借款人的生产经营和信用状况造成影响。因此,对单一客户风险的监测,需要从个体延伸到"风险域"企业。

金融资产按照风险程度分为五类,分别为正常类、关注类、次级类、可疑类、损失类,后三类合称不良资产。

(1)正常类:债务人能够履行合同,没有客观证据表明本金、利息或收益不能按时足额偿付。

(2)关注类:虽然存在一些可能对履行合同产生不利影响的因素,但债务人目前有能力偿付本金、利息或收益。

(3)次级类:债务人无法足额偿付本金、利息或收益,或金融资产已经发生信用减值。

(4)可疑类:债务人已经无法足额偿付本金、利息或收益,金融资产已发生显著信用减值。

(5)损失类:在采取所有可能的措施后,只能收回极少部分金融资产,或损失全部金融资产。

商业银行对非零售债务人在本行的债权超过10%被分为不良的,对该债务人在本行的所有债权均应归为不良。经国务院金融管理部门认可的增信方式除外。同一非零售债务人在所有银行的债务中,逾期超过90天的债务已经超过20%的,该债务人对应的金融资产应至少归为次级类。

商业银行在贷款五级分类过程中,必须至少做到:

(1)建立健全内部控制制度,完善信贷规章、制度和办法。

(2)建立有效的信贷组织管理体制。

(3)实行审贷分离。

(4)完善信贷档案管理制度,保证贷款档案的连续和完整。

(5)改进管理信息系统,保证管理层能够及时获得有关贷款状况的重要信息。

(6)督促借款人提供真实准确的财务信息。

(二)组合风险监测

组合层面的风险监测把多种信贷资产作为投资组合进行整体监测。组合监测能够体现多样化投资产生的风险分散效果,防止国别、行业、区域、产品等维度的风险集中度过高,实现资源的最优化配置。

商业银行组合风险监测方法主要有:

(1)传统的组合监测方法。传统的组合监测方法主要是对信贷资产组合的授信集中度和结构进行分析监测。授信集中是指相对于商业银行资本金、总资产或总体风险水平而言,存在较大潜在风险的授信。结构分析包括行业、客户、产品、区域等的资产质量、收益(利润贡献度)等维度。商业银行可以依据风险管理专家的判断,给予各项指标一定权重,得出对单个资产组合风险判断的综合指标或指数。

(2)资产组合模型。商业银行在计量每个暴露的信用风险,即估计每个暴露的未来价值概率分布的基础上,就能够计量组合整体的未来价值概率分布。通常有两种方法:

①估计各暴露之间的相关性,从而得到整体价值的概率分布。

②不处理各暴露之间的相关性,而把投资组合看成一个整体,直接估计该组合资产的未来价值概率分布。

三、信用风险监测主要指标 ★★★

风险监测指标体系通常包括**显现指标**和**潜在指标**两大类，前者主要用于显现因素或现状信息的量化，而后者主要用于对潜在因素或征兆信息的定量分析。商业银行应建立健全信用风险预警体系，密切监测分析重点领域信用风险的生成和迁徙变化情况，定期开展信用风险压力测试。

表 3-3　信用风险监测主要指标

指标	计算公式
不良贷款率	**不良贷款率 =（次级类贷款 + 可疑类贷款 + 损失类贷款）/各项贷款余额 × 100%**
预期损失率	**预期损失率 = 预期损失/资产风险暴露 × 100%** 预期损失是指信用风险损失分布的数学期望，代表大量贷款或交易组合在整个经济周期内的平均损失，是商业银行已经预计到将会发生的损失
单一（集团）客户授信集中度	**单一（集团）客户贷款集中度 = 最大一家（集团）客户贷款总额/资本净额 × 100%** 最大一家（集团）客户贷款总额是指报告期末各项贷款余额最高的一家（集团）客户的各项贷款的总额
关联授信比例	**关联授信比例 = 全部关联方授信总额/资本净额 × 100%** 关联方包括关联自然人、法人或其他组织。全部关联方授信总额是指商业银行全部关联方的授信余额，扣除关联方提供的保证金存款以及质押的银行存单和我国中央政府债券
关注类贷款占比	**关注类贷款占比 = 关注类贷款/各项贷款余额 × 100%**
贷款风险迁徙率	风险迁徙类指标属于动态监测指标，其衡量商业银行信用风险变化的程度，表示为资产质量从前期到本期变化的比率。 （1）正常贷款迁徙率。其计算公式为： 正常贷款迁徙率 =（期初正常类贷款中转为不良贷款的金额 + 期初关注类贷款中转为不良贷款的金额）/（期初正常类贷款余额 − 期初正常类贷款期间减少金额 + 期初关注类贷款余额 − 期初关注类贷款期间减少金额）× 100% 期初正常类贷款（关注类贷款）中转为不良贷款的金额，是指期初正常类贷款（关注类贷款）中，在报告期末分类为次级类/可疑类/损失类的贷款余额之和。 期初正常类贷款（关注类贷款）期间减少金额，是指期初正常类贷款（关注类贷款）中，在报告期内，由于贷款正常收回、不良贷款处置或贷款核销等原因而减少的贷款。 （2）正常类贷款迁徙率。其计算公式为： 正常类贷款迁徙率 = 期初正常类贷款向下迁徙金额/（期初正常类贷款余额 − 期初正常类贷款期间减少金额）× 100% 期初正常类贷款向下迁徙金额，是指期初正常类贷款中，在报告期末分类为关注类、次级类、可疑类、损失类的贷款余额之和。 （3）关注类贷款迁徙率。其计算公式为： 关注类贷款迁徙率 = 期初关注类贷款向下迁徙金额/（期初关注类贷款余额 − 期初关注类贷款期间减少金额）× 100% 期初关注类贷款向下迁徙金额，是指期初关注类贷款中，在报告期末分类为次级类、可疑类、损失类的贷款余额之和。 （4）次级类贷款迁徙率。其计算公式为： 次级类贷款迁徙率 = 期初次级类贷款向下迁徙金额/（期初次级类贷款余额 − 期初次级类贷款期间减少金额）× 100% 期初次级类贷款向下迁徙金额，是指期初次级类贷款中，在报告期末分类为可疑类、损失类的贷款余额之和。期初次级类贷款期间减少金额，是指期初次级类贷款中，在报告期内，由于贷款正常收回、不良贷款处置或贷款核销等原因而减少的贷款。

表 3-3（续）

指标	计算公式
贷款风险迁徙率	（5）可疑类贷款迁徙率。其计算公式为： **可疑类贷款迁徙率 =期初可疑类贷款向下迁徙金额/（期初可疑类贷款余额 – 期初可疑类贷款期间减少金额）× 100%** 期初可疑类贷款向下迁徙金额，是指期初可疑类贷款中，在报告期末分类为损失类的贷款余额。期初可疑类贷款期间减少金额，是指期初可疑类贷款中，在报告期内，由于贷款正常收回、不良贷款处置或贷款核销等原因而减少的贷款
逾期贷款率	**逾期贷款率 = 逾期贷款余额/各项贷款余额 × 100%** 逾期贷款指借款合同约定到期（含展期后到期）未归还的贷款（不含呆滞贷款和呆账贷款）。逾期贷款率从是否按期还款的角度反映贷款使用效益情况和信用风险程度，促进银行对逾期贷款尽快妥善处理。 监管机构非常重视关注类贷款和逾期贷款情况，强调各级监管机构要重点关注逾期90天以上贷款与不良贷款比例超过100%、关注类贷款占比较高或增长较快的银行业金融机构，重点治理资产风险分类不准确、通过各种手段隐匿或转移不良贷款的行为
不良贷款拨备覆盖率	不良贷款拨备覆盖率是指贷款损失准备与不良贷款余额之比，其计算公式为： **不良贷款拨备覆盖率 =（一般准备 + 专项准备 + 特种准备）/（次级类贷款 + 可疑类贷款 + 损失类贷款）× 100%** 一般准备是根据全部贷款余额的一定比例计提的用于弥补尚未识别的可能性损失的准备；专项准备是指根据《贷款风险分类指导原则》对贷款进行风险分类后，按每笔贷款损失的程度计提的用于弥补专项损失的准备；特种准备指针对某一国家、地区、行业或某一类贷款风险计提的准备
贷款拨备率	贷款拨备率是指贷款损失准备与各项贷款余额之比，即： **贷款拨备率 =（一般准备 + 专项准备 + 特种准备）/各项贷款余额 × 100%**
贷款损失准备充足率	贷款损失准备充足率 = 贷款实际计提准备/贷款应提准备 × 100% 贷款实际计提准备指商业银行根据贷款预计损失而实际计提的准备

知识加油站

根据贷款五级分类，次级、可疑和损失类贷款为不良贷款。

真题精练

【例5·多项选择题】在信用风险管理领域，重要的风险监测指标有（　　）。
A. 关联授信比例　　　　　　B. 逾期贷款率
C. 贷款风险迁徙率　　　　　D. 贷款损失准备充足率
E. 不良贷款拨备覆盖率

ABCDE　在信用风险管理领域，重要的风险监测指标有不良贷款率、预期损失率、单一（集团）客户授信集中度、关联授信比例、关注类贷款占比、贷款风险迁徙率、逾期贷款率、不良贷款拨备覆盖率、贷款拨备率和贷款损失准备充足率。

四、信用风险预警 ★★★

风险预警是指商业银行根据各种渠道获得的信息,通过一定的技术手段,对商业银行信用风险状况进行动态监测和早期预警,实现对风险"防患于未然"的一种"防错纠错机制"。

1. 程序

风险预警是各种工具和各种处理机制的组合结果,无论是否依托于动态化、系统化、精确化的风险预警系统,都应当逐级、依次完成以下程序:

(1) 信用信息的收集和传递。

(2) 风险分析。

(3) 风险处置。按照阶段划分,风险处置可以划分为全面性处置与预控性处置。

①全面性处置是商业银行对风险的类型、性质和程度进行系统详尽的分析后,从内部组织管理、业务经营活动等方面采取措施来分散、转移和规避风险,使风险预警信号回到正常范围。

②预控性处置是在风险预警报告已经做出,而决策部门尚未采取相应措施之前,由风险预警部门或决策部门对尚未爆发的潜在风险提前采取控制措施,避免风险继续扩大对商业银行造成不利影响。

(4) 后评价。风险预警在运行过程中要不断通过时间序列分析等技术来检验其有效性,包括数据源和数据结构的改善。同时改进预警指标和模型,包括模型解释变量的筛选、参数的动态维护等。

2. 方法

在我国商业银行实践中,通常会根据不同的目标,以及风险驱动因素的不同和管理机制的区别,而采用不同的风险预警管理方法。大致有:

(1) 适应监管底线的风险预警管理。通常会根据不同的监管底线要求,制定和实施不同的预警管理机制。

(2) 适应本行内部信用风险执行效果的预警管理。

(3) 适应有关客户信用风险监测的预警管理。它指的是为了对信贷客户进行日常信用风险监测而进行的预警管理。

3. 行业风险预警

行业风险预警属于中观层面的预警,主要包括对以下行业风险因素的预警:

(1) 行业环境风险因素。行业环境风险因素主要包括经济周期因素、财政货币政策、国家产业政策、法律法规等方面。

(2) 行业经营风险因素。行业经营风险因素主要包括市场供求、产业成熟度、行业垄断程度、产品替代性、行业竞争主体的经营状况、产业依赖度、行业整体财务状况,目的是预测目标行业的发展前景以及该行业中企业所面临的共同风险。

(3) 行业财务风险因素。对行业财务风险因素的分析要从行业财务数据的角度,把握行业的盈利能力、资本增值能力和资金营运能力,进而更深入地剖析行业发展中的潜在风险。行业财务风险分析指标体系主要包括净资产收益率、行业盈亏系数、销售利润率、资本积累率、产品产销率以及全员劳动生产率6项关键指标。

(4) 行业重大突发事件。当行业发生重大突发事件后,一般都会对行业中的企业以及相关行业中的企业正常生产经营造成影响,从而对商业银行回收正常本息的工作带来不利影响。

> **要点点拨**
>
> 行业经营风险因素分析过程中应侧重行业市场风险、产业成熟度、行业垄断程度、行业增长性与波动性、产业依赖度、行业产品(或服务)的可替代性、行业增长潜力分析等方面。

4. 区域风险预警

区域风险通常表现为区域政策法规的重大变化、区域经营环境的恶化以及区域内部经营管理水平下降、区域信贷资产质量恶化等。

(1) 政策法规发生重大变化。某些政策法规发生重大变化,可能会直接影响地方经济的发展速度、发展方向、竞争格局等,同时对区域内的企业也可能会产生不同程度的影响,从而引发区域风险。

(2) 区域经营环境出现恶化。在对区域风险监测的过程中要关注区域的经济发展状况及发展趋势,如地区生产总值增长率、地区生产总值占比、区域的开放程度、区域经济的稳定和合理程度、区域产业集中度、区域企业竞争力、区域信用环境等。

(3) 区域商业银行分支机构内部出现风险因素。

5. 客户风险预警

法人客户风险预警可分为财务风险预警和非财务风险预警两大类。风险经理应当密切关注企业出现的早期财务和非财务警示信号,对客户的长短期偿债能力高度关注。

客户风险监测和预警就是要及时探测出这些信息,并提前采取预控措施,为控制和降低信贷风险创造有利条件,保障商业银行资金安全,减少风险损失。

五、信用风险报告 ★★★

1. 风险报告的作用

(1) 保证对有效全面风险管理的重要性和相关性的清醒认识。

(2) 传递商业银行的风险偏好和风险容忍度。

(3) 实施并支持一致的风险语言/术语。

(4) 使员工在业务部门、流程和职能单元之间分享风险信息。

(5) 告诉员工在实施和支持全面风险管理中的角色和职责。

(6) 利用内部数据和外部事件、活动、状况的信息,为商业银行风险管理和目标实施提供支持。

(7) 保障风险管理信息及时、准确地向上级或者同级的风险管理部门、外部监管部门、投资者报告。

2. 风险报告的路径

良好的风险报告路径应采取纵向报送与横向传送相结合的矩阵式结构,即本级行各部门向上级行对口部门报送风险报告的同时,也须向本级行的风险管理部门传送风险报告,以增强决策管理层对操作层的管理和监督。与传统的书面报告方式相比,风险管理信息系统真正实现了风险管理信息/报告的多向化、交互式传递,在保证风险管理部门独立性的同时,确保管理层对业务部门主要风险的实时监控。

3. 风险报告的主要内容

(1) **从报告的使用者来看,风险报告可分为内部报告和外部报告两种类型。**

① 内部报告通常包括:评价整体风险状况,识别当期风险特征,分析重点风险因素,总结专项风险工作,配合内部审计检查。

② 外部报告的内容相对固定,主要包括:提供监管数据,反映管理情况,提出风险管理的措施建议等。在向外部提供风险分析报告的过程中,需要把握的重点就是规范操作。

(2) **从类型上划分,风险报告通常分为综合报告和专题报告两种类型。**

① 综合报告是各报告单位针对管理范围内、报告期内各类风险与内控状况撰写的综合性风险报告。综合报告应反映的主要内容有:辖内各类风险总体状况及变化趋势;分类风险状况及变化原因分析;风险应对策略及具体措施;加强风险管理的建议。

② 专题报告是各报告单位针对管理范围内发生(或潜在)的重大风险事项与内控隐患所作出的专题性风险分析报告。专题报告应反映的主要内容有:重大风险事项描述(事由、时间、状况等);已采取和拟采取的应对措施;发展趋势及风险因素分析。

第四节 信用风险控制与缓释

一、信用风险限额管理 ★

(一)限额管理的主要内容

银行业金融机构应将贷款(含贸易融资)、票据承兑和贴现、透支、债券投资、特定目的载体投资、开立信用证、保理、担保、贷款承诺,以及其他实质上由银行业金融机构承担信用风险的业务纳入统一授信管理。在全面覆盖各类授信业务的基础上,银行业金融机构应确定单一法人客户、集团客户以及地区行业的综合授信限额。综合授信限额应包括银行业金融机构自身及其并表附属机构授信总额。

在商业银行的风险管理实践中,限额管理包含两个层面的主要内容:

(1)从银行管理的层面,限额的制定过程体现了商业银行董事会对损失的容忍程度,反映了商业银行在信用风险管理上的政策要求和风险资本抵御以及消化损失的能力。

(2)从信贷业务的层面,商业银行分散信用风险、降低信贷集中度的通常做法就是对客户、行业、区域和资产组合实行授信限额管理。

(二)限额管理的种类

1. 单一客户授信限额管理

商业银行制定客户授信限额需要考虑的因素有:

(1)客户的债务承受能力。商业银行对客户进行信用评级后,首要工作就是判断该客户的债务承受能力,即确定客户的最高债务承受额。

商业银行在考虑对客户的授信时不能仅仅根据客户的最高债务承受额提供授信,还必须将客户在其他商业银行的原有授信、在本行的原有授信和准备发放的新授信业务一并加以考虑。从理论上讲,只要授信限额小于或等于客户的最高债务承受额,具体数值可以由商业银行自行决定,这也是商业银行风险偏好的一种体现。

此外,在实际业务中,商业银行在决定客户的授信限额时还要受到商业银行政策因素,如银行的存款政策、银行收益情况、客户的中间业务情况等因素的影响。当上述各类因素为正面影响时,对授信限额的调节系数大于1;而上述各类因素为负面影响时,对授信限额的调节系数小于1。

(2)银行的损失承受能力。银行对某一客户的损失承受能力用客户损失限额表示,代表了商业银行愿意为某一具体客户所承担的损失限额。从理论上讲,客户损失限额是通过商业银行分配至各个业务部门或分支机构的经济资本在客户层面上继续分配的结果。即商业银行分配给各个业务部门的经济资本,再继续分配至该部门所承办的不同地区、行业的不同的金融产品,直到每一个授信客户。

当客户的授信总额超过上述两个限额中的任一个限额时,商业银行都不能再向该客户提供任何形式的授信业务。

> **教你一招**
> 用客户损失限额表示银行对某一客户的损失承受能力。

2. 集团客户授信限额管理

集团客户授信限额管理一般分"三步走":

第一步,根据总行关于行业的总体指导方针和集团客户与授信行的密切关系,初步确定对该集团整体的授信限额。

第二步，根据单一客户的授信限额，初步测算关联企业各成员单位（含集团公司本部）最高授信限额的参考值。

第三步，分析各授信单位的具体情况，调整各成员单位的授信限额。同时，使每个成员单位的授信限额之和控制在集团公司整体的授信限额以内，并最终核定各成员单位的授信限额。

由于集团客户内部的关联关系比较复杂，因此在对其进行授信限额管理时应重点做到以下几点：

（1）统一识别标准，实施总量控制。

（2）掌握充分信息，避免过度授信。

（3）主办银行牵头，协调信贷业务。一般由集团公司总部所在地的银行机构或集团公司核心企业所在地的银行机构作为牵头行或主办行，建立集团客户小组，全面负责对集团有关信息的收集、分析、授信协调以及跟踪监督工作。

3.国家风险限额管理

国家风险限额是用来对某一国家的信用风险暴露进行管理的额度框架。**国家风险限额管理基于对一个国家的综合评级，至少一年重新检查一次。**

国家风险暴露包含一个国家的信用风险暴露、跨境转移风险以及高压力风险事件情景。国家信用风险暴露是指在某一国设有固定居所的交易对方的信用风险暴露以及该交易对方海外子公司的信用风险暴露。跨境转移风险产生于一国的商业银行分支机构对另外一国的交易对方进行的授信业务活动，还应包括总行对海外分行和海外子公司提供的信用支持。

4.区域风险限额管理

国外银行一般不对一个国家内的某一区域设置区域风险限额，而只是对较大的跨国区域，如亚太区、东亚区、东欧等设置信用风险暴露的额度框架。区域风险限额在一般情况下经常作为指导性的弹性限额，但当某一地区受某些（政策、法规、自然灾害、社会环境等）因素的影响，导致区域内经营环境恶化、区域内部经营管理水平下降、区域信贷资产质量恶化时，区域风险限额将被严格地、刚性地加以控制。

5.组合限额管理

组合限额是信贷资产组合层面的限额，是组合信用风险控制的重要手段之一。通过设定组合限额，可以防止信贷风险过于集中在组合层面的某些方面（如过度集中于某行业、某地区、某些产品、某类客户等），从而有效控制组合信用风险。组合限额可分为授信集中度限额和总体组合限额两类。

（1）授信集中度限额。授信集中是指商业银行资本金、总资产或总体风险水平过于集中在下列某一类组合中：

①单一的交易对象。

②关联的交易对象团体。

③特定的产业或经济部门。

④某一区域。

⑤某一国家或经济联系紧密的一组国家。

⑥某一类产品。

⑦某一类交易对方类型（如商业银行、教育机构或政府部门）。

⑧同一类（高）风险/低信用质量级别的客户。

⑨同一类授信安排。

⑩同一类抵押担保。
⑪相同的授信期限。

授信集中度限额可以按上述不同维度进行设定。其中,行业、产品、风险等级和担保是最常用的组合限额设定维度。对于刚开始进行组合管理的商业银行,可主要设定行业和产品的集中度限额;在积累了相应的经验而且数据更为充分后,商业银行再考虑设定其他维度上的组合集中度限额。

(2)总体组合限额。总体组合限额是在分别计量贷款、投资、交易和表外风险等不同大类组合限额的基础上计算得出的。

商业银行可以采用自下而上的方式设定每个维度(如行业)的限额,并利用压力测试判断是否有足够的资本弥补极端情况下的损失;如果商业银行资本不足,则应根据情况调整每个维度的限额,使经济资本能够弥补信用风险暴露可能引致的损失;最后将各维度的限额相加得出商业银行整体组合限额。设定组合限额主要可分为以下五步:

第一步,按某组合维度确定资本分配权重。
第二步,根据资本分配权重,对预期的组合进行压力测试,估算组合的损失。
第三步,将压力测试估算出的预计组合损失与商业银行的资本相对比。
第四步,根据资本分配权重,确定各组合(按行业、按产品等)以资本表示的组合限额:**以资本表示的组合限额 = 资本 × 资本分配权重**。
第五步,根据资本转换因子,将以资本表示的该组合的组合限额转换为以计划授信额表示的组合限额。

二、关键业务环节的信用风险控制和缓释方法 ★

1. 授信权限管理

商业银行内部风险管理制度必须在设立授信权限方面做出职责安排和相关规定,并对弹性标准做出明确的定义。

> **授信权限管理应遵循的原则**
> (1)给予每一交易对方的信用须得到一定权力层次的批准。
> (2)集团内所有机构在进行信用决策时应遵循一致的标准。
> (3)债项的每一个重要改变(如主要条款、抵押结构及主要合同)应得到一定权力层次的批准。
> (4)交易对方风险限额的确定和对单一信用风险暴露的管理应符合组合的统一指导及信用政策,每一决策都应建立在风险——收益分析基础之上。
> (5)根据审批人的资历、经验和岗位培训,将信用审批授权分配给审批人并定期进行考核。

2. 贷款定价

贷款定价的形成机制比较复杂,**市场、银行和监管机构这三方面是形成均衡定价的三个主要力量**。由于市场和监管机构对商业银行来说属于不可控的因素,因此许多商业银行把注意力集中于商业银行内部的定价机制。商业银行贷款最低定价一般需要考虑四项主要成本,即资金成本、经营成本、风险成本和资本成本,用公式表示为:

贷款最低定价 =(资金成本 + 经营成本 + 风险成本 + 资本成本)/贷款额

其中,资金成本包括债务成本和股权/其他成本;经营成本包括日常管理成本和税收成本;风险成本指预期损失和非预期损失,**预期损失 = 违约概率 × 违约损失率 × 违约风险暴露**;资本成本主要是指用来覆盖该笔贷款的信用风险所需经济资本的成本,在数值上等于经济资本与股东最低资本回报率的乘积。

> **要点点拨**
> 贷款定价不仅受客户风险的影响,而且受商业银行当前资产组合结构的影响。一项贷款在放入资产组合后将会改变组合的整体风险。

3. 信贷审批

信贷审批是在贷前调查和分析的基础上,由获得授权的审批人在规定的限额内,结合交易对方或贷款申请人的风险评级,对其信用风险暴露进行详细的评估之后做出信贷决策的过程。

信贷审批或信贷决策应遵循的原则有:

(1)**审贷分离原则**。信贷审批应当完全独立于贷款的营销和贷款的发放。

(2)**统一考虑原则**。在进行信贷决策时,商业银行应当对可能引发信用风险的借款人的所有风险暴露和债项做统一考虑和计量,包括贷款、回购协议、逆回购协议、信用证、承兑汇票、担保和衍生交易工具等。

(3)**展期重审原则**。原有贷款和其他信用风险暴露的任何展期都应作为一个新的信用决策,需要经过正常的审批程序。

4. 贷后管理

贷后管理是信贷全过程管理的重要阶段,是指从贷款发放或其他信贷业务发生之日起到贷款本息收回或信用结束之时止信贷管理行为的总称。**贷后管理的内容主要包括贷后审核、信贷资金监控、贷后检查、担保管理、风险分类、到期管理、考核与激励及信贷档案管理等**。

商业银行提升贷后管理的质量和效率可以从以下方面着手:

(1)建立并完善贷后管理制度体系。

①有机整合客户维度和产品维度的贷后管理规章制度和操作规程,形成完善的制度体系。

②贷后管理制度应明确差异化贷后检查流程和内容,并根据不同产品风险特征和审批要求,制定标准化的检查要点和模板。

③创新小微企业贷后管理制度和模式。

(2)优化岗位设置、明晰管理责任。

(3)强化贷后激励约束考核。

①在经营机构绩效考核指标体系中增加贷后过程管理的量化评价考核指标,促进经营机构重视贷后管理,提升管理水平。

②增加客户经理风险薪酬考核比重,按照"尽职免责"的考核原则清算客户经理应得风险绩效,提高客户经理贷后工作的积极性。

③对贷后管理岗人员设置明确的量化考核指标,将贷后管理岗绩效适当与经营业绩挂钩,提高贷后管理岗位人员的积极性和责任感。

(4)加强贷后管理与贷款申报、授信审批环节的衔接,建立贷后管理与授信审批、信贷业务经营部门的联动机制。

5. 风险缓释

商业银行应根据本机构业务特点,建立信用风险缓释制度、政策和程序,定期对风险缓释措施有效性进行评估。应重点评估**抵(质)押权益的真实性、合法性和可实现性,抵(质)押物价值评估的审慎性,以及抵(质)押档案的完备性和合同条款的严密性**。

第五节　信用风险加权资产计量

一、权重法 ★

权重法是指银行将全部资产按照监管规定的类别进行分类,并采用监管规定的风险权重计量信用风险加权资产的方法。权重法下信用风险加权资产为银行账户表内资产信用风险加权资产与表外项目信用风险加权资产之和。

商业银行开展权重法风险暴露划分时,应根据不同风险暴露类别的划分标准,将资产划入相应的风险暴露类别。包括主权风险暴露、公共部门实体风险暴露、多边开发银行风险暴露、金融机构风险暴露、公司风险暴露、个人风险暴露、房地产风险暴露、股权风险暴露、合格资产担保债券风险暴露、已违约风险暴露。其中,满足多个风险暴露类别划分标准的,应按照以下顺序进行划分:已违约风险暴露、房地产开发风险暴露、专业贷款、居住用房地产风险暴露和商用房地产风险暴露、一般公司风险暴露和个人风险暴露。

二、内部评级法 ★

内部评级法分为初级法和高级法。采用内部评级初级法的银行应自行估计违约概率,违约损失率、违约风险暴露和有效期限等由监管部门规定。而采用高级法的银行应该估计违约概率、违约损失率、违约风险暴露和有效期限。

> **要点点拨**
> 对于零售类风险暴露,不区分初级法和高级法,即银行都要自行估计违约概率、违约损失率和违约风险暴露。

商业银行采用内部评级法的,应当按照主权、金融机构、公司和零售等不同的风险暴露分别计算其信用风险加权资产,在计算时按照未违约风险暴露和违约风险暴露进行区分。

(一) 未违约风险暴露的风险加权资产的计量

1. 计算信用风险暴露的相关性(R)

(1) 主权、一般公司风险暴露:

$$R = 0.12 \times \frac{1 - \frac{1}{e^{(50 \times PD)}}}{1 - \frac{1}{e^{50}}} + 0.24 \times \left[1 - \frac{1 - \frac{1}{e^{(50 \times PD)}}}{1 - \frac{1}{e^{50}}}\right]$$

(2) 金融机构风险暴露:

$$R_{FI} = 1.25 \times \left\{0.12 \times \frac{1 - \frac{1}{e^{(50 \times PD)}}}{1 - \frac{1}{e^{50}}} + 0.24 \times \left[1 - \frac{1 - \frac{1}{e^{(50 \times PD)}}}{1 - \frac{1}{e^{50}}}\right]\right\}$$

(3) 中小企业风险暴露:

$$R_{SME} = 0.12 \times \left[\frac{1 - \frac{1}{e^{(50 \times PD)}}}{1 - \frac{1}{e^{50}}}\right] + 0.24 \times \left[1 - \frac{1 - \frac{1}{e^{(50 \times PD)}}}{1 - \frac{1}{e^{50}}}\right] - 0.04 \times \left(1 - \frac{S-3}{27}\right)$$

其中,S为中小企业在报告期的年营业收入(单位为千万元人民币),低于3千万元人民币的按照3千万元人民币来处理。

(4)零售风险暴露。
①个人住房抵押贷款：
$$Rr_1 = 0.15$$
②合格循环零售贷款：
$$Rr_2 = 0.04$$
③其他零售贷款：
$$Rr_3 = 0.03 \times \frac{1 - \frac{1}{e^{(35 \times PD)}}}{1 - \frac{1}{e^{35}}} + 0.16 \times \left[1 - \frac{1 - \frac{1}{e^{(35 \times PD)}}}{1 - \frac{1}{e^{35}}}\right]$$

2. 计算期限调整因子(b)
$$b = [0.11852 - 0.05478 \times \ln(PD)]^2$$

3. 计算信用风险暴露的资本要求(K)

(1)非零售风险暴露：
$$K = \left\{LGD \times N\left[\sqrt{\frac{1}{1-R}} \times G(PD) + \sqrt{\frac{R}{1-R}} \times G(0.999)\right] - PD \times LGD\right\} \times$$
$$\left\{\frac{1}{1 - 1.5 \times b}[1 + (M - 2.5) \times b]\right\}$$

(2)零售风险暴露：
$$K = LGD \times N\left[\sqrt{\frac{1}{1-R}} \times G(PD) + \sqrt{\frac{R}{1-R}} \times G(0.999)\right] - PD \times LGD$$

4. 计算信用风险暴露的风险加权资产(RWA)
$$RWA = K \times 12.5 \times EAD$$

（二）已违约风险暴露的风险加权资产的计量
$$K = \text{Max}[0, (LGD - BEEL)]$$
$$RWA = K \times 12.5 \times EAD$$

其中，$BEEL$是指考虑经济环境、法律地位等条件下对已违约风险暴露的预期损失率的最大估计值。

> **教你一招**
>
> 银行信用风险资本计量的方法主要有权重法和内部评级法。

三、资产证券化风险加权资产计量

（一）总体要求

《商业银行资本管理办法》规定了计量资产证券化风险暴露信用风险加权资产的方法。交易类型上，包括传统型资产证券化、合成型资产证券化交易以及兼具两种类型共同特点的资产证券化交易。传统型资产证券化是指基础资产的信用风险通过资产转让、信托等方式全部或部分转移给投资者，基础资产的现金流用于支付至少两个不同信用风险档次的证券的资产证券化交易。目前，我国只有传统型资产证券化产品，信贷资产支持证券、企业资产证券化、资产支持票据均属于传统型资产证券化产品。

计量范围上，商业银行作为资产证券化发起机构、信用增级机构、流动性便利提供机构、投资机构或者贷款服务机构等从事资产证券化业务,只要产生了资产证券化风险暴露,相应的监管资本都应纳入计量。

(二)计量方法

资产证券化的计量方法有三种,分别为资产证券化内部评级法、外部评级法和标准法。商业银行应根据监管验收通过及对资产证券化产品基础资产数据获取情况,选择风险计量方法。

1. 内部评级法

内部评级法源于巴塞尔协议的简化监管公式法(SSFA),基本原理是所有的资产证券化暴露分别计算相应层级的资本要求并进行加权平均。内部评级法需要监管验收通过,对于基础资产,商业银行应能够采用信用风险内部评级法进行计量,且掌握充足的信息。整体上,内部评级法对商业银行信息获取充足性、内评体系建设与 IT 系统有较高的要求。

2. 外部评级法

使用查表法,根据资产证券化外部评级或推测评级结果确定风险权重。需要考虑资产证券化的优先级、档次期限、档次厚度等信息。一般来看,档次越优先,风险权重越低;档次期限越短,风险权重越低。

3. 标准法

与内部评级法计量逻辑一致,差异仅在于代入参数和监管因子的不同。

(三)简单、透明、可比(STC)标准

《商业银行资本管理办法》引入了资产证券化简单、透明、可比(STC)标准,对符合 STC 标准的资产支持证券均适配更低的风险权重。STC 标准聚焦资产证券化项目中可能会涉及的三类主要风险,即资产风险、结构风险以及受托和服务风险,涵盖了资产性质、资产筛选与转让、发行文件披露与审查等方面的要求。总体上,STC 标准的实施有助于更准确地揭示资产证券化业务的实质风险,对提高信息披露透明度和质量提出了更高的要求,从而助力资产证券化市场可持续发展。

第六节　集中度风险管理

一、集中度风险的定义和特征 ★★

集中度风险是指银行对源于同一或同类风险的敞口过大,如同一业务领域(市场环境、行业、区域、国家等)、同一客户(借款人、存款人、交易对手、担保人、债券等融资产品发行体等)、同一产品(融资来源、币种、期限、避险或缓险工具等)的风险敞口过大,可能造成巨大损失,甚至直接威胁到银行的信誉、持续经营的能力乃至生存。集中度风险的情形有:交易对手或借款人集中风险、地区集中风险、行业集中风险、信用风险缓释工具集中风险、资产集中风险、表外项目集中风险和其他集中风险。

集中度风险从总体上讲与银行的风险偏好密切相关,属于战略层面的风险,它既是一种潜在的、一旦爆发损失巨大的风险,又是一种派生性风险,通常依附于其他风险之中。

> **要点点拨**
> 实践中,集中度风险管理主要指授信领域的集中度风险管理,其最佳方式是限额管理。

二、授信集中度管理主要框架 ★★

（一）分类和要求

1. 贷款集中度

商业银行对同一借款人的贷款余额与商业银行资本余额的比例不得超过10%。

2. 集团客户授信集中度

一家商业银行对单一集团客户授信余额不得超过该商业银行资本净额的15%，否则将视为超过其风险承受能力。

3. 关联方授信集中度

商业银行对一个关联方的授信余额不得超过商业银行资本净额的10%；对一个关联法人或其他组织所在集团客户的授信余额总数不得超过商业银行资本净额的15%；对全部关联方的授信余额不得超过商业银行资本净额的50%。

4. 同业客户授信集中度

单家商业银行对单一金融机构法人的不含结算性同业存款的同业融出资金，扣除风险权重为零的资产后的净额，不得超过该银行一级资本的50%。

5. 押品集中度

限额管理也应用于押品集中度管理。商业银行应加强融资抵（质）押品等的集中度管理，适当设置集中度限额，防范因单一押品或单一种类押品占比过高产生的风险。

6. 行业集中度

为增强银行业金融机构抵御房地产市场波动的能力，防范金融体系中房地产贷款过度集中带来的潜在系统性金融风险，提高银行业金融机构稳健性，银行业金融机构（不含境外分行）房地产贷款余额占该机构人民币各项贷款余额的比例和个人住房贷款余额占该机构人民币各项贷款余额的比例不得高于人民银行、国家金融监督管理总局规定的上限。

（二）大额风险暴露管理

1. 定义和监管范围

风险暴露是指商业银行对单一客户或一组关联客户的信用风险暴露，包括银行账簿和交易账簿内各类信用风险暴露。大额风险暴露是指商业银行对单一客户或一组关联客户超过其一级资本净额2.5%的风险暴露。

商业银行对客户的风险暴露包括：

（1）因各项贷款、投资债券、存放同业、拆放同业、买入返售资产等表内授信形成的一般风险暴露。

（2）因投资资产管理产品或资产证券化产品形成的特定风险暴露。

（3）因债券、股票及其衍生工具交易形成的交易账簿风险暴露。

（4）因场外衍生工具、证券融资交易形成的交易对手信用风险暴露。

（5）因担保、承诺等表外项目形成的潜在风险暴露。

（6）其他风险暴露，指按照实质重于形式的原则，除上述风险暴露外，信用风险仍由商业银行承担的风险暴露。

2. 监管指标要求

商业银行对非同业单一客户的贷款余额不得超过资本净额的10%，对非同业单一客户的风险暴露不得超过一级资本净额的15%；对一组非同业关联客户的风险暴露不得超过一级资本净额的20%；对同业单一客户或集团客户的风险暴露不得超过一级资本净额的25%；全球系统重要性银行对另一家全球系统重要性银行的风险暴露不得超过一级资本净额的15%。部分特殊风险暴露不受上述限制。

第七节 资产证券化风险管理（中级考试内容）

一、资产证券化定义和分类 ★★

（一）资产证券化定义

资产证券化是指企业或金融机构将其能产生的现金收益的资产加以组合，然后以其现金流为支持，发行证券产品出售给投资者的过程。

对于资产证券化的发起人，资产证券化实际上是通过出售存量资产/资产组合来实现融资的一种手段。对于投资者，资产证券化是以基础资产现金流为本息支持的特殊债券。资产证券化表面上以"资产"为支持，但实际上以资产或资产组合所产生的"现金流"为支持，是对现金流的重新再分配。

> **知识加油站**
>
> 资产证券化需要遵循资产重组、风险隔离、信用增级和流动性增强等原理。
> (1) 资产重组原理。资产证券化是通过选择特定的、能产生未来现金流的资产或资产组合，将其未来现金流进行重新配置和组合，形成资产池的过程。
> (2) 风险隔离原理。资产证券的基础资产的风险与资产原始所有者的风险（其他资产风险、破产风险）应完全隔离。
> (3) 信用增级原理。信用增信一般分为外部信用增信和内部信用增信。外部信用增信一般是采取第三方担保或保险等方式；内部信用增信可以通过优先/次级结构的安排、超额抵押、超额利差、现金储备等方式。
> (4) 流动性增强原理。资产证券化的初衷是将流动性一般或不好的资产转化为流动性更好的资产。

（二）资产证券化分类

广义的资产证券化包括以下三类：

（1）**信贷资产证券化**，即狭义的资产证券化，是指将缺乏流动性但能够产生可预计的未来现金流的资产（如银行的贷款、企业的应收账款等），通过一定的结构安排，对资产中的风险与收益要素进行分离、重新组合、打包，进而转换成为在金融市场上可以出售并流通的证券的过程。

（2）**实体资产证券化**，即实体资产向证券资产的转换，是以实物资产和无形资产为基础发行证券并上市的过程。

（3）**证券资产证券化**，即证券资产的再证券化过程，就是将证券或证券组合作为基础资产，再以其产生的现金流或与现金流相关的变量为基础发行证券的过程。

另外，根据产生现金流的基础资产类型的不同，可分为住房抵押贷款证券（MBS）和资产支持证券（ABS）两大类；从资产质量看，可分为不良贷款（次级贷款）证券化和优良贷款证券化；从贷款的形成阶段看，可分为存量贷款证券化和增量贷款证券化；从贷款的会计核算方式看，可分为表内贷款证券化和表外贷款证券化。

> **真题精练**
>
> 【例6·单项选择题】资产证券化是指企业或金融机构将其能产生的现金收益的资产加以组合,然后以其(　　)为支持,发行证券产品出售给投资者的过程。
> A. 资产
> B. 负债
> C. 现金流
> D. 抵押物
>
> **C** 资产证券化是指企业或金融机构将其能产生的现金收益的资产加以组合,然后以其现金流为支持,发行证券产品出售给投资者的过程。

二、资产证券化发展和意义 ★★

(一)我国资产证券化业务发展阶段和现状

我国资产证券化业务发展可以大致分为三个阶段:

(1)**试点阶段(2005—2008年)**。2005年出现在证券交易所市场和银行间市场挂牌的资产证券化产品,此后政策不断丰富完善、市场处于培育期。

(2)**常态化发展阶段(2011—2014年)**。扩大开展资产证券化业务的业务主体以及基础资产范围,明确特殊目的载体(SPV)独立于原始权益人、管理人和投资人的法律地位。

(3)**快速发展阶段(2014年年底至今)**。2014年年底资产证券化业务监管从逐笔审批制转变为备案制,通过完善制度、简化程序、加强信息披露和风险管理,促进市场良性快速发展。

我国的资产证券化业务主要有三种实现形式,中国人民银行和国务院银行业监督管理机构主管的**信贷资产支持证券**、证监会主管的企业资产支持证券以及中国银行间市场交易商协会主管的**资产支持票据**。

(二)商业银行发展资产证券化业务的意义

商业银行发展资产证券化业务有助于:

(1)通过证券化的真实出售和破产隔离功能,可以将不具有流动性的中长期贷款置于资产负债表之外,优化资产负债结构,及时获取高流动性的现金资产,从而有效缓解商业银行的流动性压力。

(2)通过对贷款进行证券化而非持有到期,可以改善资本状况,以最小的成本增强流动性和提高资本充足率,有利于商业银行资本管理。

(3)通过资产证券化将不良资产成批量、快速转换为可流通的金融产品,盘活部分资产的流动性,将银行资产潜在的风险转移、分散,有利于化解不良资产,降低不良贷款率。

(4)增强盈利能力,改善商业银行收入结构,如贷款银行在出售基础资产的同时可以获得手续费、管理费等收入。此外,还可以为其他银行资产证券化提供担保及发行服务,并赚取收益。

三、资产证券化业务风险管理 ★★

(一)监管的风险管理要求

在资产证券化业务风险管理方面,监管机构就风险自留、存续期信用风险管理、信息披露、风险报告等方面制定了相关规则。

在风险自留方面,为进一步规范信贷资产证券化发起机构风险自留行为,**要求信贷资产证券化发起机构应保留不低于5%的基础资产信用风险**,具体包括:持有由其发起资证券化产品的一定比例,该比例不得低于该单证券化产品全部发行规模的5%;持有最低档次资产支持证券的比例不得低于该档次资产支持证券发行规模的5%;若持有除最低档次之外的资产支持证券,各档次证券均应持有,且应以占各档次证券发行规模的相同比例持有;持有期限不低于各档次资产支持证券存续期限。

(二)证券交易所资产支持证券存续期风险管理要求

1. 交易各方的风险管理职责

(1)**管理人**。其风险管理职责包括:建立资产支持证券信用风险管理制度,细化信用风险管理业务流程;监测基础资产质量变化情况;按照规定和约定履行信息披露义务;协调原始权益人、增信机构、资产服务机构、基础资产现金流重要提供方等机构,采取有效措施,防范并化解资产支持证券信用风险,及时处置预计或已经违约的资产支持证券风险事件;建立资产支持证券信用风险管理的集体决策机制。

(2)**原始权益人**。其风险管理职责包括:确保基础资产真实、合法、有效,承担未按规定或约定转移基础资产的责任,并对相关后果采取有效应对措施,解决产生的问题;采取有效措施,确保转移给专项计划的资产独立于其固有财产,防止基础资产及现金流与其固有财产混同,不得以任何方式侵占、损害专项计划资产;原始权益人未实质转移除底层资产收益权之外的相关资产占有、使用、处置等权利或负有建设、运营、维护、监督使用、催收或收回、依法维权等义务的,应当积极行使权利、履行义务,确保基础资产质量,为其产生现金流提供保障;特定原始权益人应维持正常的生产经营活动,为基础资产产生预期现金流积极提供支持与保障;配合管理人及其他参与机构和投资者开展信用风险管理,发现影响专项计划资产安全、投资者利益等风险事项及时告知管理人。

(3)**资产服务机构**。其风险管理职责包括:按照约定积极履行基础资产管理、运营、维护职责,监测基础资产质量变化情况;按照约定及时归集和划转现金流,防范基础资产及其现金流与自身或相关参与机构固有财产混同,维护专项计划资产安全;按照约定落实现金流归集、不合格基础资产赎回或替换、基础资产循环购买和维护专项计划资产安全的机制;积极配合管理人及其他参与机构和投资者开展风险管理工作,发现影响专项计划资产安全、投资者利益等风险事项及时告知管理人。

(4)**增信机构**。其风险管理职责包括:持续了解所增信资产支持证券的风险情况;资产支持证券预计或已经违约的,增信机构应按照规定和约定承担增信责任,及时落实资金或履行增信义务,不得拖延或拒绝;积极配合管理人及其他参与机构和投资者开展风险管理工作,出现影响增信措施有效性的重大事项及时告知管理人。

(5)**托管人**。其风险管理职责包括:安全保管专项计划资产;监督管理人对专项计划资产管理、运用、处分情况,发现管理人的管理指令违反专项计划说明书或者托管协议约定的,应当要求改正,未能改正的,应当拒绝执行并及时向证券交易所及相关监管机构报告;履行信息披露义务,出具资产托管报告;配合管理人及其他参与机构和投资者开展风险管理工作。

(6)**资信评级机构**。其风险管理职责包括:按照规定或约定开展定期跟踪评级并及时公布定期跟踪评级结果;持续了解所评级资产支持证券基础资产质量变化及其产生现金流的情况,及时开展不定期跟踪评级并公布不定期跟踪评级结果;配合管理人及其他参与机构和投资者履行信息披露义务,开展风险管理工作。

2. 存续期信用风险管理措施

在证券交易所资产支持证券存续期,资产证券产品的管理人应履行的信用风险管理措施包括监测与分类、排查与预警、化解与处置、报告等。

（三）商业银行开展资产证券化业务的尽职调查要点

尽职调查是商业银行管理资产证券化业务风险的有效手段。针对该业务展业中的基础资产、结构特征、受托和服务商、评级机构以及其他重点环节，在实践中尽职调查人员应关注以下要点。

表3-4 尽职调查要点

要点	内容
基础资产池风险	（1）资产特征。 （2）资产的历史绩效。 （3）支付状态是否正常。 （4）满足授信标准评估。 （5）资产选择和转让。 （6）信息披露
结构特征	（1）现金流结构完整性。 （2）币种、期限是否错配。 （3）现金流支付顺序及其可观察程度。 （4）风险保留与转移
受托和服务商	（1）受托和合约责任。 （2）对投资者的透明度。 （3）业绩报告质量评估
评级机构	（1）评级内容是否涵盖了风险保留机制、证券化风险的整体情况。 （2）历史上发起人在同类型资产证券化中的声誉和损失状况、发起人对证券化风险暴露以及抵押品支持方面尽职调查的陈述和披露质量、结构特征等。 除了信用风险以外，商业银行开展资产证券化业务中还应做好其他风险的管理，如声誉风险管理、战略风险管理、交易风险管理、流动性风险管理和合规风险管理等

第八节 贷款损失准备与不良资产处置

一、贷款损失准备管理 ★

1. 贷款损失准备的定义和特征

根据《商业银行预期信用损失法实施管理办法》（银保监规〔2022〕10号），商业银行需要依据《企业会计准则》要求，对所承担的预期信用损失进行评估，并依此计提信用风险损失准备。

商业银行在评估金融资产减值时，需要判断金融资产的信用风险自初始确认后是否已显著增加。若未显著增加，则为"阶段1"，企业仅需要按照金融工具未来12个月内预期信用损失的金额计量其损失准备。若已显著增加，则进入"阶段2"，企业应按照金融工具整个存续期内预期信用损失的金额计量其损失准备。若金融资产已发生信用减值，则进入"阶段3"，同样应按照金融工具整个存续期内预期信用损失的金额计量其损失准备。

预期信用损失法适用于商业银行以摊余成本计量或以公允价值计量且其变动计入其他综合收益的贷款、债券、同业业务、应收款项、租赁应收款、其他债权类投资等表内承担信用风险的金融资产，以及财务担保合同、贷款承诺等表外承担信用风险的项目。这些统称为信用风险敞口。

2. 贷款损失准备管理

（1）建立贷款拨备率和拨备覆盖率监管标准。

（2）建立动态调整贷款损失准备制度。2018年《关于调整商业银行贷款损失准备监管要求的通知》（银监发〔2018〕7号）明确调整规定，**拨备覆盖率监管要求由150%调整为120%～150%，贷款拨备率监管要求由2.5%调整为1.5%～2.5%。**

（3）建立同质同类、一行一策原则。各级监管部门需在上述调整区间范围内，按照同质同类、一行一策原则，明确银行贷款损失准备监管要求。确定单家银行具体监管要求时，各级监管部门应综合考虑商业银行贷款分类准确性、处置不良贷款主动性、资本充足性三方面因素，按照孰高原则，确定贷款损失准备最低监管要求。

> **知识加油站**
>
> 贷款损失准备必须根据贷款的风险程度足额提取。损失准备提取不足的，不得进行税后利润分配。

二、不良资产处置方法 ★

不良资产处置手段包括**清收处置、贷款重组/债务重组、贷款核销、贷款转让、不良资产证券化、债转股**等。近年来，监管政策一直积极鼓励加大不良资产处置力度，要求充分利用拨备充足的有利条件，在严格资产分类基础上，综合运用核销、现金清收、批量转让等方式，加大不良贷款处置力度；鼓励商业银行等积极参与市场化法治化债转股，推动已签约项目尽快落地。

表3-5 不良资产处置方法

要点	内容
清收处置	不良贷款清收是指不良贷款本息以货币资金净收回。不良贷款清收管理包括不良贷款的清收、盘活、保全和以资抵债。清收处置的分类包括： （1）按照是否采用法律手段，清收可分为常规催收、依法收贷等。 （2）按照对于债务人资产等处置的方式，处置可分为处置抵（质）押物、以物抵债及抵债资产处置、破产清算等
贷款核销	核销是指对无法收回的、认定为损失的贷款进行减值准备核销。贷款损失的核销要建立严格的审核、审批制度，核销是银行内部账务处理过程，核销后不再进行会计确认和计量，但债权关系仍然存在，需建立贷款核销档案，即"账销案存"，银行应继续保留对贷款的追索权
贷款转让	不良贷款转让（打包出售）是指银行对10户/项（其中，"户"指独立企业法人，"项"指抵债资产）以上规模的不良贷款进行组包，通过协议转让、招标、拍卖等形式，将不良贷款及全部相关权利义务转让给资产管理公司的行为。 商业银行通过批量转让可以实现不良贷款的快速处置，与单笔不良贷款处置相比，批量转让可以迅速改善商业银行的资产机构，提高资产质量，提高经营效益。但同时，从回收率角度来看，批量转让会存在处置损失，其本金回收率一般小于100%
贷款重组/ 债务重组	贷款重组是当债务人因种种原因无法按原有合同履约时，商业银行为了降低客户违约风险引致的损失，而对原有贷款结构（期限、金额、利率、费用、担保等）进行调整、重新安排、重新组织的过程。 1. 贷款重组的注意事项 （1）是否属于可重组的对象或产品。通常，商业银行都对允许或不允许重组的贷款类型有具体规定。 （2）为何进入重组流程。对此应该有专门的分析报告并陈述理由。

表 3-5(续)

要点	内容
贷款重组/债务重组	（3）是否值得重组，重组的成本与重组后可减少的损失孰大孰小。对将要重组的客户必须进行细致科学的成本收益分析。 （4）对抵押品、质押物或保证人一般应重新进行评估。 2. 贷款重组的流程 第一步，成本收益分析。 第二步，准备重组方案，主要包括以下五个方面：基本的重组方向；重大的重组计划（业务计划和财务规划）；重组的时间约束；重组的财务约束；重组流程每个阶段的评估目标。 第三步，与债务人磋商和谈判，并就贷款重组的措施、条件、要求和实施期限达成共识。 3. 贷款重组的措施 （1）调整信贷产品，包括从高风险品种调整为低风险品种，从有信用风险品种调整为无信用风险品种，从项目贷款调整为周转性贷款，从无贸易背景的品种调整为有贸易背景的品种，从部分保证的品种调整为100%保证金业务品种或贴现。 （2）减少贷款额度。 （3）调整贷款期限（贷款展期或缩短贷款期限）。 （4）调整贷款利率。 （5）增加控制措施，限制企业经营活动
不良资产证券化	2005年我国进行资产证券化首次试点后，曾于2006年至2008年以四大资产管理公司等为主体试行过不良资产证券化。2008年国际金融危机爆发后资产证券化业务暂停、后于2012年重启，2016年4月19日发布的《不良贷款资产支持证券信息披露指引（试行）》再度拉开了不良资产证券化的序幕。 不良贷款证券化的作用包括： （1）能够拓宽商业银行处置不良贷款的渠道，加快不良贷款处置速度，有利于提高商业银行资产质量。 （2）能够更好地发现不良贷款价格，有利于提高银行对于不良贷款的回收率水平
债转股	转股债权资产质量类别由债权银行、企业和金融资产投资公司自主协商确定，包括正常类、关注类和不良类债权。涉及银行不良资产，可以按不良资产处置的有关规定办理；鼓励银行及时利用已计提拨备核销资产转让损失。金融资产投资公司开展债转股，应当符合国家产业政策等政策导向，优先考虑对拥有优质优良资产的企业和发展前景良好但遇到暂时困难的优质企业开展市场化债转股。 金融资产投资公司收购银行债权应当严格遵守洁净转让、真实出售的原则，通过评估或估值程序审慎评估债权质量和风险，坚持市场化定价，实现资产和风险的真实完全转移。银行债权评估或估值可以由金融资产投资公司会同银行对企业进行尽职调查后确定，也可以由独立第三方实施。银行债权转让可以采取招标、拍卖等公开方式，也可在评估或估值基础上自主协商确定公允价格，允许金融资产投资公司折价收购银行债权。 金融资产投资公司收购银行债权不得接受债权出让方银行及其关联机构出具的本金保障和固定收益承诺，不得实施利益输送，不得协助银行掩盖风险和规避监管要求；不得与银行在转让合同等正式法律文件之外签订或达成任何协议或约定，影响资产和风险真实完全转移，改变交易结构、风险承担主体及相关权益转移过程等；不得由债权出让方银行使用资本金、自营资金、理财资金或其他表外资金提供任何形式的直接或间接融资，不得由该债权出让方银行以任何方式承担显性或者隐性回购义务

要点点拨

银行债权转让可以采取招标、拍卖等公开方式，也可在评估或估值基础上自主协商确定公允价格，允许金融资产投资公司折价收购银行债权。

真题精练

【例7·判断题】国家鼓励商业银行将债权转为股权。（　）

A. 正确　　　　　　　　B. 错误

B　除国家另有规定外，银行不得直接将债权转为股权。

章节自测

一、单项选择题（在以下各小题所给出的四个选项中，只有一个选项符合题目要求，请将正确选项的代码填入括号内）

1. 下列选项中，属于经营活动现金流入的是（　　）。
   A. 收回投资　　　　　　　　B. 处置固定资产收到的现金
   C. 销售商品收到的现金　　　D. 借款所收到的现金

2. 用来衡量企业所有者利用自有资金获得融资的能力的比率是（　　）。
   A. 盈利能力比率　　　　　　B. 杠杆比率
   C. 效率比率　　　　　　　　D. 流动比率

3. 单一法人客户的财务状况分析中财务报表分析主要是对（　　）进行分析。
   A. 资产负债表和损益表　　　B. 权益变动表和损益表
   C. 权益变动表和资产负债表　D. 资产负债表和现金流量表

二、多项选择题（在以下各小题所给出的选项中，至少有两个选项符合题目要求，请将正确选项的代码填入括号内）

1. 下列各项财务指标中，通常与企业信用评级成正相关的有（　　）。
   A. 利息偿付比率　　　　　　B. 资产负债率
   C. 流动比率　　　　　　　　D. 销售利润率
   E. 资产回报率

2. 转股债权资产质量类别由（　　）自主协商确定，包括正常类、关注类和不良类债权。
   A. 债权银行　　　　　　　　B. 企业
   C. 金融资产投资公司　　　　D. 证券业协会
   E. 中国人民银行

三、判断题（请判断以下各小题的正误，正确的选A，错误的选B）

1. 财务状况分析是信用风险分析过程中的一个重要组成部分，非财务因素分析只是对财务因素分析的一个辅助与补充。（　）
   A. 正确　　　　　　　　B. 错误

2. 系统性风险对贷款组合信用风险的影响，主要是由行业风险和区域风险的变动反映出来。（ ）

A. 正确　　　　　　　　　　B. 错误

答案详解

一、单项选择题

1. C。【解析】A、B 项属于投资活动的现金流入，D 项属于融资活动的现金流入。

2. B。【解析】杠杆比率，用来衡量企业所有者利用自有资金获得融资的能力，也用于判断企业的偿债资格和能力。

3. A。【解析】单一法人客户的财务状况分析中财务报表分析主要是对资产负债表和损益表进行分析。

二、多项选择题

1. ACDE。【解析】利息偿付比率表明企业以经营业务的收益偿付借款利息的能力。流动比率用来判断企业归还短期债务的能力，即分析企业当前的现金支付能力和应对突发事件和困境的能力。销售利润率以销售收入为基础分析企业获利能力，反映销售收入收益水平的指标。资产回报率用来衡量每单位资产创造多少净利润的指标。这些指标通常与企业信用评级正相关。

2. ABC。【解析】转股债权资产质量类别由债权银行、企业和金融资产投资公司自主协商确定，包括正常类、关注类和不良类债权。

三、判断题

1. B。【解析】财务状况分析是通过对企业的经营成果、财务状况以及现金流量的分析，达到评价企业经营管理者的管理业绩、经营效率，进而识别企业信用风险的目的。非财务因素分析是信用风险分析过程中的重要组成部分，与财务分析相互印证、互为补充。考察和分析企业的非财务因素，主要从管理层风险，行业风险，生产与经营风险，宏观经济、社会及自然环境等方面进行分析和判断。

2. B。【解析】系统性风险对贷款组合的信用风险的影响，主要是由宏观经济因素的变动反映出来。

第四章 市场风险管理

考情直击

本章的主要内容是与商业银行市场风险有关的识别、计量、监测与报告、资本计量、银行账簿利率风险管理等相关的知识。分析近几年的考试情况，本章的常考点有市场风险的特征与分类、金融工具估值、市场风险计量方法、市场风险监测报告、内部模型法、银行账簿利率风险计量方法等，在考试中占 8.5~11 分。

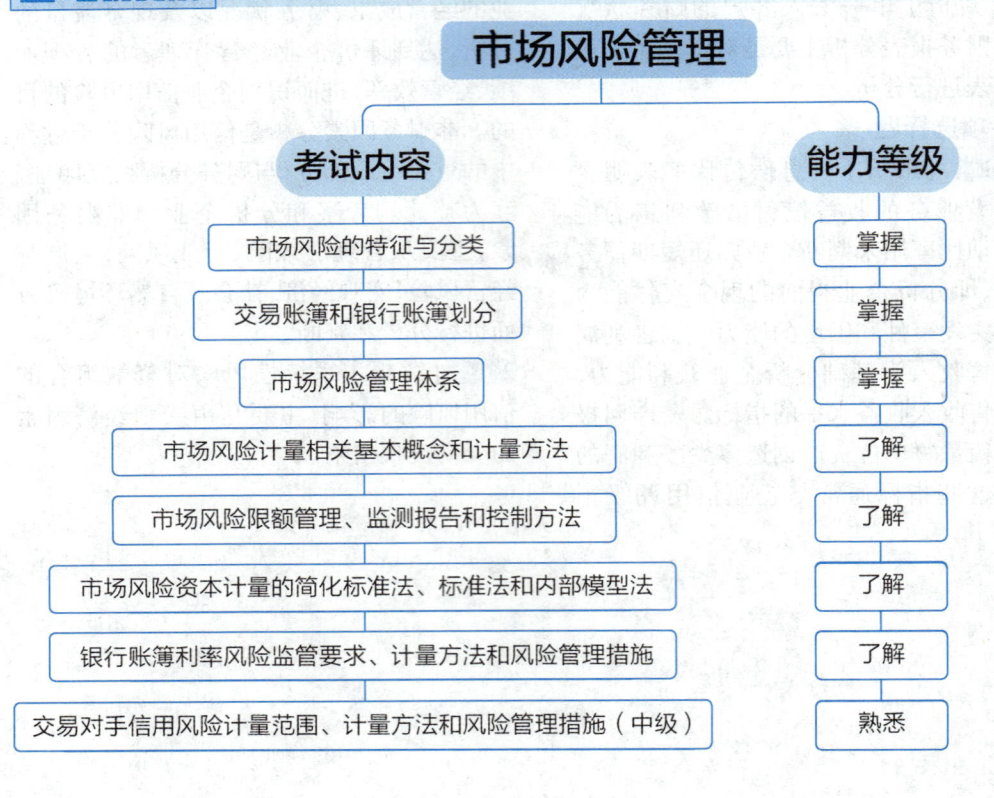

考纲要求

市场风险管理

考试内容	能力等级
市场风险的特征与分类	掌握
交易账簿和银行账簿划分	掌握
市场风险管理体系	掌握
市场风险计量相关基本概念和计量方法	了解
市场风险限额管理、监测报告和控制方法	了解
市场风险资本计量的简化标准法、标准法和内部模型法	了解
银行账簿利率风险监管要求、计量方法和风险管理措施	了解
交易对手信用风险计量范围、计量方法和风险管理措施（中级）	熟悉

> 知识解读

第一节 市场风险识别

一、市场风险的含义 ★★★

市场风险是指因市场价格(利率、汇率、股票价格和商品价格)的不利变动而使商业银行表内和表外业务发生损失的风险,按风险类别可分为利率风险、汇率风险、股票风险和商品风险。

二、市场风险的特征与分类 ★★★

1. 利率风险

利率风险是指市场利率变动的不确定性给商业银行造成损失的可能性。**大部分金融工具都是以利率为定价基础,汇率、股票和商品的价格皆离不开利率。**

影响利率变动的因素主要有通货膨胀预期、货币政策、经济周期、国际利率水平、资本市场状况以及其他因素。

利率风险按照来源不同,分为缺口风险、基准风险和期权性风险。

2. 汇率风险

汇率风险是指由于汇率的不利变动而导致银行业务发生损失的风险。

汇率波动取决于外汇市场的供求状况,主要包括国际收支、通货膨胀率、利率政策、汇率政策、市场预期、投机冲击,以及各国国内的政治、经济等多方面因素。

汇率风险通常源于以下业务活动:

(1)商业银行为客户提供外汇交易服务或进行自营外汇交易,不仅包括外汇即期交易,还包括外汇远期、期货、互换和期权等交易。

(2)银行账簿中的外币业务,如外币存款、贷款、债券投资、跨境投资等。

> **要点点拨**
>
> 目前,国际货币体系里汇率自由浮动是最主要的特征,其波动给银行经营外汇业务带来汇率风险。

3. 股票风险

股票风险是指由于股票价格发生不利变动而给商业银行带来损失的风险。

4. 商品风险

商品风险是指商业银行所持有的各类商品及其衍生头寸由于商品价格发生不利变动而给商业银行造成经济损失的风险。

> **真题精练**
>
> 【例1·多项选择题】市场风险存在于银行的交易和非交易业务中,包括( )。
> A. 利率风险　　　　　　　B. 汇率风险
> C. 股票风险　　　　　　　D. 商品风险
> E. 信用风险
>
> Ⓐ Ⓑ Ⓒ Ⓓ　市场风险包括利率风险、汇率风险、股票风险和商品风险。

三、交易账簿和银行账簿划分 ★★★

(一)交易账簿和银行账簿定义

根据《商业银行资本管理办法》《商业银行银行账簿利率风险管理指引》规定,商业银行的金融工具和商品头寸可划分为银行账簿和交易账簿两大类。

为加强对银行账簿和交易账簿金融工具和头寸的管理,《商业银行资本管理办法》在原交易账簿、银行账簿划分管理的基础上增加"必须纳入交易账簿清单""应纳入交易账簿的推定清单"和"必须纳入银行账簿清单"三个清单。

交易账簿包括为交易目的或对冲交易账簿其他项目的风险而持有的金融工具、外汇和商品头寸及经国家金融监督管理总局认定的其他工具。以交易目的持有的头寸是指短期内有目的地持有以便出售,或从实际或预期的短期价格波动中获利,或锁定套利的头寸,包括自营业务、做市业务、为满足客户需求提供的对客交易及对冲前述交易相关风险而持有的头寸。

交易账簿中的金融工具、外汇和商品头寸原则上还应满足以下条件:不存在实施平盘或完全对冲交易的法律障碍;能够每日进行公允价值计量,变动计入损益;能够进行积极的管理。

1. 必须纳入交易账簿清单

(1)相关性交易组合。

(2)会产生银行账簿信用净空头头寸或股权净空头头寸的金融工具。

(3)商业银行预计在结算日实际认购的证券承销。

2. 应纳入交易账簿的推定清单

符合第 2 点条件的金融工具或头寸,应推定为以交易目的持有并划入交易账簿,国家金融监督管理总局另有规定的除外。

(1)会计准则下,以交易性目的而持有的金融资产或承担的金融负债。

(2)因做市业务而持有的工具。

(3)上市权益工具。其中,因可转换债券、债转股、抵债资产、未上市股权等原因形成的非交易目的的上市权益工具,可不适用推定原则,但应书面说明依据并留档备查;其他形式的非交易目的的上市权益工具,应在经国家金融监督管理总局认可后方可划入银行账簿。

(4)以做市、锁定套利利润以及制造信用或股权空头为目的的回购交易,不包括用于流动性管理目的并适用权责发生制会计核算的回购交易。

(5)期权,包括银行发行的与信用或股权风险有关的银行账簿工具中的可分拆嵌入衍生工具。可分拆嵌入衍生工具是指嵌入非衍生工具(即主合同)中的衍生工具,且其可从混合合同中分拆并在资产负债表中单独确认。

(6)符合下列标准之一的资产管理产品:一是能够穿透资产管理产品的基础资产,且能充分、及时地获得由独立第三方确认并提供的资产管理产品的基础资产信息,可满足资本计量频率要求;"独立第三方"是指应独立于资产管理产品管理人的其他机构,如托管人、会计师事务所。特定情况下,包括资产管理产品管理人。二是商业银行能够获取资产管理产品的每日报价,且可获得资产管理产品交易说明书或监管规定的披露信息。

若商业银行以非交易目的持有该类资产管理产品,可不适用推定原则,但应书面说明依据并留档备查。

3. 必须纳入银行账簿清单

下列工具及其衍生工具、资产管理产品和对冲工具,应划入银行账簿:

(1) 未上市股权。

(2) 拟划入证券化基础资产池的工具。

(3) 房地产投资。

(4) 个人与中小微企业的授信。

(5) 不符合第2点第(6)项的资产管理产品。

(6) 对冲基金。

(二) 交易账簿和银行账簿风险计量的视角

与交易账簿相对应,银行的其他业务归入银行账簿,对于国内商业银行而言最典型的是存贷款业务,通常采用摊余成本法计价,主要受净利息收入变动对当期盈利能力的影响。

根据交易账簿与银行账簿的业务持有目的和对盈利能力的影响方式,相应的风险管理需采取不同的视角。对交易账簿业务采用经济价值视角,即综合考虑各类市场风险因素的变动情况下,计量交易账簿业务预期未来现金流量净现值,以及净现值变动对盈利水平的影响。

对于银行账簿业务采取收益视角,分析的重点是利率变动对报告期内的净利息收入和短期盈利能力的影响,其中,银行账簿利率风险指利率水平、期限结构等不利变动导致银行账簿经济价值和整体收益遭受损失的风险,主要包括缺口风险、基准风险和期权性风险。

(三) 账簿划分及转换管理

商业银行应当制定清晰的银行账簿和交易账簿划分政策和程序,明确纳入交易账簿的金融工具、外汇和商品头寸以及在银行账簿和交易账簿间转换的条件,定期评估执行情况,确保执行的一致性。

通常由风险管理部门负责制定交易账簿和银行账簿划分政策和程序,负责明确交易账簿、银行账簿不同业务类型的市场风险计量方法、计量系统以及在银行账簿和交易账簿间转换的条件,通过市场风险限额指标监控交易头寸与银行交易策略是否一致,包括交易品种、交易规模,以及交易账簿头寸、敏感度、风险价值等,开展风险报告与分析。前台业务部门负责根据划分标准和程序,发起账簿初始划分、账簿分类调整申请,提交风险管理部门审核后,由高级管理层审批后执行。

1. 初始划分

开展新交易、新设交易组合或在现有交易组合中增加新产品前,前台业务部门可在限额申请或在调整流程同时提出账簿划分申请,明确交易策略,提出书面的账簿分类、系统簿记方案,提供会计核算部门出具的业务核算规则,由风险管理部门审核后报高级管理层审批。

2. 账簿转换

在产品和业务存续期间,不得以市场事件、金融工具流动性改变或单纯交易目的改变为由进行账簿转变,不得通过账簿转换进行监管套利。账簿转换应经高级管理层批准并经国家金融监督管理总局或其派出机构认可。

若因账簿转换导致资本计提要求下降,应将减少的资本部分重新加回。

除非产品性质发生了变化,否则账簿转换不可撤销。

3. 监督检查

银行应保留完整的交易账簿划分记录、账簿转换记录以便进行查询,并接受内外部审计和监管当局的监督检查。同时,银行应当根据银行账簿和交易账簿的性质和特点,采取相应的市场风险识别、计量、监测和控制方法。

此外,商业银行应每年评估划分标准,如有更新应及时向国家金融监督管理总局或其派出机构报告。每年对划分政策和程序开展内部审计,内部审计结果需留档备查。

四、市场风险管理体系 ★★★

1. 有效的董事会和高级管理层的治理架构

市场风险管理体系的有效程度取决于银行的公司治理水平。董事会和高级管理层实施市场风险管理的目标是通过将市场风险控制在商业银行可以承受的合理范围内,实现经风险调整的收益率最大化。同时,董事会和高管层应当确保在合理的市场风险水平之下安全、稳健经营,使其所承担的市场风险水平与其市场风险管理能力和资本实力相匹配。

董事会承担对市场风险管理实施监控的最终责任,确保银行有效地识别、计量、监测和控制各项业务所承担的各类市场风险。

高级管理层负责制定、定期审查和监督执行市场风险管理的政策、程序以及具体的操作规程,及时了解市场风险水平及其管理状况。

商业银行的监事会应当监督董事会和高级管理层在市场风险管理方面的履职情况。

市场风险管理部门相对于业务经营部门的独立性是建设市场风险管理体系的关键。银行应当指定专门的部门负责市场风险管理工作。

> **教你一招**
>
> 负责市场风险管理的部门应当职责明确,与承担风险的业务经营部门保持相对独立,向董事会和高级管理层提供独立的市场风险报告。

2. 全面的市场风险管理政策

银行应当在有效管理风险的前提下,根据本行的业务性质、规模和复杂程度设计市场风险管理体系、制定市场风险管理的政策和流程、选择市场风险的计量和控制方法,以在风险管理的成本与收益(安全性)之间达到适当的平衡。

市场风险管理政策应当与银行的业务性质、规模、复杂程度和风险相适应,与其总体业务发展战略、管理能力、资本实力和能够承担的总体风险水平相一致,并符合监管关于市场风险管理的有关要求。

3. 完善的市场风险管理流程

商业银行应当建立完善的风险识别、计量、监测、分析、报告和控制流程。在创新产品和开展新业务之前应当充分识别和评估其中包含的市场风险,建立相应的内部审批、操作和风险管理流程,并获得高级管理层或其授权的专门委员会的批准。新产品、新业务的内部审批程序应当包括由相关部门,如业务经营部门、负责市场风险管理的部门、法律部门、合规部门、财务会计部门和结算部门等对其操作和风险管理程序的审核与认可。

4. 完备、可靠的IT系统

完备、可靠的信息系统应具备支持详细数据分析的交易管理或中台计量管理功能,建立集中、统一的交易数据、计量参数和市场数据等基础数据库,构建定价/估值模型,建立统一的市场风险计量、监控及管理平台,实现全行层面市场风险识别、计量、监测与控制,为实施市场风险内部模型法、基于风险调整的绩效考核提供系统支持。

5. 可靠的独立验证机制

商业银行应当确保市场风险模型输入数据准确、完整、及时。模型输入数据可分为交易及头寸数据、市场数据、模型的假设和参数,以及相关参考数据。

商业银行应当对风险价值系统中的单个产品定价和估值模型进行验证,以掌握模型定价方法,避免由"定价黑匣"带来的损失。

对于产品较复杂,并使用风险价值模型的商业银行,可采用基于理论损益的返回检验,将内部模型计算得出的风险价值与当日理论损益进行对比。

商业银行应当对由市场风险内部模型产出的市场风险报告进行验证,以确保模型结果的准确传递及合理应用。市场风险报告应包括模型输出概要、模型运行结果、重要的模型假设和参数、模型局限性等关键要素,以及定期的敏感性分析、情景分析结果等补充信息。

商业银行应当根据日常风险管理的经验及需求,预先确定合理的容忍度水平,并将验证过程中出现的差异与容忍度水平相比较。

6. 严格的内部控制和审计

商业银行应当建立完善的市场风险管理内部控制体系。商业银行的市场风险管理职能与业务经营职能应当保持相对独立。交易部门应当与中台、后台严格分离,前台交易人员不得参与交易的正式确认、对账、重新估值、交易结算和款项收付。

银行的审计部门应当定期(至少每年一次)对市场风险管理体系各个组成部分和环节的准确、可靠、充分和有效性进行独立的审查和评价。审计应当既对业务经营部门,也对负责市场风险管理的部门进行。审计报告应当直接提交给董事会。董事会应当督促高级管理层对审计所发现的问题提出改进方案并采取改进措施。审计部门应当跟踪检查改进措施的实施情况,并向董事会提交有关报告。

> **真题精练**
>
> 【例2·多项选择题】商业银行市场风险管理体系的主要内容包括( )。
> A. 全面的市场风险管理政策　　B. 完善、可靠的IT系统
> C. 可靠的独立验证机制　　　　D. 严格的内部控制和审计
> E. 有效的董事会和高级管理层的治理架构
>
> A B C D E　商业银行市场风险管理体系包括以下主要内容:(1)有效的董事会和高级管理层的治理架构。(2)全面的市场风险管理政策。(3)完善的市场风险管理流程。(4)完备、可靠的IT系统。(5)可靠的独立验证机制。(6)严格的内部控制和审计。

第二节　市场风险计量

一、金融工具估值 ★

（一）名义价值

名义价值是指金融资产根据历史成本所反映的账面价值。在市场风险管理过程中，由于利率、汇率等市场价格因素的频繁变动，名义价值一般不具有实质性意义。

名义价值对风险管理的意义：

（1）在金融资产的买卖实现后，衡量交易方在该笔交易中的盈亏情况。

（2）作为初始价格，通过模型从理论上计算金融资产的现值，为交易活动提供参考数据。

（二）市场价值与公允价值

在市场风险计量与监测的过程中，更具有实质意义的是市场价值与公允价值。

1. 市场价值

市场价值是指在评估基准日，自愿的买卖双方在知情、谨慎、非强迫的情况下通过公平交易资产所获得的资产的预期价值。

在风险管理实践中，市场价值更多的是来自于独立经纪商的市场公开报价或权威机构发布的市场分析报告。

2. 公允价值

公允价值是指在计量日市场参与者之间的有序交易中，出售一项金融资产时所能收到或转移一项金融负债时将会支付的价格。

企业应当根据其管理金融资产的业务模式和金融资产的合同现金流量特征，将金融资产划分为以下三类：

（1）**以摊余成本计量的金融资产**。

（2）**以公允价值计量其变动计入其他综合收益的金融资产**。

（3）**以公允价值计量且其变动计入当其损益的金融资产**。

公允价值计量以市场交易价格为基础，如不存在主市场或最有利市场中有序交易的报价，应采用合理的估值技术。

（三）市值重估

市值重估是指对交易账簿头寸重新估算其市场价值。在市场风险管理实践中，商业银行应当对交易账簿头寸按市值每日至少重估一次价值。

在缺乏可用于市值重估的市场价格时，商业银行应当确定选用代用数据的标准、获取途径和公允价格的计算方法。商业银行在进行市值重估常采用盯市和盯模两种方法。

盯市

按市场价格计值。按照市场价格对头寸的计值至少应逐日进行，其好处是收盘价往往有独立的信息来源，并且很容易得到。商业银行必须尽可能按照市场价格计值。除非银行作为做市商在某类特定头寸上保留大量的头寸，并能够按照市场中间价平仓，否则银行对市场出价/报价信息的使用应更加审慎。

盯模

按模型计值。当按市场价格计值存在困难时，银行可以按照数理模型确定的价值计值。具体来说，就是以某一个市场变量作为计值基础，推算出或计算出交易头寸的价值。

> **真题精练**
>
> 【例3·单项选择题】下列关于公允价值、名义价值、市场价值的说法中,错误的是( )。
> A. 在市场风险计量与监测的过程中,更具有实质意义的是市场价值和公允价值
> B. 市场价值是指在评估基准日,通过自愿交易资产所获得的资产的价值
> C. 名义价值一般不具有实质性意义
> D. 公允价值计量以市场交易价格为基础,如不存在主市场或最有利市场中有序交易的报价,应采用合理的估值技术
>
> B 市场价值是在评估基准日,自愿的买卖双方在知情、谨慎、非强迫的情况下通过公平交易资产所得到的资产的预期价值。

二、久期 ★

(一)久期的类型

1. 麦考利久期

麦考利久期是使用加权平均的形式计算债券的平均到期时间,是固定收益产品在未来产生现金流的时间的加权平均,其权重是各期现值在债券价格中所占的比重。

$$\text{MacD} = \frac{\sum_{t=1}^{T} \text{PV}(c_t) \times t}{P} = \sum_{t=1}^{T} \left[\frac{\text{PV}(c_t)}{P} \times t \right]$$

其中,MacD 是麦考利久期;P 是债券当前的市场价格;$\text{PV}(c_t) = c_t \times \exp(-yt)$ 是债券未来第 t 期现金流(利息或资本)的现值;T 是债券的到期时间;n 为从当前到 t 时刻现金流发生的持续时间;y 为债券的风险程度相适应的收益率,且假设未来所有现金流的贴现率都固定为 y。

到期时间、息票率、到期收益率也是决定固定收益产品价格的关键因素,与久期存在以下关系:

(1)零息票债券的久期等于到它的到期时间。
(2)到期日不变,债券的久期随息票据利率的降低而延长。
(3)息票据利率不变,债券的久期随到期时间的增加而增加。
(4)其他因素相同,债券的到期收益率较低时,息票债券的久期较长。

2. 修正久期

修正久期不同于麦考利久期,麦考利久期度量的是投资回收的平均时间,而修正久期实质上度量的是固定收益产品价格对收益率的一阶导数,衡量的是利率变动引起的固定收益产品价格变动的相对值。

对于付息债券,修正久期与麦考利久期存在下述关系:

$$\text{ModD} = \text{MacD} \times \frac{1}{1 + y/m}$$

其中,y 即债务工具的收益率;m 为每年发生现金流的次数。

在同等要素条件下,修正久期小的债券较修正久期大的债券抗利率上升风险能力强。

3. 有效久期

有效久期是指在利率水平发生特定变化的情况下债券价格变动的百分比,直接运用

以不同收益率变动为基础的债券价格进行计算,能反映隐含期权价值的变动。可以用来计算有隐含期权的金融工具,如按揭贷款、可赎回(或可卖出)债券。

$$\text{EffD} = \frac{(V_{-\Delta y} - V_{+\Delta y})}{2V_0 \Delta y}$$

> **教你一招**
>
> 久期用于衡量固定收益产品的利率敏感度或利率弹性。

(二)久期缺口

久期同样可以用来对商业银行资产负债的利率敏感度进行分析。当市场利率变动时,银行资产价值和负债价值的变动方向与市场利率的变动方向相反,而且资产与负债的久期越长,资产与负债价值变动的幅度越大,利率风险也就越高。

银行通常使用久期缺口来分析利率变化对其整体利率风险敞口的影响。用 D_A 表示总资产的加权平均久期,D_L 表示总负债的加权平均久期,V_A 表示总资产,V_L 表示总负债。则:

久期缺口 = 资产加权平均久期 - (总负债/总资产) × 负债加权平均久期 = $D_A - \left(\dfrac{V_L}{V_A}\right)D_L$

在绝大多数情况下,银行的久期缺口都为正值。此时,如果市场利率下降,则资产与负债的价值都会增加,但资产价值增加的幅度比负债价值增加的幅度大,银行的市场价值将增加;如果市场利率上升,则资产与负债的价值都将减少,但资产价值减少的幅度比负债价值减少的幅度大,银行的市场价值将减少。

资产负债久期缺口的绝对值越大,银行整体市场价值对利率的敏感度就越高,因而整体的利率风险敞口也越大。

(三)久期、凸性与固定收益产品价格的关系

在价格—收益率出现大幅度变动时,久期与价格之间呈非线性关系,此时由久期作出的预测将有所偏离。凸性就是对这个偏离的修正,是对债券久期的利率敏感性的测量。

具体来说,久期是债券价格对收益率的一阶导数,描述了价格—收益率曲线的斜率。凸性是债券价格对收益率的二阶导数,描述了曲线的弯曲程度,是指在某一收益率水平下,因利率发生变动而引起的价格波动幅度(即久期)的变动程度。

凸性越大,债券价格曲线弯曲程度越大,用修正持久期度量债券的利率风险所产生的误差越大,越有必要用凸性进行再次修正。无论收益率是上升还是下降,凸性所引起的修正都是正的。因此如果修正持久期相同,凸性越大越好。也就是说,债券价格变动 = 久期效应 + 凸度效应。

三、收益率曲线 ★

(一)收益率曲线的含义

收益率曲线用于描述收益率与到期期限之间的关系。收益率曲线的形状反映了长短期收益率之间的关系,它是市场对当前经济状况的判断,以及对未来经济走势预期(包括经济增长、通货膨胀、资本回报等)的结果。

(二)收益率曲线的应用

(1)通过对金融产品历史数据的分析,可以找出其收益率与到期期限之间的数量关系,并形成到期收益率曲线,作为分析和预测当前不同期限收益率水平的依据。

(2)投资者还可以根据收益率曲线不同的预期变化趋势,采取相应的投资策略。

四、市场风险计量方法 ★

（一）缺口分析

1. 缺口分析的含义

缺口分析用来衡量利率变动对银行当期收益的影响。具体而言，就是将银行的所有生息资产和付息负债按照重新定价的期限划分到不同的时间段（如1个月以内、1至3个月、3个月至1年、1至5年、5年以上等）。在每个时间段内，将利率敏感性资产减去利率敏感性负债，再加上表外业务头寸，就得到该时间段内的重新定价"缺口"。以该缺口乘以假定的利率变动，得出这一利率变动对净利息收入变动的大致影响。

2. 缺口分析的应用

（1）当某一时段内的资产（包括表外业务头寸）大于负债时，就产生了正缺口，即资产敏感性缺口，此时，市场利率下降会导致银行的净利息收入下降。

（2）当某一时段内的负债大于资产（包括表外业务头寸）时，就产生了负缺口，即负债敏感性缺口，此时，市场利率上升会导致银行的净利息收入下降。

> **要点点拨**
>
> 缺口分析中的假定利率变动可以通过多种方式来确定，如根据历史经验、银行管理层的判断以及模拟可能的未来利率变动等。

3. 缺口分析的局限

（1）缺口分析假定同一时间段内的所有头寸的到期时间或重新定价时间相同，因此，忽略了同一时段内不同头寸的到期时间或利率重新定价期限的差异。时段划分越粗略且在同一时间段内的加总程度越高，对计量结果精确性的影响就越大。

（2）缺口分析只考虑了由于重新定价期限的不同而带来的利率风险（即重新定价风险），而未考虑当利率水平变化时，各种金融产品因基准利率的调整幅度不同产生的利率风险（即基准风险）。同时，缺口分析也未考虑因利率环境改变而引起的支付时间的变化，例如忽略了具有期权性风险的头寸在收入方面的变化。

（3）非利息收入日益成为银行当期收益的重要来源，但大多数缺口分析未能反映利率变动对非利息收入的影响。

（4）缺口分析主要衡量利率变动对银行当期收益的影响，未考虑利率变动对银行整体经济价值的影响，所以只能反映利率变动的短期影响。因此，缺口分析只是一种相对初级并且粗略的利率风险计量方法。

（二）久期分析

1. 久期分析的含义

久期分析也称为持续期分析或期限弹性分析，也是对银行资产负债利率敏感度进行分析的重要方法，主要用于衡量利率变动对银行整体经济价值的影响。

2. 久期分析的优势与局限性

表 4-1 久期分析的优势与局限性

要点	内容
优势	与缺口分析相比较，久期分析是一种更为先进的利率风险计量方法。缺口分析侧重于计量利率变动对银行短期收益的影响，而久期分析则能计量利率风险对银行整体经济价值的影响，即估算利率变动对所有头寸的未来现金流现值的影响。从而对利率变动的长期影响进行评估，并且更为准确地计量利率风险敞口

表 4-1(续)

要点	内容
局限性	(1)如果在计算敏感性权重时对每一时段使用平均久期,即采用标准久期分析法,久期分析仍然只能反映重新定价风险,不能反映基准风险及因利率和支付时间的不同而导致的头寸的实际利率敏感性差异,也不能很好地反映期权性风险。 (2)对于利率的大幅变动(大于1%),由于头寸价格的变化与利率的变动无法近似为线性关系,久期分析的结果就不再准确,需要进行更为复杂的技术调整

(三)外汇敞口分析

1. 外汇敞口分析的含义

外汇敞口分析是衡量汇率变动对银行当期收益的影响的一种方法。外汇敞口主要来源于银行表内外业务中的货币金额和期限错配。

2. 外汇敞口的分类

表 4-2 外汇敞口的分类

要点	内容
根据业务活动划分	(1)**交易性外汇敞口**。 银行的交易性外汇风险主要来自两方面: ①为客户提供外汇交易服务时未能立即进行对冲的外汇敞口头寸。 ②银行对外币走势有某种预期而持有的外汇敞口头寸。 (2)**非交易性外汇敞口**
根据敞口定义划分	(1)**单币种敞口头寸**。 单币种敞口头寸是指每种货币的即期净敞口头寸、远期净敞口头寸、期权敞口头寸以及其他敞口头寸之和,反映单一货币的外汇风险。 (2)**总敞口头寸**。 总敞口头寸反映整个货币组合的外汇风险,一般有三种计算方法: ①**累计总敞口头寸法**。 累计总敞口头寸等于所有外币的多头与空头的总和。 ②**净总敞口头寸法**。 净总敞口头寸等于所有外币多头总额与空头总额之差。 ③**短边法**。 短边法是一种为各国金融机构广泛运用的外汇风险敞口头寸的计量方法,首先分别加总每种外汇的多头和空头(分别称为净多头头寸之和与净空头头寸之和);其次比较这两个总数;最后选择绝对值较大的作为银行的总敞口头寸

> 📖 **教你一招**
>
> 缺口分析衡量利率变动对银行当期收益(短期收益)的影响;久期分析衡量利率变动对银行整体经济价值的影响;外汇敞口分析衡量汇率变动对银行当期收益的影响。

(四)敏感性分析

敏感性分析是指在保持其他条件不变的前提下,研究单个市场风险要素(利率、汇率、股票价格和商品价格)的微小变化可能会对金融工具或资产组合的收益或经济价值产生的影响。

敏感性分析计算简单且便于理解,在市场风险分析中得到了广泛应用。但是,敏感性分析也存在一定的局限性,主要表现在对于较复杂的金融工具或资产组合,无法计量其收益或经济价值相对市场风险要素的非线性变化。因此,在使用敏感性分析时应注意其适用范围,并在必要时辅之以其他的市场风险分析方法。

(五)希腊字母

1. Delta

Delta 是指期权价值变动与期权标的价格(如汇率)变动的比率,反映了标的价格变动对期权价格的影响。对期权的基本风险控制方法,就是根据期权的 Detla 值,在现货市场进行对冲,尽量保持期权组合的 Detla 中性。

2. Gamma

Gamma 是指该期权 Delta 变化相对于期权标的价格变化的比率,反映了现货价格变动对期权 Delta 的影响。买入期权的 Gamma 为正,卖出期权的 Gamma 为负,平价期权的 Gamma 绝对值大于价内期权或价外期权的 Gamma 绝对值;其他条件不变,期权的存续期间越长,Gamma 绝对值越小。

3. Vega

Vega 是指市场波动率变动一个单位(通常以天为单位),期权价值变化的比率,反映了波动率的变化对期权价格的影响。Vega 绝对值越高,期权价格对波动率的变动越敏感;平价期权的 Vega 绝对值最大;期权存续期间时间越长,Vega 绝对值越大。

4. Theta

Theta 是剩余期限变动一个单位,期权价值的变化情况,也常被称为时间损耗。Theta 绝对值越高,期权价格在其他条件一定时,持有头寸的时间成本越高;期权多头的 Theta 一般为负值,行权价附近期权的 Theta 值较高。价内期权和价外期权在临近到期时 Theta 逐步下降。

(六)风险价值

1. 风险价值的含义及应用

风险价值(VaR)是指在一定的持有期和给定的置信水平下,利率、汇率、股票价格和商品价格等市场风险要素发生变化时可能对产品头寸或组合造成的潜在最大损失。但是 VaR 并不是即将发生的真实损失,也不意味着可能发生的最大损失。

风险价值的局限性包括无法预测尾部极端损失情况、单边市场走势极端情况、市场非流动性因素。

2. 风险价值计量方法

(1)**方差—协方差方法**。方差—协方差法假定投资组合中各种风险因素的变化服从特定的分布(通常为正态分布),然后通过历史数据分析和估计该风险因素收益分布方差—协方差、相关系数等。在选定时间段里组合收益率的标准差将由每个风险因素的标准差、风险因素对组合的敏感度和风险因素间的相关系数通过矩阵运算求得。

该方法是所有计算 VaR 的方法中最简单的,只反映了风险因素对整个组合的一阶线性和二阶线性影响,无法反映高阶非线性特征,该方法是局部估值法。

(2)**历史模拟法**。历史模拟法假定历史可以在未来重复,通过搜集一定历史期限内全部的风险因素收益信息,模拟风险因素收益未来的变化。

历史模拟法的透明度高、直观,对系统要求相对较低。但对数据样本选择区间较为敏感,既可能包括极端的价格波动,也可能排除极端情况。历史模拟法反映了风险因素统计规律,因此不需要任何分布假设,也无须计算波动率、相关系数等模型参数。由于历史模拟法的风险因素的历史收益本身已完全包含了风险因素之间的相关关系,因而可以全面反映风险因素和组合价值的各种关系,是基于全定价估值的模拟方法。

(3)**蒙特卡洛模拟法**。蒙特卡洛模拟法是一种结构化模拟的方法,通过产生一系列同模拟对象具有相同统计特性的随机数据来模拟未来风险因素的变动情况。蒙特卡洛模型所生成的大量情景使得其在测算风险时比解析模型能得出更可靠、更综合的结论,同时体现了非线性资产的凸性,考虑到了波动性随时间变化的情形。但是该方法需要功能强大的计算设备,运算耗时过长。

> **真题精练**
>
> 【例4·单项选择题】某商业银行持有1 000万美元资产,700万美元负债,美元远期多头500万,美元远期空头300万,则该商业银行的美元净总敞口头寸为( )万美元。
> A. 1 000　　　　　　　　　　　B. 500
> C. 300　　　　　　　　　　　　D. 700
>
> B　净总敞口头寸＝(1 000－700)＋(500－300)＝500(万美元)。

第三节　市场风险监测与报告

一、市场风险限额管理

(一)市场风险管理的目的及市场风险限额管理体系的内容

商业银行实施市场风险管理的主要目的是确保将所承担的市场风险规模控制在可以承受的合理范围内,使所承担的市场风险水平与其风险管理能力和资本实力相匹配。

市场风险限额管理体系主要包括交易组合定义、限额结构和限额指标设定与审批、限额监控与报告、限额调整、超限额管理等。

(二)市场风险限额指标

(1)头寸限额。头寸限额是指对总交易头寸或净交易头寸设定的限额。总头寸限额对特定交易工具的多头头寸或空头头寸分别加以限制;净头寸限额对多头头寸和空头头寸相抵后的净额加以限制。

(2)风险价值限额。风险价值限额是指对基于量化方法计算出的市场风险计量结果来设定限额。例如,对采用内部模型法计量出的风险价值设定限额。

(3)止损限额。止损限额是指所允许的最大损失额。止损限额适用于一日、一周或一个月等一段时间内的累计损失。

(4)敏感度限额。敏感度限额是指保持其他条件不变的前提下,对单个市场风险要素(利率、汇率、股票价格和商品价格)的微小变化对金融工具或资产组合收益或经济价值影响程度所设定的限额。

(三)限额方案

商业银行应当制定对各类和各级限额的内部审批程序和操作规程,根据业务的性质、规模、复杂程度和风险承受能力设定、定期审查和更新限额。

商业银行在设计限额体系时,应综合考虑以下主要因素:
(1)自身业务性质、规模和复杂程度。
(2)能够承担的市场风险水平。
(3)业务经营部门的既往业绩。
(4)工作人员的专业水平和经验。
(5)定价、估值和市场风险计量系统。

(6) 压力测试结果。
(7) 内部控制水平。
(8) 资本实力。
(9) 外部市场的发展变化情况等。

（四）超限额报告及处理机制

1. 超限类型

根据具体的超限原因，可对超限情况进一步分类管理。
(1) 主动超限。
(2) 被动超限。
(3) 非实质性超限。

> **知识加油站**
>
> 主动超限是指因交易员主动持有或提高风险敞口所导致的超限；被动超限是指市场大幅波动、流动性下降、长假休市等非银行交易行为原因导致的超限。

2. 超限处理方式

根据超限原因和类型，银行前、中台部门协商一致可采取包括降低头寸/敞口、申请确定时限的临时调增限额和申请长期调整限额等措施。

3. 超限处理流程

市场风险管理部门负责监控每日市场风险限额执行情况，确认超限后及时向前台发出超限提示，通常前台业务部门应在合理时限内反馈超限原因说明，提交超限处理方案，前、中台沟通一致后采取相应的超限处理方式。各类超限情况均需及时报告高级管理层，对于涉及限额调整的情况，需提交高级管理层专业风险委员会审批。

二、市场风险监测报告 ★

（一）市场风险报告的内容和种类

根据报告内容，市场风险报告可分为市场风险计量管理报告、市场风险专题报告、重大市场风险报告，以及市场风险监测分析日报等。

1. **市场风险计量管理报告**

综合反映报告期内市场风险暴露及计量监测情况，提出相应的风险管理建议。内容包括但不限于：按业务、部门、地区和风险类别分别统计/计量的市场风险头寸，金融市场业务的盈亏情况，交易账簿风险价值与返回检验，压力测试开展情况，限额执行情况，全行汇率风险分析，银行账簿利率风险分析，以及市场风险管理建议等。

2. **市场风险专题报告**

重点反映某一领域的市场风险状况。包括但不限于：反映专门市场风险因素或类型的报告，反映市场风险计量与管理流程专项环节的报告，反映具体业务组合风险状况的报告，反映市场风险管理专门问题的报告，董事会、高级管理层及其委员会确定的报告。

3. **重大市场风险报告**

及时报告重大突发市场风险事件，包括反映事件事实、分析事件成因、评估损失影响、总结吸取教训和提出市场风险管理改进建议。

4. 市场风险监测分析日报

及时反映交易账簿金融市场业务开展与风险计量监测情况。包括但不限于：全行交易账簿金融市场业务头寸、风险、损益、压力测试、限额执行等情况；各交易组合层面金融市场业务头寸、风险、损益、压力测试及限额执行等情况。

(二) 市场风险报告的路径和频度

风险管理部门通过有效的报告路径，将必要信息报告给董事会、监事会、高级管理层和其他管理人员。商业银行的风险管理信息系统应当有能力将完整的市场风险信息，按照交易人员、风险管理专业人员、高级管理层和董事会的要求，在有效的时间内自动生成分析结果和各种辅助决策报告。

1. 定期报告

通常，市场风险计量管理报告分为季报、半年报和年报，定期报送高级管理层及市场风险管理委员会审阅，同时作为全面风险管理报告的内容，报送高级管理层、董事会及其委员会和监事会。

2. 不定期报告

（1）专题市场风险报告为不定期报告，根据董事会、高级管理层或其委员会要求，提交董事会、高级管理层或其委员会审议或审阅。

（2）重大市场风险报告为不定期报告，根据各层级管理要求及时报告高级管理层、董事会及其委员会。

3. 市场风险监测分析日报

市场风险监测分析日报，由风险管理部门独立编制，每日及时发送相关高级管理层成员，以及风险管理部门和前台业务部门的相关人员。

> **真题精练**
>
> 【例5·多项选择题】根据报告内容，市场风险报告可分为（　　）。
> A. 市场风险计量管理报告　　　　B. 市场风险专题报告
> C. 重大市场风险报告　　　　　　D. 一般市场风险报告
> E. 市场风险监测分析日报
>
> **A B C E**　根据报告内容，市场风险报告可分为市场风险计量管理报告、市场风险专题报告、重大市场风险报告，以及市场风险监测分析日报等。

三、市场风险控制方法 ★

(一) 远期/期货产品应用

远期合约是指交易双方按事先约定价格，在未来某一日期交割一定数量的标的物的金融市场业务交易产品，通常是非标准化的场外交易产品，合约标的物可以包括外汇、利率、商品等各类形式的基础金融产品。期货合约通常是在某一交易所内，具有标准期限、标准单位的远期合约产品，其流动性更强，交易管理流程更加规范和严格。

(二) 掉期合约应用

掉期合约是指交易双方约定，在交易期初和期末分别交换一定数量的标的物，其间按照不同类型的合约标的物,可能存在利息等现金流交换。常见的掉期产品包括外汇掉期、利率掉期和交叉货币掉期。

外汇掉期通常只在合约期初、期末分别交换两个币种的本金,其间不发生现金流交换。

(三)期权产品的风险对冲

期权合约是指交易双方针对标的物,约定在未来日期或一定时间内,按照约定价格(执行价格)买入或者卖出一定数量标的物的选择权。期权合约的持有者拥有的是权利而不是义务,可以自主决定是否执行合约所赋予的权利,最普遍的期权产品为欧式期权,即仅可在期权到期日一次交割标的物;美式期权可在到期日或到期日之间的任何时间交割标的物。期权合约按照未来买入、卖出的权利,分为看涨期权和看跌期权。根据标的资产类别的不同,期权可以分为股票期权、外汇期权、利率期权和商品期权等。

根据期权内在价值,期权还可以分为实值期权、虚值期权和零值期权。期权内在价值是指期权合约立即执行对期权持有者产生的收益。当看涨期权执行价格小于标的资产价格或看跌期权执行价格大于标的资产价格,该期权为实值期权;当看涨期权执行价格大于标的资产价格或看跌期权执行价格小于标的资产价格,该期权为虚值期权;当期权执行价格等于标的资产价格,该期权为零值期权或平价期权。

第四节 市场风险资本计量

一、计量市场风险资本的总体要求

根据《商业银行资本管理办法》,市场风险资本计量应覆盖商业银行交易账簿中的违约风险、一般利率风险、信用利差风险、股票风险,以及全账簿汇率风险和商品风险。商业银行可不对结构性外汇头寸、资本扣除项对应的外汇头寸计量汇率风险资本要求。从商业银行监管资本中扣除的资本工具,不纳入市场风险资本计量范围。在特定情况下,国家金融监督管理总局有权要求商业银行采用审慎的方式加总计量并表口径的市场风险资本要求,即不考虑各法人机构之间风险头寸的抵消和净额结算。

商业银行市场风险加权资产为市场风险资本要求的12.5倍,即**市场风险加权资产 = 市场风险资本要求 ×12.5**。

(一)内部风险转移

内部风险转移是指在银行账簿内、交易账簿和银行账簿间、交易账簿内(不同交易台之间)进行的风险转移,内部风险转移需做书面记录。

银行账簿至交易账簿的内部风险转移(仅适用于由内部衍生工具交易产生的风险转移)在资本计量中应满足以下要求:

1. 银行账簿到交易账簿的信用风险和股权风险内部转移

银行使用交易账簿工具对冲银行账簿信用风险和股权风险暴露,若同时符合以下条件,可认定银行账簿的信用风险和股权风险暴露被有效对冲,内部风险转移交易的交易账簿端金融工具和外部对冲交易应计提市场风险资本:

(1)交易账簿与合格的第三方进行外部对冲交易,且外部对冲工具属于银行账簿风险暴露的合格风险缓释工具。

（2）内部风险转移交易与外部对冲交易整体完全匹配，其中外部对冲交易可以包括多个交易对手或多笔交易。

2. 银行账簿到交易账簿的一般利率风险内部转移

银行使用交易账簿工具对冲银行账簿利率风险暴露，若同时符合以下条件，可认定银行账簿的一般利率风险转移至交易账簿，内部风险转移交易的交易账簿端金融工具和外部对冲交易应计提市场风险资本，银行账簿端金融工具应纳入银行账簿风险计量。

（1）详细记录所对冲的银行账簿利率风险及其风险来源。

（2）在开展内部风险转移交易前，指定专门的内部风险转移交易台，并经国家金融监督管理总局或其派出机构认可。

（3）内部风险转移交易台不得持有除内部风险转移交易及其外部对冲交易之外的交易账簿头寸。

（4）内部风险转移交易台资本应单独计量，可不适用《商业银行资本管理办法》附件15第二部分（十二）相关要求。

3. 信用估值调整风险的内部转移

对于银行开展内部风险转移对冲信用估值调整风险，应详细记录所对冲的信用估值调整风险及其风险来源。

如果信用估值调整内部风险转移涉及的工具适用曲度风险、违约风险、剩余风险附加资本要求，只有当交易账簿与合格的第三方进行外部对冲，且对冲交易与内部风险转移交易完全匹配的，才视为合格信用估值调整风险对冲。

（二）商业银行实施内部模型法的定性要求

1. 最低定性要求评估

商业银行使用内部模型法应符合以下定性要求：

（1）资本计量与管理结合。

①资本计量的内部模型应基于日常内部市场风险管理的模型，而非针对市场风险资本要求计量特殊调整后的模型。两者核心设计要素应一致，应处理同一套风险因子。

②模型应完全融入商业银行的日常市场风险管理过程，并作为提交高级管理层风险报告的基础。模型结果应作为市场风险管理的必要组成部分。

③风险计量系统应与交易限额结合使用。交易限额与模型的联系应该保持一致，并被高级管理层所理解。

（2）风险管理报告。由独立的风险管理部门提供的市场风险每日报告应由一定层级的管理人员审阅，且该管理人员应有足够授权强制减少单个交易员的头寸和整个银行的风险暴露。

（3）系统和模型管理。商业银行应建立独立于设计和实施内部模型团队的模型验证团队。该团队应对计量市场风险资本的内部模型开展初始和后续验证，**验证频率至少每年一次**。

（4）独立审查管理。商业银行的内部审计、模型验证（或外部审计）应对市场风险计量体系进行独立审查，频率为每年一次。独立审查的部门范围包括业务交易部门和独立的风险管理部门。

（5）交易台管理。商业银行应以交易台为单位向国家金融监督管理总局或其派出机构申请使用内部模型法计量市场风险资本要求，每次申请扩大使用范围至少应间隔一年。

交易台是指由商业银行设定,在清晰的风险管理框架中执行明确交易策略的一组交易员或一套会计账目。用于资本计量的交易台的设定应经国家金融监督管理总局或其派出机构验收通过。交易台是新内模法实施的基础前提。

(6)最低定性要求实施要素。商业银行应拥有足够的能在交易、风险控制、审计和后台工作中使用复杂模型的员工。

商业银行应按照相关要求开展损益归因测试、压力测试和返回检验,频率分别不低于季度、月度和每日。

商业银行应将适用范围内的全部头寸纳入计量市场风险资本的内部模型,并准确报告计量结果。模型的风险计量应基于完善的理论基础、正确的计算逻辑。

2. 损益归因和返回检验

(1)返回检验。商业银行应比较每日的实际损益数据及假设损益数据与内部模型产生的风险价值数据,进行全行层面和交易台层面的返回检验。

商业银行依据最近250个交易日突破次数确定市场风险资本计算的附加因子,并按季度将返回检验结果及附加因子调整情况报告国家金融监督管理总局或其派出机构。

(2)损益归因。商业银行应比较交易台每日的假设损益数据与风险理论损益数据,进行损益归因测试,根据最近250个交易日测试结果确定市场风险资本计算的资本附加,并按季度将损益归因测试结果及资本附加调整情况报告国家金融监督管理总局或其派出机构。

3. 风险因子合格性检验

风险因子合格性检验是此次内模法新增概念,只有通过合格性检验并符合建模原则的风险因子才可纳入预期尾部损失模型,否则必须纳入作为不可建模风险因子计量资本要求。合格性检验用于检验代表风险因子的真实价格数量是否充足。风险因子合格性检验主要考察风险因子的真实性、连续性、代表性。

4. 压力测试

商业银行使用内部模型法计量市场风险资本要求,应在交易台和银行层面进行相应的压力测试。

压力测试方案应定期评估和修订。商业银行应至少每月向高管层汇报压力测试结果,至少每年向董事会汇报压力测试结果。压力测试结果应该应用于商业银行的内部资本充足评估,并在管理层和董事会制定的政策和限额中予以体现。

压力测试方案应重点关注如下方面:集中度风险、压力市场条件下的市场流动性不足、单一走势市场、事件风险、非线性产品及内部模型可能无法适当反映的其他风险。

5. 模型验证及风险报告

商业银行采用内部模型法计算市场风险监管资本要求,应对市场风险内部模型及支持体系进行验证,确保模型理论正确、假设合理、数据完整、模型运行情况良好、计算准确、使用分析恰当。

经认可使用内部模型法计算市场风险资本要求后,应每季度向国家金融监督管理总局或其派出机构报告内部模型的运行情况。

二、以标准法计量市场风险资本

标准法下市场风险资本要求由三部分构成,分别是敏感度风险资本要求、违约风险资本要求及剩余风险附加资本要求。

（一）敏感度风险资本计量

敏感度风险资本要求包括三个部分：Delta 资本要求、Vega 资本要求及曲度资本要求。在加总资本要求时应考虑风险因子间与风险组间的相关性，以反映分散化效应。在金融压力时期相关性会上升或下降，商业银行应分别计算高、中、低三种相关性情景下的资本要求，并取资本加总口径的最大值作为敏感度风险资本要求。

（二）违约风险资本计量

违约风险资本计量衡量了在突发极端情况下，企业经营情况恶化，造成企业所发行的股票、债券价格在短时间内剧烈波动的风险。违约风险资本计量参考银行账簿信用风险计量逻辑，并考虑同类风险暴露之间的对冲效应。

违约风险资本用于抵御基于敏感度方法的信用利差没有捕捉到的违约风险。

（三）剩余风险附加资本计量

对于标的为奇异性资产的工具以及监管规定的其他剩余风险的工具需要计算剩余风险附加资本。其中，标的为奇异性资产的工具是指交易账簿工具，其标的资产的风险敞口不属于基于敏感度方法中的 Delta、Vega 和曲度风险类型或标准法中的违约风险。

三、以内部模型法计量市场风险资本

商业银行采用内部模型法，内部模型法覆盖率应不低于 10%。商业银行应按季度评估内部模型法覆盖率，若不满足标准，应采用标准法计量资本要求。重新满足标准后，当季末应恢复采用内部模型法计量资本要求。商业银行应及时向国家金融监督管理总局或其派出机构报告上述方法变更情况。

内部模型法覆盖率 = 按内部模型法计量的资本要求/(按内部模型法计量的资本要求 + 按标准法计量的资本要求) × 100%

（一）内部模型法下的市场风险资本项目

商业银行采用内部模型法，其市场风险总资本要求等于经验收通过使用内部模型法且符合内部模型法使用条件的交易台的总资本要求加上未经验收通过使用内部模型法或不符合内部模型法使用条件的交易台按标准法计算的资本要求。

（二）可建模风险因子的资本要求

商业银行可使用方差—协方差法、历史模拟法和蒙特卡洛模拟法等任何能够反映其所有主要风险的模型方法计算市场风险资本要求。每个交易日使用单尾 97.5% 的置信区间计算全行层面和交易台层面预期尾部损失。预期尾部损失（ES）是超过特定置信区间下风险价值的全部潜在损失的平均值。

计算预期尾部损失时，商业银行应对基于基准 10 天持有期的预期尾部损失进行放大。

观察期应至少为 1 年（或 250 个交易日），若价格波动率显著变大时，经国家金融监督管理总局或其派出机构验收通过，商业银行可使用不短于 6 个月的观察期计算预期尾部损失。

（三）不可建模风险因子的资本要求

不可建模风险因子的资本要求由压力情景确定，压力情景应至少与用于可建模风险因子预期尾部损失的压力情景同样审慎（97.5% 置信区间）。相同风险类别中的不可建模风险因子的压力情景应相同。若国家金融监督管理总局或其派出机构不认可商业银行确定的压力情景,银行应使用最大可能损失作为压力情景。

(四)违约风险的资本要求

违约风险是指由于债务人违约而导致直接损失的风险,以及违约事件可能导致的潜在非直接损失的风险。商业银行应使用单独的内部模型计量违约风险资本要求,内部模型未达到合格标准或未覆盖违约风险的,则应采用标准法计量违约市场风险资本要求。违约风险应评估超过当前估值中已经考虑的盯市损失以外的增量损失。

商业银行应使用风险价值模型来衡量违约风险,风险价值应基于1年持有期、单尾99.9%置信区间的假设。违约风险资本模型应具有两类系统性风险因子。违约风险的资本要求为以下两项中的较大值:

(1)过去十二周的违约风险价值均值。
(2)最近一次计算得到的违约风险价值。

商业银行应至少每周计算一次违约风险的资本要求。

四、以简化标准法计量市场风险资本

商业银行采用简化标准法计量市场风险资本要求,应依照《商业银行资本管理办法》附件16要求计量。**市场风险资本要求乘以12.5倍,得到简化标准法下市场风险加权资产。**简化标准法与原标准法整体计量逻辑、框架及规则一致,在各风险类型汇总资本要求之上,分别采用不同系数进行了上浮调整,即在简化标准法下,

市场风险资本要求=利率风险资本要求(含利率类期权资本要求)×1.3+汇率风险资本要求(含汇率类期权资本要求)×1.2 +商品风险资本要求(含商品类期权资本要求)×1.9+股票风险资本要求(含股票类期权资本要求)×3.5

其中,利率风险资本要求和股票风险资本要求为一般市场风险资本要求和特定市场风险资本要求之和;期权风险资本要求纳入其标的对应风险类别进行资本要求汇总。

(一)利率风险

利率风险包括交易账簿中的债券(固定利率和浮动利率债券、央行票据、可转让存单、不可转换优先股及按照债券交易规则进行交易的可转换债券等)、利率及债券衍生工具头寸的风险。利率风险的资本要求包括特定市场风险和一般市场风险的资本要求两部分。

(二)股票风险

股票风险是指交易账簿中股票及股票衍生工具头寸的风险。其中,股票是指按照股票交易规则进行交易的所有金融工具,包括普通股(不考虑是否具有投票权)、可转换债券和买卖股票的承诺。股票衍生工具包括股票和股票指数的远期、期货、互换合约、期权。衍生工具应转换为基础工具,并按基础工具的特定市场风险和一般市场风险的方法计量资本要求。

(三)外汇风险

外汇风险是指外汇(包括黄金)及外汇衍生工具头寸的风险。外汇风险的资本要求等于净风险暴露头寸总额乘以8%。净风险暴露头寸总额等于以下两项之和:

(1)外币资产组合(不包括黄金)的净多头头寸之和(净头寸为多头的所有币种的净头寸之和)与净空头头寸之和(净头寸为空头的所有币种的净头寸之和的绝对值)中的较大者。

(2)黄金的净头寸。外汇衍生工具应转换为基础工具,并按基础工具的方法计量市场风险资本要求。

(四)商品风险

商品风险计量适用于商品、商品远期、商品期货、商品互换、商品期权,此处的商品是指可以在二级市场买卖的实物产品,如贵金属(不包括黄金)、农产品和矿物(包括石油)等。

商品风险对应的资本要求等于以下两项之和:

(1)各项商品净头寸的绝对值之和乘以15%。

(2)各项商品总头寸(多头头寸加上空头头寸的绝对值)之和乘以3%。

商品衍生工具应转换为名义商品,并按上述方法计量资本要求。

(五)期权风险

1. 仅购买期权的商业银行可以使用简易的计量方法

银行如持有现货多头和看跌期权多头,或持有现货空头和看涨期权多头,资本要求等于期权合约对应的基础工具的市场价值乘以特定市场风险和一般市场风险资本要求比率之和,再减去实值期权的价内金额。资本要求最低为零。

银行如持有看涨期权多头或看跌期权多头,资本要求等于基础工具的市场价值乘以该基础工具的特定市场风险和一般市场风险资本要求比率之和与期权的市场价值两者中的较小者。

2. 同时卖出期权的商业银行应使用"得尔塔+"方法

"得尔塔+"方法计量的资本要求由以下三部分组成:

(1)期权基础工具的市值乘以该期权的 Delta 得到得尔塔加权期权头寸,然后将得尔塔加权头寸加入基础工具的头寸计量资本要求。

(2)Gamma 风险的资本要求。

$$伽马效应值 = 0.5 \times Gamma \times (VU)^2$$

其中,VU 为期权基础工具的变动。

(3)Vega 风险的资本要求。

基础工具 Vega 风险的资本要求 = 25% × 该基础工具波动率 × 该基础工具的各项期权的 Vega 之和

Vega 风险的资本要求总额,等于各项基础工具 Vega 风险的资本要求之和。

(六)承销和信用衍生品资本计提要求

此外,商业银行采取包销方式承销债券等工具时,应按以下方式确定应计量市场风险资本的承销业务风险暴露额:

应计量市场风险资本的承销业务风险暴露额 = 每日日终承销余额 × 转换系数

自确定承销债券的金额和价格之日起,转换系数为50%;自缴款日起,将转换系数调为100%,直至债券全部出售。每日计算得出的应计量市场风险资本要求承销业务风险暴露作为交易账簿头寸,根据所承销债券的类型和发行主体,计量相应的市场风险资本要求,包括一般市场风险和特定市场风险。

第五节　银行账簿利率风险管理

一、银行账簿利率风险监管要求 ★

（一）国际监管规则修订情况

巴塞尔委员会2016年4月发布的《银行账簿利率风险监管标准》，采用了强化的第二支柱方法，通过提升银行风险计量和内部资本充足性评估要求、强化监管评估、严格市场披露来提升银行的风险管理能力。主要改进内容包括两个方面：

（1）升级银行账簿利率风险监管原则。
（2）提出标准化的银行账簿利率风险计量框架。

（二）国内监管修订情况

2018年发布的《商业银行银行账簿利率风险管理指引（修订）》，包括总则、风险治理、风险计量和压力测试、计量系统与模型管理、计量结果应用和信息披露、监督检查、附则七个章节，以及名词解释、利率冲击情景设计要求、客户行为性期权风险考虑因素、模型管理要求、标准化计量框架、监管评估六个附件。

主要修订内容包括：一是细化风险管理要求，规范风险治理架构和管理政策流程，强化系统建设、模型和数据管理要求，细化计量结果的内部应用和报告要求；二是规范风险计量，明确规定利率冲击情景和压力情景的选取要求和要素，根据银行系统重要性和业务复杂程度，设计差异化的监管报表计量框架；三是强化监督检查，明确监管机构对商业银行的风险状况定期评估要求及相应监管措施，提高非现场监管报表报送频度。

二、银行账簿利率风险计量方法 ★

（一）银行账簿利率风险计量

适用于计量利率风险的方法同样适用于计量银行账簿利率风险，常用方法包括但不限于缺口分析、久期分析、敏感性分析、情景模拟等。

情景模拟方法主要包括静态模拟和动态模拟。静态模拟，通常考虑当前的资产负债结构，分析对象是银行短期内的净利息收入变动和基于假设利率变化对银行经济价值的影响，其现金流的估计主要根据银行当前资产负债表头寸计算而得。动态模拟，这是在静态模拟基础上，考虑反映银行经营变化、业务增长、新产品、客户行为（如提前还款率）等假设，提供了一种考察银行净利息收入和经济价值变化的动态方法。

（二）利率预测

利率预测并非银行账簿利率风险管理的必经程序，但却是银行账簿利率风险管理的基础。利率预测的内容包括利率变动方向、利率变动水平、利率周期转折点的预测。为提高预测的准确性，利率预测可以采取宏观基本面预测和技术分析相结合的方式。前者是根据经济运行周期、宏观经济走势、货币供给量、通货膨胀以及国际汇率或利率变动等情况来判断利率走势，可用于长期趋势分析；而后者是根据利率以往的运动轨迹，通过利率时间序列的计算来刻画利率走势，可用于短期走势分析。

（三）银行账簿利率风险控制

将银行账簿利率风险控制在设定的水平界限内，是商业银行银行账簿利率风险管理的目的。为此，实现的方法主要有表内方法、表外方法以及风险资本限额三种。表内方法是基于商业银行利率风险敞口大小，结合对市场利率走势的预测，积极主动地调整资产负债的匹配状况；表外方法是利用金融衍生工具，对处于风险之中的资产负债进行套期保值；风险资本限额则是商业银行董事会规定的各业务单位可用于利率风险损失的最大资本额度，该额度的设定应与银行账簿利率风险测算方式一致，与商业银行的规模、性质和资本充足程度相适应，并定期接受重新评估。

三、银行账簿利率风险管理措施 ★

（1）完善银行账簿利率风险治理结构。
（2）加强资产负债匹配管理。
（3）完善商业银行的定价机制。
（4）实施业务多元化的发展战略。

第六节 交易对手信用风险管理（中级考试内容）

一、交易对手信用风险定义 ★★

交易对手信用风险是指在交易最终结算前，因交易对手违约而造成经济损失的风险。即当交易对手违约时，若交易合同的经济价值为正，则对己方带来经济损失。

交易对手信用风险主要源于衍生产品交易和证券融资交易。衍生产品交易主要包括利率掉期、外汇远期、外汇掉期、交叉货币利率掉期、信用违约互换等；证券融资交易主要包括回购、逆回购以及证券借贷等。

> **教你一招**
> 区别于传统的信用风险，交易对手信用风险的特性主要有两个方面：一是动态的风险敞口；二是风险敞口是双向的。

二、交易对手信用风险计量范围 ★★

交易对手信用风险需要计量银行账簿和交易账簿下三类交易的风险：**场外衍生工具交易形成的交易对手信用风险、证券融资交易形成的交易对手信用风险和与中央交易对手交易形成的信用风险。**

场外衍生产品交易指的是在交易所以外的市场进行的金融衍生产品交易。证券融资交易指的是投资者向银行缴纳一定保证金或债券押品，并借入资金买入证券或借入证券卖出套现的交易，主要包括回购交易、证券借贷和保证金贷款等交易。中央交易对手指的是为交易双方提供清算的中间媒介，并作为每一笔交易双方的交易对手而存在的机构。中央交易对手能够将所有交易对手的敞口汇总，进行多边净额清算，大大减少衍生产品交易的总体风险敞口。

三、交易对手信用风险计量方法 ★★

交易对手信用风险的计量主要包括三部分：一是交易对手信用风险暴露的计量；二是交易对手违约风险加权资产和信用估值调整风险加权资产的计量；三是对交易对手信用风险的定价，即信用估值调整。

（一）交易对手信用风险暴露的计量

巴塞尔协议Ⅱ提出三种交易对手信用风险暴露计量方法，分别是现期风险暴露法、标准法和内部模型法。

1. 现期风险暴露法

现期风险暴露法适用于场外衍生工具交易违约风险暴露（EAD）的计量。

2. 标准法

标准法仅适用于计算场外衍生工具交易的违约风险暴露。对于不满足利用内部模型法，但希望提高风险敏感度（相对现期风险暴露法）的银行，可以采用标准法。在标准法下，每一笔交易的风险暴露将映射至其含有的风险因素（如利率、汇率）中。

3. 内部模型法

内部模型法适用于场外衍生工具交易和证券融资交易，采用蒙特卡洛模拟方法，通过模拟合约剩余期限内未来各时点风险因素的随机过程，计算交易对手信用风险暴露可以采用模拟未来不同时点上的不同情景，使用统计方法得到价格分布，然后计量风险损失。主要参数包括：高分位数上的潜在风险暴露（PFE）、分布正数部分的均值（EPE）等。

2014 年 3 月，巴塞尔委员会公布了《交易对手信用风险敞口标准法》（SA—CCR）方法，用以替代现行的现期风险暴露法和标准法。

（二）交易对手信用风险加权资产的计量

商业银行可以选择权重法和内部评级法计算场外衍生工具交易与证券融资交易的交易对手违约风险加权资产。对于场外衍生工具交易，商业银行采用权重法的，交易对手违约风险加权资产为场外衍生工具交易的违约风险暴露乘以权重法下交易对手的风险权重；商业银行采用内部评级法的，将场外衍生工具交易风险暴露代入内部评级法计量交易对手违约风险加权资产。对于证券融资交易，商业银行采用权重法的，对银行账簿，按照权重法的规定计量风险加权资产，对交易账簿，交易对手信用风险加权资产为证券融资交易风险缓释后风险暴露乘以权重法规定的交易对手风险权重；商业银行采用内部评级法的，按照一般信用风险内部评级法的计量规则计算。

四、交易对手信用风险管理措施 ★★

交易对手信用风险管理措施主要包括：

（1）在管理理念上，在加强信用风险组合管理的同时，将交易对手信用风险作为独立的风险类型加以管理。

（2）在管理架构上，成立专门的部门负责交易对手信用风险管理，形成风险流程管理。

（3）在管理手段上，改进交易对手信用风险计量水平，开发交易对手信用风险计量系统，提高精细化程度。

（4）在管理制度中，更加重视抵押协议和保证金协议，完善中央交易对手与净额结算制度。

（5）在未来管理中，加强对 CVA 和错向风险的识别和管理。

章节自测

一、单项选择题（在以下各小题所给出的四个选项中，只有一个选项符合题目要求，请将正确选项的代码填入括号内）

1. 如果某商业银行持有美元远期多头 1 500 万，美元远期空头 1 200 万，那么该商业银行的净总敞口头寸为（　　）万美元。
   A. 700　　　　　　　　　　　　B. 300
   C. 600　　　　　　　　　　　　D. 500

2. 假设某商业银行的外汇敞口头寸如下：日元多头 60，德国马克多头 100，英镑多头 250，法国法郎空头 50，美元空头 200，用短边法计算，其总敞口头寸为（   ）。
   A. 660   B. 410
   C. 250   D. 160

3. 在保持其他条件不变的前提下，研究单个市场风险要素的微小变化可能会对金融工具或资产组合的收益或经济价值产生影响的方法是（   ）。
   A. 久期分析   B. 缺口分析
   C. 敏感性分析   D. 外汇敞口分析

4. 商业银行的债券交易部门经过计算获得在 95% 的置信水平下隔夜 VaR 为 500 万元，则该交易部门（   ）。
   A. 预期在未来的 252 个交易日中有 12.6 天至少损失 500 万元
   B. 预期在未来的 1 年中有 95 天至少损失 500 万元
   C. 预期在未来的 100 个交易日中有 5 天至多损失 500 万元
   D. 预期在未来的 252 个交易日中有 12.6 天至多损失 500 万元

5. 以下不属于计量 VaR 值方法的是（   ）。
   A. 方差—协方差法   B. 蒙特卡洛模拟法
   C. 历史模拟法   D. 标准法

二、多项选择题（在以下各小题所给出的选项中，至少有两个选项符合题目要求，请将正确选项的代码填入括号内）

1. 根据具体的超限原因，对超限情况进一步的分类包括（   ）。
   A. 主动超限   B. 被动超限
   C. 实质性超限   D. 非实质性超限
   E. 系统超限

2. 商业银行在设计限额体系时，应综合考虑的主要因素有（   ）。
   A. 能够承担的市场风险水平   B. 自身业务性质、规模和复杂程度
   C. 资本实力   D. 外部市场的发展变化情况
   E. 压力测试结果

3. 下列关于 VaR 的描述中，错误的有（   ）。
   A. 风险价值是对现在损失风险的总结
   B. 风险价值可以预测尾部极端损失情况
   C. 风险价值是指产生的最大损失
   D. 风险价值并非是指可能发生的最大损失
   E. 风险价值不是即将发生的真实损失

三、判断题（请判断以下各小题的正误，正确的选 A，错误的选 B）

1. 银行账簿与交易账簿的划分是商业银行实施市场风险管理和计量市场风险资本的前提和基础。（   ）
   A. 正确   B. 错误

2. 商业银行实施市场风险管理的主要目的是确保将所承担的市场风险规模控制在可以承受的合理范围内，使所承担的市场风险水平与其风险管理能力和资本实力相匹配。（   ）
   A. 正确   B. 错误

答案详解

一、单项选择题

1. B。【解析】净总敞口头寸等于所有外币多头总额与空头总额之差,即 1 500 - 1 200 = 300(万美元)。

2. B。【解析】净多头头寸之和 = 60 + 100 + 250 = 410;净空头头寸之和 = 50 + 200 = 250,前者的绝对值较大,故外汇总敞口头寸为410。

3. C。【解析】敏感性分析是指在保持其他条件不变的前提下,研究单个市场风险要素的微小变化可能会对金融工具或资产组合的收益或经济价值产生的影响。

4. C。【解析】即预期未来在 100 个交易日中有 5 天至多损失 500 万元。

5. D。【解析】VaR 值计量方法主要包括方差—协方差法、历史模拟法和蒙特卡洛模拟法。

二、多项选择题

1. ABD。【解析】根据具体的超限原因,可对超限情况进一步分类管理,类别有:(1)主动超限。(2)被动超限。(3)非实质性超限。

2. ABCDE。【解析】商业银行在设计限额体系时,应综合考虑以下主要因素:(1)自身业务性质、规模和复杂程度。(2)能够承担的市场风险水平。(3)业务经营部门的既往业绩。(4)工作人员的专业水平和经验。(5)定价、估值和市场风险计量系统。(6)压力测试结果。(7)内部控制水平。(8)资本实力。(9)外部市场的发展变化情况等。

3. ABC。【解析】风险价值是指在一定的持有期和给定的置信水平下,利率、汇率、股票价格和商品价格等市场风险要素发生变化时可能对产品头寸或组合造成的潜在最大损失。但是风险价值并不是即将发生的真实损失,也不意味着可能发生的最大损失。它是对未来损失风险的事前预测,无法预测尾部极端损失情况。

三、判断题

1. A。【解析】合理的账簿划分是商业银行开展有效的市场风险计量监控、准确计量市场风险监管资本要求的基础。

2. A。【解析】商业银行实施市场风险管理的主要目的是确保将所承担的市场风险规模控制在可以承受的合理范围内,使所承担的市场风险水平与其风险管理能力和资本实力相匹配。

第五章 操作风险管理

考情直击

本章的主要内容是与商业银行操作风险有关的识别、评估、监测与报告、控制与缓释、资本计量、外包风险管理、信息科技风险管理、反洗钱管理等相关的知识。分析近几年的考试情况,本章的常考点有操作风险的特征、操作风险的识别方法、损失数据收集、主要业务条线的操作风险控制、高级计量法、反洗钱监管体系等,在考试中占7.5~13分。

考纲要求

操作风险管理

考试内容	能力等级
操作风险的特征、分类以及操作风险识别方法	掌握
操作风险与控制自我评估	了解
操作风险评估流程	了解
关键风险指标、损失数据收集和操作风险报告	了解
操作风险控制与缓释方法	了解
操作风险资本计量的基本指标法和标准法	了解
外包的定义及原则	了解
外包风险管理的主要框架	了解
信息科技风险的定义、特征	了解
信息科技风险管理主要框架	了解
信息科技外包风险管理	了解
洗钱和反洗钱相关概念、反洗钱监管体系	了解
商业银行反洗钱管理体系以及反洗钱工作重点	了解

第五章 操作风险管理

知识解读

第一节 操作风险识别

一、操作风险的特征 ★★★

操作风险是指由不完善或有问题的内部程序、员工、信息科技系统以及外部事件所造成损失的风险。本定义所指操作风险包括法律风险,但不包括策略风险和声誉风险。

操作风险具有具体性、分散性、差异性、复杂性、内生性、转化性的特征。

二、操作风险的分类 ★★★

(一)基于损失发生原因的分类

从操作风险的定义来看,操作风险的产生可分为人员因素、内部流程、系统缺陷和外部事件四大原因,表现形式主要有:

(1)员工方面表现为职员欺诈、失职违规、违反用工法律等。

(2)内部流程方面表现为流程不健全、流程执行失败、控制和报告不力、文件或合同缺陷、担保品管理不当、产品服务缺陷、泄密、与客户纠纷等。

(3)系统方面表现为信息科技系统和一般配套设备不完善。

(4)外部事件方面表现为外部欺诈、自然灾害、交通事故、外包商不履责等。

真题精练

【例1·单项选择题】下列可能会对银行造成损失的风险中,不属于操作风险的是(　　)。
A. 失职违规　　　　　　　B. 监管规定
C. 声誉受损　　　　　　　D. 黑客攻击

C　操作风险可分为人员因素、内部流程、系统缺陷和外部事件四大类别,声誉受损属于声誉风险。

(二)基于损失事件类型的分类

1. 内部欺诈事件

内部欺诈事件指故意骗取、盗用财产或违反监管规章、法律或公司政策导致的损失事件。此类事件至少涉及内部一方,但不包括歧视及差别待遇事件。

2. 外部欺诈事件

外部欺诈事件指第三方故意骗取、盗用、抢劫财产、伪造要件、攻击商业银行信息科技系统或逃避法律监管导致的损失事件。

3. 就业制度和工作场所安全事件

就业制度和工作场所安全事件指违反就业、健康或安全方面的法律或协议,个人工伤赔付或者因歧视及差别待遇导致的损失事件。

4. 客户、产品和业务活动事件

客户、产品和业务活动事件指因未按有关规定造成未对特定客户履行分内义务(如诚信责任和适当性要求)或产品性质或设计缺陷导致的损失事件。

5. 实物资产的损坏

实物资产的损坏指因自然灾害或其他事件(如恐怖袭击)导致实物资产丢失或毁坏的损失事件。

6. 信息科技系统事件

信息科技系统事件指因信息科技系统生产运行、应用开发、安全管理以及由于软件产品、硬件设备、服务提供商等第三方因素，造成系统无法正常办理业务或系统速度异常所导致的损失事件。

7. 执行、交割和流程管理事件

执行、交割和流程管理事件指因交易处理或流程管理失败，以及与交易对手方、外部供应商及销售商发生纠纷导致的损失事件。

> **真题精练**
>
> 【例2·多项选择题】按照操作风险损失事件类型，操作风险可分为（　　）。
> A. 外部欺诈事件　　　　　　B. 内部欺诈事件
> C. 实物资产的损坏　　　　　D. 资产损失
> E. 法律成本
>
> A B C　按照操作风险损失事件类型，操作风险可分为：(1)内部欺诈事件。(2)外部欺诈事件。(3)客户、产品和业务活动事件。(4)就业制度和工作场所安全事件。(5)实物资产的损坏。(6)信息科技系统事件。(7)执行、交割和流程管理事件。

（三）基于损失形态的分类

操作风险损失一般包括直接损失和间接损失，并可进一步划分为七类：

(1) 法律成本。
(2) 监管罚没。
(3) 资产损失。
(4) 对外赔偿。
(5) 追索失败。
(6) 账面减值。
(7) 其他损失。

三、操作风险识别方法 ★★★

（一）操作风险识别的含义

操作风险识别是指通过一定的标准和手段，鉴别分析业务活动中可能导致操作风险的隐患和产生风险的环节点，确定风险的性质、种类以及风险产生的原因与影响程度的过程。

（二）操作风险识别的内容

风险识别的内容主要包括对潜在风险的识别和已暴露风险的识别。潜在风险识别是对银行业务活动中的潜在风险点进行的识别，包括内部流程、人员、技术中的弱点和不足，也包括外部环境可能对经营活动产生的潜在不利影响。已暴露风险的识别主要是针对已发生的风险事件所做的鉴别分析，识别的内容不仅包括事件的性质，还包括事件是否会造成影响，可能造成什么影响，是直接损失还是间接损失，以及事件产生的深层次原因。

> **教你一招**
>
> 操作风险识别内容：潜在风险和已暴露风险。

（三）操作风险识别的方法

事前识别和事后识别

（1）事前识别是操作风险事件还没有发生时，在内含风险暴露基础上进行的识别，主要通过对每个产品线的操作流程以及银行的人员、技术、外部环境进行分析，找出存在潜在风险的环节和部位。

（2）事后识别是在操作风险事件发生后，根据银行的操作风险定义和事件分类标准，确定风险事件是否为操作风险及其所属类别，并分析发生的原因和产生的影响。

因果分析模型

商业银行通常还可以借助因果分析模型，对所有业务岗位和流程中的操作风险进行全面且有针对性的识别，并建立操作风险成因和损失事件之间的关系。

第二节　操作风险评估

一、风险与控制自我评估 ★

（一）风险与控制自我评估的含义及内容

风险与控制自我评估（RCSA）是主流的操作风险评估工具，旨在防患于未然，对操作风险管理和内部控制的适当程度及有效性进行检查和评估。

风险与控制自我评估的内容主要包括固有风险、控制措施、剩余风险三个组成部分，其原理为"固有风险－控制措施＝剩余风险"。

（1）固有风险。固有风险是指在没有任何管理控制措施的情况下，经营管理过程本身所具有的风险。

（2）控制措施。控制措施是银行通过建立良好的内部控制机制和有效的内部控制手段，以保证充分识别经营过程中的固有风险，并对已识别风险及时进行适当控制。

（3）剩余风险。剩余风险是指现有的风险控制、缓释措施不能消除的风险。

（二）自评工作的原则

自评工作要坚持下列原则：

（1）**全面性**。

（2）**及时性**。

（3）**客观性**。

（4）**前瞻性**。

（5）**重要性**。自我评估应以操作风险管理薄弱或者风险易发、高发环节为主。

二、操作风险评估流程 ★

1. 准备阶段

（1）制定评估计划。

（2）识别评估对象。

（3）绘制流程图。

（4）收集评估背景信息。

2. 评估阶段

（1）识别主要风险点。

(2)召开会议。
(3)开展评估。
①固有风险评估。
②控制有效性评估。
③剩余风险评估。
(4)制定改进方案。

3. 报告阶段
(1)整合结果。
(2)双线报告。

第三节 操作风险监测与报告

一、关键风险指标 ★★

(一)操作风险监测的含义

操作风险监测是针对评估发现的关键风险单元,通过设计关键风险指标及门槛值,对关键风险因素进行量化、跟踪,及时掌握风险大小的变化和发布操作风险提示信息,以降低损失事件发生频率和影响程度的过程。

(二)关键风险指标监测原则

关键风险指标是代表某一业务领域操作风险变化情况的统计指标,是识别操作风险的重要工具。**关键风险指标通常包括交易量、员工水平、技能水平、客户满意度、市场变动、产品成熟度、地区数量、变动水平、产品复杂程度和自动化水平等。**

设计良好的关键风险指标体系要满足整体性、重要性、敏感性、可靠性原则,且须明确数据口径、门槛值、报告路径等要素。

(三)关键风险指标法的核心步骤

1. 识别与定义关键风险指标

指标管理部门对所选取的每一个关键风险信息设置足够的备选关键风险指标,以便后续阶段从备选关键风险指标中筛选可供执行的关键风险指标。

2. 设置关键风险指标阈值

指标管理部门根据业务实践和管理经验,判断关键风险指标所对应的阈值模式,并设置关键风险指标阈值。指标管理部门需结合业务实践和管理经验,本着谨慎性原则设定关键风险指标阈值,并依据关键风险指标实际表现及一段时期内变动趋势,对关键风险指标阈值进行调整和改进。

3. 确认关键风险指标

指标管理部门对最终选取的关键风险指标信息要素(包括定义、数据和阈值等信息)进行确认,并明确后续监测和报告工作的要点,主要包括记录所设定的关键风险指标、完成关键风险指标信息模板、审批关键风险指标三个步骤。

4. 监测和分析关键风险指标

指标管理部门定期计算关键风险指标的结果,并对指标结果进行分析,以了解关键风险指标的表现及其所反映的操作风险管理现状。

> **要点点拨**
> 关键风险指标数据的收集及监测频率应满足风险监测的需要，原则上不低于每季度一次，并尽量采取更高的监测频率。

5. 制订优化或整改方案

指标管理部门依据关键风险指标的监测结果及预警信号，对所有关键风险指标突破阈值的情况进行分析，判断是否需要制订优化或整改方案。

6. 报告关键风险指标

指标管理部门按照一定频率定期报告关键风险指标的监测和分析结果（及制订的优化或整改方案）。

7. 关键风险指标更新

指标管理部门对关键风险指标要素（指标名称、内容、阈值和数据要求等）及体系运行的质量和效果进行验证，对关键风险指标的工作流程进行检查。

（四）操作风险类监测指标

操作风险类监测指标可以包括案件风险率和操作风险损失率。国家金融监督管理总局及其派出机构可以视情形决定，是否确定对特定机构的操作风险类监测指标。

1. 指标计算公式

案件风险率 = 业内案件涉案金额/年初总资产和年末总资产的平均数 × 100%

国家金融监督管理总局对于稽查检查和案件管理制度另有规定的，则从其规定。

操作风险损失率 = 操作风险损失事件的损失金额总和/近三年平均营业收入 × 100%

2. 案件风险率

案件风险率应当保持在监测目标值的合理区间。监测目标值公式为：

$$S_t = S_s + \varepsilon$$

其中，S_t 为案件风险率监测目标值；S_s 为案件风险率基准值，由监管部门根据同类型机构一定期间的案件风险率、特定机构一定期间的案件风险率，并具体选取时间范围、赋值适当权重后确定；ε 为案件风险率调整值，由监管部门裁量确定，主要影响因素包括公司治理和激励约束机制、反洗钱监管情况、风险事件演变情况、内部管理和控制情况、境外机构合规风险事件情况等。

3. 操作风险损失率

操作风险损失率应当保持在监测目标值的合理区间。监测目标值公式为：

$$L_t = L_s + \varepsilon$$

其中，L_t 为操作风险损失率监测目标值；L_s 为操作风险损失率基准值，监管部门根据同类型机构一定期间的操作风险损失率、特定机构一定期间的实际操作风险损失率，并具体选取时间范围、赋值适当权重后确定；ε 为操作风险损失率调整值，由监管部门裁量确定，主要影响因素包括操作风险内部管理和控制情况、操作风险损失事件数据管理情况、相关事件数量和金额变化情况、经济金融周期因素等。

二、损失数据收集 ★★

（一）操作风险损失数据收集的含义

操作风险损失数据收集（LDC）指操作风险损失数据（包括损失事件信息和会计记录中确认的财务影响）的收集、汇总、监控、分析和报告工作。损失数据收集是银行对因操作风险引起的损失事件进行收集、报告并管理的相关工作。

(二) 损失数据收集统计原则

(1) 重要性原则。
(2) 准确性原则。
(3) 统一性原则。
(4) 谨慎性原则。
(5) 全面性原则。

(三) 损失数据收集统计要求

为确保数据收集的审慎性、准确性和适当性，银行须从以下方面进一步规范数据管理工作：

(1) 明确损失数据口径，包括总损失、回收后净损失、保险缓释后净损失。
(2) 建立适当的数据阈值，可就数据收集和建模制定不同阈值，但应避免建模阈值大大高于收集阈值，并就阈值情况进行合理解释说明。
(3) 分析不同数据采集时点的差异，包括发生日、发现日、核算日（准备计提日）等。
(4) 明确合并及分拆规则，如一次事件多次损失、有因果关系的多次损失等。

(四) 损失数据收集核心环节

1. 损失事件识别

主要是明确损失数据收集范围，同时判断损失金额是否达到损失数据收集门槛；只有属于是由操作风险引起且事件的损失金额达到损失数据收集门槛的，才予以收集。

2. 损失事件填报

主要是填报单个损失事件的内容，对于每个损失事件，需要通过系统记录事件的事实情况、总体的财务损失金额以及逐笔损失、成本或挽回的明细信息。

对于每个填报的损失事件，应确定其对应的损失事件分类。需要注意的是，损失事件分类应根据发生的事件本身来确定，而不是根据导致事件发生的原因来确定，也即考虑"发生了什么"，而不应考虑"为什么会发生"。

3. 损失金额确定

操作风险损失是指操作风险事件造成的直接损失和成本金额，也即事件直接导致的对银行收益或股东权益造成的负面影响，或直接导致的运营成本或费用的额外增加。

判断是否应纳入的决定因素是：损失和成本是否直接由操作风险事件导致，或者与操作风险事件直接相关，且是真正的经济损失，而不是预期收入的减少。

4. 损失事件信息审核

收集部门负责人应确认本部门填报的损失事件信息的要素是否完整、描述性信息是否全面、内容是否准确。操作风险管理牵头部门应对每个损失事件信息的完整性和事件属性的准确性进行审核。损失事件的更新信息及结束信息的审核遵循初次填报相同的审核要求。

5. 损失数据验证

为了保证损失数据收集的质量，应组织损失数据验证，如发现漏报、错报、迟报、不符合填报要求等情况，应通知相关机构或部门及时补报或修改。验证工作重点关注数据的全面性、准确性和及时性。

(五) 损失数据的识别、收集和处理标准

1. 一般要求

(1) 商业银行应具备 10 年观察期的高质量损失数据。初次使用内部损失数据的商业银行,如果没有10年期的高质量损失数据,应使用5年期(含)以上的所有高质量损失数据。

(2)损失数据应全面覆盖所有子系统和地区的业务活动和风险暴露。商业银行应将净损失金额15万元以上的操作风险损失事件纳入内部损失乘数的计算。

(3)商业银行应书面规定识别、收集和处理损失数据的程序和流程。自行计算内部损失乘数的商业银行,在使用损失数据前,应对相关程序和流程进行验证,并定期进行内外部审计,将审计中发现的重大问题及时报告国家金融监督管理总局或其派出机构。

(4)商业银行应至少将损失数据与操作风险损失事件类型目录中1级目录建立对应关系,并书面规定映射规则。国家金融监督管理总局及其派出机构有权要求商业银行提供映射后的损失数据。

(5)商业银行除收集损失金额信息外,还应收集操作风险损失事件发生的日期、被发现的日期和在利润表中记账的日期。此外,商业银行应收集损失金额发生回收的信息,以及操作风险损失事件发生原因等描述性信息,描述性信息的详尽程度应与损失金额的大小相匹配。

(6)经国家金融监督管理总局或其派出机构认可,商业银行在计量操作风险资本要求时,可剔除特定的操作风险损失事件,但需提供充足理由证明剔除的操作风险损失事件不会发生在其他存续业务中,并按照第三支柱信息披露相关要求进行披露。商业银行申请剔除的操作风险损失事件的金额应大于10年平均损失净额的5%。被剔除的操作风险损失事件应在数据库中至少保留3年,已终止的业务活动相关操作风险损失事件不受3年保留期的限制。

(7)与信用风险有关的操作风险损失事件,如果在信用风险加权资产的计量范围中已经覆盖,可不纳入操作风险资本要求计量范围。

(8)与市场风险有关的操作风险损失事件,应纳入操作风险资本要求计量范围。

(9)商业银行应定期进行内外部审计,独立审查损失数据的全面性和准确性。

2. 具体要求

(1)商业银行应建立损失数据库,并制定完善的政策和程序,明确总损失定义、损失事件相关日期和损失分类等要素。

(2)总损失是指计算各类回收之前的损失。净损失是指剔除回收之后的损失。回收是与原始损失事件有关但不是同时发生、从外部获得资金或经济利益流入的事件,包括保险回收和非保险回收,但不包括应收账款和税收影响。

(3)商业银行应识别所有操作风险损失事件的总损失金额、保险回收金额和非保险回收金额,并使用净损失金额计算内部损失乘数。国家金融监督管理总局及其派出机构有权要求商业银行提供能够减少总损失金额的付款证明。

(4)下列项目应纳入操作风险损失事件的总损失:

①由操作风险损失事件引起的直接费用,包括商业银行利润表中的减值。

②操作风险损失事件所产生的其他费用,包括与其相关的外部费用,如直接相关的法律费用和支付给顾问、律师或供应商的费用,以及用于恢复到操作风险损失事件发生之前状态的修理或更换费用。

③为应对潜在操作风险事件损失计提或确认的,影响利润表的准备金或预计负债。

④操作风险损失事件造成的具有明确财务影响但尚未反映在利润表中,暂时簿记过渡账户或暂记账户的损失,记账日为簿记过渡账户或暂记账户的日期。

⑤之前财务会计年度发生的操作风险事件,对现金流或财务报表造成负面影响。

(5) 下列项目不纳入操作风险损失事件的总损失：
① 财产、厂房或设备的一般性维护成本。
② 操作风险损失后，为加强业务管理的内外部支出，包括升级、改进、风险评估和强化措施。
③ 保险费。
(6) 商业银行应使用会计记账日作为损失数据的统计日期。对于法律事件损失，会计记账日是指合理评估该法律事件造成的利润损失而计提准备金或确认预计负债的日期。
(7) 由常见的操作风险损失事件或相关的跨年度操作风险损失事件造成的损失，应按会计记账日处理到相应年份。

三、操作风险报告 ★★

（一）操作风险报告的内容

商业银行负责操作风险管理的部门、承担主要操作风险的部门应定期提交全行的操作风险管理与控制情况报告，报告中应包括主要操作风险事件的详细信息、已确认或潜在的重大操作风险损失等信息、操作风险及控制措施的评估结果、关键风险指标监测结果等，并制定流程对报告中反映的信息采取有效行动。

（二）操作风险报告的形式

操作风险报告主要包括以下几种形式：
（1）操作风险管理报告。
（2）操作风险专项报告。
（3）操作风险监测报告。
（4）操作风险损失事件报告。

第四节　操作风险控制与缓释

一、操作风险控制策略 ★

根据风险和收益匹配原则，商业银行一般选择四种策略控制操作风险：
（1）降低风险。
（2）承受风险。
（3）转移或缓释风险。
（4）回避风险。

二、主要业务条线的操作风险控制 ★

（一）柜面业务

柜面业务泛指通过商业银行柜面办理的业务，是商业银行各项业务操作的集中体现，也是最容易引发操作风险的业务环节。柜面业务范围广泛，包括账户管理、存取款、现金库箱、印押证管理、票据凭证审核、会计核算、账务处理等各项操作。

1. 柜面业务操作风险成因
（1）轻视柜面业务内控管理和风险防范。
（2）规章制度和业务操作流程本身存在漏洞。
（3）因人手紧张而未严格执行换人复核制度。

(4)柜台人员安全意识不强，缺乏岗位制约和自我保护意识。
(5)柜员工作强度大但收入不高，工作缺乏热情和责任感等。
2.柜面业务操作风险控制措施
(1)完善规章制度和业务操作流程，不断细化操作细则，并建立岗位操作规范和操作手册，通过制度规范来防范操作风险。
(2)加强业务系统建设，尽可能将业务纳入系统处理，并在系统中自动设立风险监控要点，发现操作中的风险点能及时提供警示信息。
(3)加强岗位培训，特别是新业务和新产品培训，不断提高柜员操作技能和业务水平，同时培养柜员岗位安全意识和自我保护意识。
(4)强化一线实时监督检查，促进事后监督向专业化、规范化迈进，改进检查监督方法，同时充分发挥各专业部门的指导、检查和督促作用。

(二)法人信贷业务

法人信贷业务是我国商业银行最主要的业务种类之一，包括法人客户贷款业务、贴现业务、银行承兑汇票等业务。按照法人信贷业务的流程，可大致分为评级授信、贷前调查、信贷审查、信贷审批、贷款发放、贷后管理六个环节。

1.法人信贷业务操作风险成因
(1)片面追求贷款规模和市场份额。
(2)信贷制度不完善，缺乏监督制约机制。
(3)信贷操作不规范，依法管贷意识不强。
(4)客户监管难度加大，信息技术手段不健全。
(5)社会缺乏良好的信贷文化和信用环境等。

2.法人信贷业务操作风险控制措施
(1)牢固树立审慎稳健的信贷经营理念，坚决杜绝各类短期行为和粗放管理。
(2)倡导新型的企业信贷文化，在业务办理过程中，加入法的精神和硬性约束，实现以人为核心向以制度为核心转变，建立有效的信贷决策机制。
(3)改革信贷经营管理模式，如设立独立的授信管理部门，对不同币种、不同客户对象、不同种类的授信进行统一管理；建立跨区域的授信垂直管理和独立评审体系，对授信集中管理；将信贷规章制度建立、执行、监测和监督权力分离；信贷岗位设置分工合理、职责明确，做到审贷分离、业务经办与会计账务分离等。
(4)明确主责任人制度，对银行信贷所涉及的调查、审查、审批、签约、贷后管理等环节，明确主责任人及其责任，强化信贷人员责任和风险意识。
(5)加快信贷电子化建设，运用现代信息技术，把信贷日常业务处理、决策管理流程、贷款风险分类预警、信贷监督检查等行为全部纳入计算机处理，形成覆盖信贷业务全过程的科学体系。
(6)提高信贷人员综合素质，造就一支具有风险意识、良好职业道德、扎实信贷业务知识、过硬风险识别能力的高素质队伍。
(7)把握关键环节，有针对性地对重要环节和步骤加强管理，切实防范信贷业务操作风险。
(8)提高法律介入程度，将法律支持深入到信贷业务各环节，形成法律支持的全程制度化流程管理。

(三)个人信贷业务

个人信贷业务是国内商业银行竞相发展的零售银行业务，包括个人住房按揭贷款、个人大额耐用消费品贷款、个人生产经营贷款和个人质押贷款等业务品种。

1. 个人信贷业务操作风险成因
(1)商业银行对个人信贷业务缺乏风险意识或风险防范经验不足。
(2)内控制度不完善、业务流程有漏洞。
(3)管理模式不科学、经营层次过低且缺乏约束。
(4)个人信用体系不健全等。

2. 个人信贷业务操作风险控制措施
(1)实行个人信贷业务集约化管理,提升管理层次,实现审贷部门分离。
(2)成立个人信贷业务中心,由中心进行统一调查和审批,实现专业化经营和管理。
(3)优化产品结构,改进操作流程,重点发展以质押和抵押为担保方式的个人贷款,审慎发展个人信用贷款和自然人保证担保贷款。
(4)加强规范化管理,理顺个人贷款前台和后台部门之间的关系,完善业务转授权制度,加强法律审查,实行档案集中管理,加快个人信贷电子化建设。
(5)切实做好个人信贷贷前调查、贷时审查、贷后检查各个环节的规范操作,防范信贷业务操作风险。
(6)强化个人贷款发放责任约束机制,细化个人贷款责任追究办法,推行不良贷款定期问责制度、到期提示制度、逾期警示制度和不良责任追究制度。
(7)在建立责任制的同时配之以奖励制度,将客户经理的贷款发放质量与其收入挂钩。

(四)资金业务

资金业务是指商业银行为满足客户保值或提高自身资金收益或防范市场风险等方面的需要,利用各种金融工具进行的资金和交易活动,包括资金管理、资金存放、资金拆借、债券买卖、外汇买卖、黄金买卖、金融衍生产品交易等业务。从资金交易业务流程来看,可分为前台交易、中台风险管理、后台结算/清算三个环节。

1. 资金业务操作风险成因
(1)风险防范意识不足,认为资金交易业务主要是市场风险,操作风险不大。
(2)内部控制薄弱,部门及岗位设置不合理,规章制度滞后。
(3)电子化建设缓慢,缺乏相应的业务处理系统和风险管理系统等。

2. 资金业务操作风险控制措施
(1)树立全面风险管理理念,将操作风险纳入统一的风险管理体系。
(2)建立并完善资金业务组织结构,体现权限等级、部门分工和职责分离原则,做到前台交易和后台结算分离、自营业务与代客业务分离、业务操作与风险监控分离,建立岗位和部门之间的监督约束机制。
(3)实行严格的前、中、后台职责分离制度,建立前台授权交易、中台风险监控和管理、后台结算操作的岗位制约和岗位分离制度。
(4)总行应当根据分支机构的经营管理水平,适当核定分支机构的资金业务经营权限,并对分支机构的资金业务定期进行检查,对异常资金交易和资金变动建立有效的预警和处理机制。
(5)完善资金营运内部控制,资金的调出调入应有真实的业务背景,严格按照授权进行资金业务操作,并及时划拨资金,登记台账。
(6)加强交易权限管理,明确规定允许交易的品种,确定资金业务单笔、累计最大交易限额以及相应承担的单笔、累计最大交易损失限额和交易止损点,对资金交易员进行合适的授权,并建立适当的约束机制。

(7)建立资金交易风险和市值的内部报告制度,资金交易员应当向高级管理层如实汇报金融衍生品中的或有资产、隐含风险和对冲策略等交易细节,中台监控人员应及时报告交易员的越权交易和越权行为,并按要求提交资金交易业务的风险报告。

(8)代客资金业务应当了解客户从事资金交易的权限和能力,向客户充分提示有关风险,获取必要的履约保证,明确市场变化情况下客户违约的处理办法和措施。

(9)建立资金业务的风险责任制,明确规定各个部门、岗位的操作风险责任。

(10)开发和运用风险量化模型,引入和应用必要的业务管理系统,对资金交易的收益与风险进行适时、审慎的评价。

(五)代理业务

代理业务是指商业银行接受客户委托,代为办理客户指定的经济事务、提供金融服务并收取一定费用,包括代理政策性银行业务、代理中央银行业务、代理商业银行业务、代收代付业务、代理证券业务、代理保险业务、代理其他银行的银行卡收单业务等。

1. 代理业务操作风险成因

(1)风险防范意识不足,认为即使发生操作风险,损失也不大。
(2)监督管理滞后,内部控制薄弱,部门及岗位设置不合理,规章制度滞后。
(3)业务管理分散,缺乏统筹管理。
(4)电子化建设进度缓慢,缺乏相应的代理业务系统等。

2. 代理业务风险类别

(1)人员因素。
(2)内部流程。
(3)系统缺陷。
(4)外部事件。

3. 代理业务操作风险控制措施

(1)强化风险意识,了解并重视代理业务中的操作风险点,完善业务操作流程与操作管理制度。

(2)加强基础管理,坚持委托—代理业务合同书面化,并对合同和委托凭证严格审核,业务手续费收入必须纳入银行经营收入大账。

(3)加强业务宣传及营销管理,坚守诚实守信原则,遏制误导性宣传和错误销售,对业务风险进行必要的风险提示,维护商业银行信誉和品牌形象。

(4)加强产品开发管理,编制新产品开发报告,建立新产品风险跟踪评估制度,在新产品推出后,对新产品的风险状况进行定期评估。

(5)提高电子化水平,充分利用本行已有的网络系统、技术设备与被代理单位的数据库进行对接,积极研究开发银行与被代理单位的实时链接系统,促成双向联网操作,实现代理业务电子化操作。

(6)设立专户核算代理资金,完善代理资金的拨付、回收、核对等手续,防止代理资金被挤占挪用,确保专款专用。

(7)遵守委托—代理协议,按照代理协议约定办理资金划转手续,遵守银行不垫款原则,不介入委托人与其他人的交易纠纷。

三、操作风险缓释方法 ★

(一)业务连续性管理计划

对于低频高损事件,商业银行应当建立完备的灾难应急恢复和业务连续性管理应急计划,涵盖可能遭受的各种意外冲击,明确那些对迅速恢复服务至关重要的关键业务程序,包括依赖外包商服务,明确在中断事件中恢复服务的备用机制。

业务连续性计划是指为实现业务连续性而制定的各类规划及实施的各项流程。业务连续性计划应当是一个全面的计划,与商业银行经营的规模和复杂性相适应,强调操作风险识别、缓释、恢复以及持续计划,具体包括业务和技术风险评估、面对灾难时的风险缓释措施、常年持续性/经营性的恢复程序和计划、恰当的治理结构、危机和事故管理、持续经营意识培训等方面。

商业银行应定期检查灾难恢复和业务连续性管理方案,保证其与目前的经营和业务战略吻合,并对这些方案进行定期测试,确保商业银行发生业务中断时,能够迅速执行既定方案。

(二)商业保险

国际上,商业银行所面临的很多操作风险可以通过购买特定的保险加以缓释,例如:
(1)一揽子保险。
(2)错误与遗漏保险。
(3)经理与高级职员责任险。
(4)未授权交易保险。
(5)财产保险。
(6)营业中断保险。
(7)商业综合责任保险。
(8)电子保险。
(9)计算机犯罪保险。

商业银行在计量操作风险监管资本时,可以将保险理赔收入作为操作风险的缓释因素,但保险的缓释最高不超过操作风险监管资本要求的20%。

(三)业务外包

商业银行可以将某些业务外包给具有较高技能和规模的其他机构来管理,用于转移操作风险。同时,外包非核心业务有助于商业银行将重点放在核心业务上,从而提高效率、降低成本。从风险实质性上说,业务操作或服务虽然可以外包,但其最终责任并未被"包"出去。外包并不能减少或免除董事会和高级管理层确保第三方行为的安全稳健以及遵守相关法律的责任。

常见的外包工作有以下几类:
(1)技术外包,如呼叫中心、计算机中心、网络中心、IT策划中心等处理。
(2)程序外包,如消费信贷业务有关客户身份及亲笔签名的核对、信用卡客户资料的输入与装封等。
(3)业务营销外包,如汽车贷款业务的推销、住房贷款推销、银行卡营销等。
(4)专业性服务外包,如法律事务、不动产评估、安全保卫等。
(5)后勤性事务外包,如贸易金融服务的后勤处理作业、凭证保存等。

> **知识加油站**
>
> 商业银行董事会应将操作风险作为商业银行面对的一项主要风险,并承担监控操作风险管理有效性的最终责任。商业银行的高级管理层负责执行董事会批准的操作风险管理战略、总体政策及体系。在操作风险的日常管理方面,对董事会负最终责任。

第五节　操作风险资本计量

一、基本指标法 ★

商业银行采用基本指标法,应以总收入为基础计量操作风险资本要求。

基本指标法操作风险资本等于银行前三年总收入的平均值乘上一个固定比例(用 α 表示)。资本计量公式为:

$$K_{BIA} = \frac{\sum_{t=1}^{n}(GI_i \times \alpha)}{n}$$

其中,K_{BIA} 为按基本指标法计量的操作风险资本要求;GI 为过去三年中每年正的总收入;n 为过去三年中总收入为正的年数;α 为 15%。

总体上看,基本指标法计量方法简单,资本与收入呈线性关系,银行的收入越高,操作风险资本要求越大,资本对风险缺乏敏感性,对改进风险管理作用不大。国际活跃银行不应采用这种方法。

二、标准法 ★

(一)业务指标

业务指标(BI)由三个部分相加得到,包括利息、租赁和股利部分(ILDC),服务部分(SC)及金融部分(FC)。各个组成部分的定义如下:

$$ILDC = \min[\overline{abs(利息收入 - 利息支出)}, \overline{2.25\% \times 生息资产}] + \overline{股利收入}$$

$$SC = \max[\overline{其他经营性收入}, \overline{其他经营性支出}] + \max\left[\overline{\begin{matrix}手续费和\\佣金收入\end{matrix}}, \overline{\begin{matrix}手续费和\\佣金支出\end{matrix}}\right]$$

$$FC = \overline{abs(交易账簿净损益)} + \overline{abs(银行账簿净损益)}$$

在上述公式中,术语上方的横线表示近 3 年的算术平均值:t、$t-1$ 及 $t-2$,首先逐年计算各项净值(如利息收入 - 利息支出)的绝对值,逐年计算之后方可计算 3 年的平均值。

(二)业务指标部分

业务指标部分(BIC)由业务指标乘以对应的边际资本系数 α_i 得出。边际资本系数随着业务指标规模的增加而增加(见表 5-1)。其中,区段 1、区段 2、区段 3 对应的边际资本系数分别为 12%、15%、18%。采用 BI 数值乘以相应区段的边际资本系数,然后相加即得出业务指标部分。

表 5-1　BI 范围和边际系数　　　　　　　　　　单位:亿元人民币、%

区段	BI 范围	BI 边际资本系数(α_i)
1	≤80	12
2	80 <BI≤2 400	15
3	>2 400	18

(三)内部损失乘数

商业银行的操作风险损失会通过内部损失乘数(ILM)影响操作风险资本的计算。内

部损失乘数是基于商业银行操作风险平均历史损失数据与业务指标部分的调整因子,计算公式为:

$$ILM = \ln\left[\exp(1) - 1 + \left(\frac{LC}{BIC}\right)^{0.8}\right]$$

其中,损失部分(LC)为近十年操作风险损失金额的算术平均值的 15 倍。若 LC 与 BIC 相等,则 LIM 为 1。若 LC 大于 BIC,则 LIM 大于 1,意味着商业银行需要持有较多的操作风险资本。相反,若 LC 小于 BIC,则 ILM 小于 1,意味着商业银行只需持有较少的操作风险资本。

《商业银行资本管理办法》规定,**商业银行计量操作风险资本要求,应使用 1 作为内部损失乘数**。

(四)操作风险最低资本要求

操作风险最低资本要求(K_{TSA})由业务指标部分乘以内部损失乘数计算得出,对应的公式为:

$$K_{TSA} = BIC \times ILM$$

其中,K_{TSA} 为按标准法计量的操作风险资本要求,BIC 为业务指标部分,ILM 为内部损失乘数。

三、高级计量法 ★

高级计量法是银行根据本行业务性质、规模和产品复杂程度以及风险管理水平,基于内部损失数据、外部损失数据、情景分析、业务经营环境和内部控制因素,建立操作风险计量模型以计算本行操作风险监管资本的方法。

高级计量法体系中含有**损失分布法(LDA)、内部衡量法(IMA)和打分卡法(SCA)**三种计量模型。其中,损失分布法是商业银行的主流选择。

高级计量法风险敏感度高,具有资本激励和管理激励效应,实现了风险计量和风险管理有机结合,有助于展示银行风险管理成效,因而得到了国际大型银行的重视。随着实施机构的不断增多,高级计量法体系的一些缺点逐步显现:

(1)实施成本较高,开发难度大,透明度较差,监管核准的流程相对较长。
(2)大部分银行缺乏尾部数据建模基础,数据源重复。
(3)不同银行之间的模型基础和数据严重不可比,少数银行甚至以情景分析等主观数据作为主要模型输入。

四、旧标准法 ★

1. 旧标准法计算公式

旧标准法以各业务条线的总收入为计量基础,与基本指标法类似,总收入是个广义的指标,代表业务经营规模,因此也大致代表了各业务条线的操作风险暴露。业务条线分为 9 个:公司金融、交易和销售、零售银行业务、商业银行业务、支付和清算、代理服务、资产管理、零售经纪和其他业务。

旧标准法操作风险资本等于银行各条线前 3 年总收入的平均值乘上一个固定比例(用 β_i 表示)再加总,计算公式为:

$$K_{TSA} = \left\{\sum_{i=1}^{3} \max\left[\sum_{i=1}^{9}(GI_i \times \beta_i), 0\right]\right\}/3$$

其中,K_{TSA} 为按旧标准法计量的操作风险资本要求;$\max\left[\sum_{i=1}^{9}(GI_i \times \beta_i), 0\right]$ 是指各年为正的操作风险资本要求;GI_i 为各业务条线总收入;β_i 为各业务条线的操作风险资本系数。

2. 旧标准法计量原则

（1）所有业务活动必须按1级目录规定的9个业务条线对应归类，相互不重合，列举须穷尽。

（2）对业务条线框架内业务起辅助作用的银行业务或非银行业务，如果无法按业务条线直接对应归类，必须归入其所辅助的业务条线。如果辅助多个业务条线，则必须采用客观标准归类。

（3）在将总收入归类时，如果此业务无法与某一特定业务条线对应，则适用资本要求最高的业务条线，此业务条线也同样适用于任何相关的辅助业务。

（4）如果银行总收入（按基本指标法计算）仍等于9个业务条线的总收入之和，银行可以使用内部定价方法在各业务条线间分配总收入。

（5）因计算操作风险将业务按业务条线归类时采用的定义，必须与计算其他类风险（如信用风险、操作风险）监管资本所采用的定义相同，一旦背离此原则，则需引起异议并明确记录。

（6）银行采用的对应流程应有明确的文字说明，尤其是业务条线的书面定义应清晰、详尽，使第三方可以复制业务条线对应的做法，文字说明中必须规定对违反情况应引起异议并保持记录。

（7）必须制定新业务或产品对应的流程。

（8）应由高级管理层负责制定业务条线对应政策。

（9）业务条线对应流程必须接受独立审查。

第六节 外包风险管理

一、外包的定义及原则 ★

外包是指商业银行将原来由自身负责处理的某些业务活动委托给服务提供商进行持续处理的行为。外包不能消灭风险，但通过将该业务的管理置于经验和技能更丰富的第三方手中，可以降低商业银行原有风险。

商业银行开展外包活动应遵循以下原则：

（1）由董事会和高级管理层承担外包活动的最终责任。

（2）制定外包的风险管理框架以及相关制度，并将其纳入全面风险管理体系。

（3）根据审慎经营原则制定其外包战略发展规划，确定与其风险管理水平相适宜的外包活动范围。

（4）对于战略管理、核心管理以及内部审计等职能不宜外包。

> **教你一招**
>
> 外包不能消灭风险，可降低商业银行原有风险。

二、外包风险管理主要框架 ★

1. 商业银行外包管理组织结构

商业银行外包管理的组织架构包括董事会、高级管理层及外包管理团队。

董事会负责审议批准外包的战略发展规划；审议批准外包的风险管理制度；审议批准本机构的外包范围及相关安排；定期审阅本机构外包活动相关报告；定期安排内部审计，确保审计范围涵盖所有的外包安排。

高级管理层负责制定外包战略发展规划;制定外包风险管理的政策、操作流程和内控制度;确定外包业务的范围及相关安排;确定外包管理团队职责,并对其行为进行有效监督。

外包管理团队负责执行外包风险管理的政策、操作流程和内控制度;负责外包活动的日常管理,包括尽职调查、合同执行情况的监督及风险状况的监督;向高级管理层提出有关外包活动发展和风险管控的意见和建议;在发现外包服务提供商业的业务活动存在缺陷时,采取及时有效的措施。

2. 外包风险管理

商业银行应将外包风险管理纳入全面风险管理体系,建立严格的客户信息保密制度,并做好以下工作:

(1)外包风险评估。
(2)尽职调查。
(3)外包协议管理。
(4)外包服务承诺。
(5)分包风险管理。
(6)跨境外包管理。
(7)其他事项。

3. 外包活动的监督管理

国家金融监督管理总局及各地监管局根据需要对外包活动进行现场检查,采集外包活动过程中数据信息和相关资料,并将检查结果纳入对该机构的监管评级。

商业银行在开展外包活动时,应当定期向所在地银行业监督管理机构递交外包活动的评估报告,如遇到对本机构的业务经营、客户信息安全、声誉等产生重大影响事件,应当及时向所在地银行业监督管理机构报告。

商业银行外包活动存在以下情形的,国家金融监督管理总局可以要求商业银行纠正或采取替代方案,并视情况予以问责。主要情形包括:违反相关法律、行政法规及规章;违反本机构风险管理政策、内控制度及操作流程等;存在重大风险隐患;其他认定的情形。

第七节 信息科技风险管理

一、信息科技风险的定义和特征 ★

1. 信息科技风险定义

信息科技是指计算机、通信、微电子和软件工程等现代信息技术,在商业银行业务交易处理、经营管理和内部控制等方面的应用,并包括进行信息科技治理,建立完整的管理组织架构,制定完善的管理制度和流程。

信息科技风险是指信息科技在商业银行运用过程中,由于自然因素、人为因素、技术漏洞和管理缺陷产生的操作、法律和声誉等风险。

2. 信息科技风险特征

(1)**隐蔽性强**。
(2)**突发性强,应急处置难度大**。
(3)**影响范围广,后果具有灾难性**。

二、信息科技风险管理主要框架 ★

1. 信息科技治理

商业银行应在建立良好公司治理的基础上进行信息科技治理,形成分工合理、职责明确、相互制衡、报告关系清晰的信息科技治理组织结构。

商业银行应设立首席信息官,直接向行长汇报,并参与决策。应设立或指派一个特定部门负责信息科技风险管理工作,并直接向首席信息官或首席风险官(风险管理委员会)报告工作。应在内部审计部门设立专门的信息科技风险审计岗位,负责信息科技审计制度和流程的实施,制订和执行信息科技审计计划,对信息科技整个生命周期和重大事件等进行审计。

> **知识加油站**
>
> 首席信息官(又称 CIO),中文意思是"首席信息官"或"信息主管",是负责一个公司信息技术和系统所有领域的高级官员。

2. 信息科技风险管理

商业银行应制定符合银行总体业务规划的信息科技战略、信息科技运行计划和信息科技风险评估计划,确保配置足够人力、财力资源,维持稳定、安全的信息科技环境。

商业银行应制定全面的信息科技风险管理策略,包括信息分级与保护、信息系统开发、测试和维护、信息科技运行和维护、访问控制、物理安全、人员安全、业务连续性计划与应急处置。

商业银行应制定持续的风险识别和评估流程,确定信息科技中存在隐患的区域,评价风险对其业务的潜在影响,对风险进行排序,并确定风险防范措施及所需资源的优先级别(包括外包供应商、产品供应商和服务商)。

商业银行应依据信息科技风险管理策略和风险评估结果,实施全面的风险防范措施。

商业银行应建立持续的信息科技风险计量和监测机制。

3. 信息安全

商业银行信息科技部门负责建立和实施信息分类和保护体系,商业银行应使所有员工都了解信息安全的重要性,并组织提供必要的培训,让员工充分了解其职责范围内的信息保护流程。主要管理要求如下:

(1)信息科技部门应落实信息安全管理职能。

(2)应建立有效管理用户认证和访问控制的流程。

(3)应根据信息安全级别,将网络划分为不同的逻辑安全域。

(4)应确保所有计算机操作系统和系统软件的安全。

(5)应确保所有信息系统的安全。

(6)应制定相关策略和流程,管理所有生产系统的活动日志,以支持有效的审核、安全取证分析和预防欺诈。

(7)应采取加密技术,防范涉密信息在传输、处理、存储过程中出现泄露或被篡改的风险,并建立密码设备管理制度,确保使用符合国家要求的加密技术和加密设备;管理、使用密码设备的员工经过专业培训和严格审查;加密强度满足信息机密性的要求;制定并落实有效的管理流程,尤其是密钥和证书生命周期管理。

(8)应配备切实有效的系统,确保所有终端用户设备的安全,并定期对所有设备进行安全检查。

(9)应制定相关制度和流程,严格管理客户信息的采集、处理、存储、传输、分发、备份、恢复、清理和销毁。

(10)应对所有员工进行必要的培训,使其充分掌握信息科技风险管理制度和流程,了解违反规定的后果,并对违反安全规定的行为采取零容忍政策。

4. 信息系统开发、测试和维护

商业银行应有能力对信息系统进行需求分析、规划、采购、开发、测试、部署、维护、升级和报废，制定制度和流程，管理信息科技项目的优先排序、立项、审批和控制。项目实施部门应定期向信息科技管理委员会提交重大信息科技项目的进度报告，由其进行审核，进度报告应当包括计划的重大变更、关键人员或供应商的变更以及主要费用支出情况。应在信息系统投产后一定时期内，组织对系统的后评价，并根据评价结果及时对系统功能进行调整和优化。

5. 信息科技运行

商业银行管理信息科技运行时，应满足以下要求：

（1）在选择数据中心的地理位置时，应充分考虑环境威胁（如是否接近自然灾害多发区、危险或有害设施、繁忙或主要公路），采取物理控制措施，监控对信息处理设备运行构成威胁的环境状况，并防止因意外断电或供电干扰影响数据中心的正常运行。

（2）应严格控制第三方人员（如服务供应商）进入安全区域，如确需进入应得到适当的批准，其活动也应受到监控；针对长期或临时聘用的技术人员和承包商，尤其是从事敏感性技术相关工作的人员，应制定严格的审查程序，包括身份验证和背景调查。

（3）应将信息科技运行与系统开发和维护分离，确保信息科技部门内部的岗位制约；对数据中心的岗位和职责作出明确规定。

（4）应按照有关法律法规要求保存交易记录，采取必要的程序和技术，确保存档数据的完整性，满足安全保存和可恢复要求。

（5）应制定详尽的信息科技运行操作说明。

（6）应建立事故管理及处置机制，及时响应信息系统运行事故，逐级向相关的信息科技管理人员报告事故的发生，并进行记录、分析和跟踪，直到完成彻底的处置和根本原因分析。

（7）应建立服务水平管理相关的制度和流程，对信息科技运行服务水平进行考核。

（8）应建立连续监控信息系统性能的相关程序，及时、完整地报告例外情况；该程序应提供预警功能，在例外情况对系统性能造成影响前对其进行识别和修正。

（9）应制定容量规划，以适应由于外部环境变化产生的业务发展和交易量增长。容量规划应涵盖生产系统、备份系统及相关设备。

（10）应及时进行维护和适当的系统升级，以确保与技术相关服务的连续可用性，并完整保存记录（包括疑似和实际的故障、预防性和补救性维护记录），以确保有效维护设备和设施。

（11）应制定有效的变更管理流程，以确保生产环境的完整性和可靠性。

6. 业务连续性管理

商业银行应根据自身业务的性质、规模和复杂程度制定适当的业务连续性规划，以确保在出现无法预见的中断时，系统仍能持续运行并提供服务；定期对规划进行更新和演练，以保证其有效性。

7. 内外部审计

商业银行应对信息科技风险管理进行内部审计和外部审计。

内部审计方面，商业银行应根据业务性质、规模和复杂程度，信息科技应用情况，以及信息科技风险评估结果，决定信息科技内部审计范围和频率。但**至少应每三年进行一次全面审计**。内部审计部门应根据业务的性质、规模和复杂程度，对相关系统及其控制的适当性和有效性进行监测。

外部审计方面，商业银行可以在符合法律、法规和监管要求的情况下，委托具备相应资质的外部审计机构进行信息科技外部审计。

三、信息科技外包风险管理

（一）信息科技外包治理

1. 组织和职责

商业银行应建立覆盖董事会、高管层、信息科技外包风险主管部门、信息科技外包执行团队的信息科技外包及风险管理组织架构，明确相应层级的职责，确保信息科技外包治理架构权责清晰、运转高效、制衡充分。

2. 外包战略

商业银行应当基于机构的业务战略、信息科技战略、总体外包战略、外包市场环境、自身风险控制能力和风险偏好制定信息科技外包战略，包括但不限于外包原则和策略、不能外包的职能、资源能力建设方案等。

3. 外包禁止

商业银行应当明确不能外包的信息科技职能，涉及信息科技战略管理、信息科技风险管理、信息科技内部审计及其他有关信息科技核心竞争力的职能不得外包。

4. 外包分类

商业银行应当建立信息科技外包活动分类管理机制，针对不同类型的外包活动建立相应的管理和风控策略。信息科技外包原则上划分为咨询规划类、开发测试类、运行维护类、安全服务类、业务支持类等类别。

5. 服务提供商管理策略与外包分级管理

商业银行应对信息科技外包活动及相关服务提供商进行分级管理，对重要外包和一般外包采取差异化管控措施。

6. 退出策略

商业银行应考虑重要外包终止的可能性，并制定退出策略。退出策略应至少明确：可能造成外包终止的情形；外包终止的业务影响分析；终止交接安排。

（二）信息科技外包准入

1. 准入前评估

商业银行应当充分评估拟开展的信息科技外包活动与信息科技外包战略的一致性，充分评估拟开展的信息科技外包活动相关风险，就是否实施外包作出审慎决策。重要外包应至少向高管层报告并经过审批。

2. 尽职调查

商业银行应在签订合同前，对重要外包的备选服务提供商深入开展尽职调查，必要时可聘请第三方机构协助调查。在服务提供商经营状况未发生重大变化的前提下，尽职调查结果原则上一年内有效。

3. 合同

商业银行应当在合同或协议中明确要求服务提供商不得将外包服务转包或变相转包。

（三）信息科技外包监控评价

1. 外包过程监控

商业银行应当对外包服务过程进行持续监控，及时发现和纠正服务过程中存在的各类异常情况。

2. 服务监控及评价

商业银行应当建立明确的信息科技外包服务目录、服务水平协议以及服务水平监控评价机制，确保相关监控信息和评价结果的真实性和完整性，且数据至少保存到服务结束后三年。

3. 效能和质量监控

商业银行应当对信息科技外包服务建立服务效能和质量监控指标，并进行相应监控。

4. 服务提供商经营监控

商业银行应当对服务提供商的财务、内控及安全管理进行持续监控，关注其因破产、兼并、关键人员流失、投入不足和管理不善等因素引发的财务状况恶化及内部管理混乱等情况，防范外包服务意外终止或服务质量的急剧下降。

5. 异常纠正

商业银行监控到信息科技外包服务出现异常情况时，应当及时督促服务提供商采取纠正措施；情节严重或未及时纠正的，应当及时约谈服务提供商高管人员并限期整改。

6. 关联外包评价

对于关联外包，商业银行董事会和高级管理层应当推动母公司或所属集团将外包服务质量纳入对服务提供商的业绩评价范围，建立外包服务重大事件问责机制。

7. 外包终止

商业银行应在信息科技外包服务到期前，就是否继续外包进行评估决策。对具有持续性特点的外包服务，商业银行终止外包或更换服务提供商前，应制订周密的退出和交接计划。

（四）信息科技外包风险管理

1. 外包风险识别与评估

商业银行应建立并持续完善风险管理制度和流程，充分识别并评估信息科技外包可能产生的风险，包括但不限于：科技能力丧失；业务中断；数据泄露、丢失和篡改；资金损失；服务水平下降；可能导致的战略风险、声誉风险、合规风险等其他风险。

2. 业务连续性管理

针对可能给业务连续性管理造成重大影响的重要外包服务，商业银行应当事先建立风险控制、缓释或转移措施。

3. 信息安全管理

商业银行应当制订和落实网络和信息安全管理措施。例如，对客户信息、源代码和文档等敏感信息采取严格管控措施，对敏感信息泄露风险进行持续监测。

4. 集中度风险管理

商业银行应识别对本机构具有集中度风险的外包服务及其提供商，积极采用分散外包活动、注重外包项目知识产权保护、提高自身研发运维能力、储备潜在替代服务提供商等手段，减少对个别外包服务提供商的依赖，降低集中度风险。

5. 非驻场外包实地检查

商业银行应当对符合重要外包标准的非驻场外包服务进行实地检查，原则上每三年覆盖所有重要的非驻场外包服务。

6. 年度风险评估和审计

商业银行每年应当至少开展一次全面的信息科技外包风险管理评估，并向董事会或高级管理层提交评估报告。商业银行应当开展信息科技外包及其风险管理的审计工作，定期对信息科技外包活动进行审计，至少每三年覆盖所有重要外包。发生重大外包风险事件后应当及时开展专项审计。

第八节　反洗钱管理

一、洗钱和反洗钱相关概念 ★

（一）洗钱

1. 洗钱相关概念

（1）洗钱。洗钱通常是指运用各种手法掩饰或隐瞒违法所得及其产生收益的来源和性质,通过交易、转移、转换等各种方式把违法资金及其收益加以合法化,以逃避法律制裁的行为和过程。

主要包括提供资金账户、协助转换财产形式、协助转移资金或汇往境外等。

(2)洗钱的上游犯罪。根据2020年修订并审议通过的《中华人民共和国刑法》第一百九十一条规定,为掩饰、隐瞒毒品犯罪、黑社会性质的组织犯罪、恐怖活动犯罪、走私犯罪、贪污贿赂犯罪、破坏金融管理秩序犯罪、金融诈骗犯罪的所得及其产生的收益的来源和性质,有下列行为之一的,没收实施以上犯罪的所得及其产生的收益,处五年以下有期徒刑或者拘役,并处或者单处罚金;情节严重的,处五年以上十年以下有期徒刑,并处罚金:

①提供资金账户的。
②将财产转换为现金、金融票据、有价证券的。
③通过转账或者其他支付结算方式转移资金的。
④跨境转移资产的。
⑤以其他方法掩饰、隐瞒犯罪所得及其收益的来源和性质的。

单位犯前款罪的,对单位判处罚金,并对其直接负责的主管人员和其他直接责任人员,依照前款的规定处罚。

(3)恐怖融资。恐怖融资是指有意识地直接或间接为恐怖活动提供募集资金的行为。

(4)反扩散融资。反扩散融资即反大规模杀伤性武器扩散融资。大规模杀伤性武器指的是能用来大规模屠杀人类的威力巨大的武器,包括核武器、化学武器和生物武器。

2. 洗钱、恐怖融资、扩散融资的区别

表5-2 洗钱、恐怖融资、扩散融资的区别

项目	洗钱	恐怖融资	扩散融资
资金来源	资金来源为非法所得	资金来源往往合法	资金来源往往合法
行为目的	隐藏犯罪资金来源	将资金用于政治目的	将资金用于军事目的
交易规模	资金量大、交易复杂	资金量小、交易简单	资金量大、交易隐蔽
资金特点	资金环形流动	资金点到点流动	资金点到点流动

3. 洗钱的三个阶段

(1)**放置阶段**,是指不法分子将非法资金直接存放到银行等合法金融机构,或通过地下钱庄等非法金融体系进入银行或转移至国外,其目的就是让非法资金进入金融机构,以便于下一步的资金转移。

(2)**离析阶段**,是指不法分子通过错综复杂的金融交易,模糊和掩盖非法资金的来源、性质,以及与犯罪主体之间的关系,使得非法资金与合法资金难以分辨。

(3)**融合阶段**,是指不法分子将清洗后的非法资金融合到正常经济体系内和合法商业活动中。至此,非法资金就完成了洗钱全过程,披上了合法的外衣。融合阶段是洗钱链条中的最后环节,被形象地描述为"甩干"。

在实际操作过程中,洗钱分子往往交叉运用,难以截然分开。

4. 洗钱的主要方式

表5-3 洗钱的主要方式

主要方式	主要形式
隐瞒或掩饰客户真实身份进行洗钱	主要形式有通过开立假名账户、利用虚假资料开户、通过控制他人账户等方式进行洗钱

表5-3(续)

主要方式	主要形式
频繁进行资金转移掩盖非法来源	主要形式有利用电子银行渠道在短期内资金集中或分散转入、转出以及通过经常性的跨境汇款、跨境投资等方式实现非法收益的流转
利用复杂金融交易逃避银行关注	主要形式有多项转账、多项交易,利用假贸易单据、票据进行大额资金划转以及利用贷款方式等洗钱
其他方式	通过开曼群岛等离岸避税天堂、投资办产业、购置艺术品等商品交易、第三方支付平台等也是目前较为常见的洗钱手段

5. 洗钱的危害

(1) 对政治的危害。损害国家形象,妨碍司法公正,危害政治稳定。

(2) 对社会的危害。滋生腐败,助长其他犯罪活动,危害社会安全,造成社会财富大量外流。

(3) 对经济的危害。造成经济扭曲和不稳定,形成不公平竞争、扰乱市场秩序,导致投资者损失。

(4) 对金融的危害。破坏金融市场秩序,引发金融市场动荡,影响一国货币政策的有效性,造成利率和汇率的剧烈波动,甚至引发金融危机。

(二) 反洗钱

反洗钱内涵

我们通常所说的"反洗钱"实际上是一个广义的概念,主要包括:
(1) 反洗钱。
(2) 反恐怖融资。
(3) 反扩散融资。

反洗钱工作的重要意义

(1) 做好反洗钱工作是维护国家利益和社会利益的客观需要。
(2) 做好反洗钱工作是严厉打击经济犯罪的需要。
(3) 做好反洗钱工作是遏制其他严重刑事犯罪的需要。
(4) 做好反洗钱工作是维护商业银行信誉及金融稳定的需要。

真题精练

【例3·单项选择题】(　　)是指运用各种手法掩饰或隐瞒违法所得及其产生收益的来源和性质,通过交易、转移、转换等各种方式把违法资金及其收益加以合法化,以逃避法律制裁的行为和过程。

A. 洗钱　　　　　　　　　　　B. 反洗钱
C. 洗钱罪　　　　　　　　　　D. 反洗钱管理

A　洗钱通常是指运用各种手法掩饰或隐瞒违法所得及其产生收益的来源和性质,通过交易、转移、转换等各种方式把违法资金及其收益加以合法化,以逃避法律制裁的行为和过程。

二、反洗钱监管体系

(一) 国际反洗钱组织

(1) 反洗钱金融行动特别工作组(FATF)。

(2)埃格蒙特集团。
(3)沃尔夫斯堡集团。
(4)亚太反洗钱集团。
(5)欧亚反洗钱与反恐融资小组。
(6)南美洲反洗钱金融行动特别工作组(SAFATF)。
(7)中东和北非反洗钱金融行动特别工作组(MENAFATF)。
(8)东南非反洗钱工作组(ESAAMLG)等。

(二)国际反洗钱监管原则

国际反洗钱监管原则：风险为本监管原则。风险为本监管原则是指在开展反洗钱监管时应对不同组织机构和业务类型所面临的洗钱风险进行科学评估，并在此基础上决定监管资源投入方向和比例，以确保有限的反洗钱监管资源优先投入到高风险机构和业务领域，更好地实现预防和发现洗钱活动的目的。

(三)我国反洗钱监管机构及法律法规

1. 我国反洗钱监管机构

我国反洗钱监管体制总体特点为"一部门主管、多部门配合"。"一部门主管"是指中国人民银行作为反洗钱行政主管部门，负责全国的反洗钱监督管理工作，"多部门配合"是指国务院银行业监督管理机构、证监会等有关部门、机构在各自的职责范围内履行反洗钱监督管理职责。

2. 我国反洗钱法律法规

(1)《中华人民共和国反洗钱法》。
(2)《金融机构反洗钱规定》。
(3)《涉及恐怖活动资产冻结管理办法》。
(4)《金融机构大额交易和可疑交易报告管理办法》。
(5)《国务院办公厅关于完善反洗钱、反恐怖融资、反逃税监管体制机制的意见》。
(6)《银行业金融机构反洗钱和反恐怖融资管理办法》。

三、商业银行反洗钱管理体系 ★

(一)反洗钱管理组织架构

商业银行应根据反洗钱法律法规要求，结合本行组织体系和业务实际，设立专门机构或者指定内设机构负责反洗钱工作，成立有高级管理层参加的反洗钱工作领导小组，并配备与本行业务发展规模相适应的反洗钱资源。

(二)反洗钱内控制度体系

商业银行反洗钱内控制度应满足完整性和可操作性要求。商业银行反洗钱内控制度体系主要包括：

(1)客户身份识别制度。
(2)大额交易与可疑交易报告制度。
(3)客户身份资料和交易记录保存制度。
(4)客户洗钱风险等级划分制度。
(5)反洗钱宣传培训制度。
(6)反洗钱保密制度。
(7)反洗钱协助调查制度。
(8)反洗钱稽核审计制度。
(9)反洗钱岗位职责制度。
(10)反洗钱业务操作规程。

> **要点点拨**
> 处于基础地位的是客户身份识别制度。处于核心地位的是大额交易与可疑交易报告制度。

(三) 反洗钱内部监督体系

反洗钱监督管理是指商业银行依据反洗钱法律法规及内部规章制度,运用一系列非现场监督、现场检查和审计等督导措施对辖属机构反洗钱工作进行规范与指导,从而推动辖属机构反洗钱各项工作合规开展,促进反洗钱法律法规贯彻执行,有效提高洗钱风险防控工作能力。

(四) 反洗钱内部考核体系

反洗钱考核管理是指商业银行根据本行反洗钱考核内容和标准,按照规定的计分方法,对辖属机构反洗钱工作的履职能力和完成效果进行打分评定,并根据考核结果采取表彰通报、重点督导等方式提高反洗钱管理的针对性及指导性,进而推动辖属机构全面提升反洗钱工作质量及效率。

四、商业银行反洗钱工作重点 ★

1. 客户身份识别

商业银行在与客户建立业务关系或者为客户提供规定金额以上的现金汇款、现钞兑换、票据兑付等一次性金融服务且交易金额单笔达人民币1万元以上或者外币等值1 000美元以上的,应当要求客户出示真实有效的身份证件或者其他身份证明文件,进行核对并登记。客户由他人代理办理业务的,应当同时对代理人和被代理人的身份证件或者其他身份证明文件进行核对并登记。

不得为身份不明的客户提供服务或者与其进行交易,不得为客户开立匿名账户或者假名账户。对先前获得的客户身份资料的真实性、有效性或者完整性有疑问的,应当重新识别客户身份。任何单位和个人在与商业银行建立业务关系或者要求商业银行为其提供一次性金融服务且交易金额单笔人民币1万元以上或者外币等值1 000美元以上的,都应当提供真实有效的身份证件或者其他身份证明文件。

通过第三方识别客户身份的,应当确保第三方已经采取符合《中华人民共和国反洗钱法》要求的客户身份识别措施;第三方未采取符合《中华人民共和国反洗钱法》要求的客户身份识别措施的,由该商业银行承担未履行客户身份识别义务的责任。进行客户身份识别,必要时可以向公安、工商行政管理等部门核实客户的有关身份信息。

2. 客户身份资料和交易记录保存

商业银行应当按照规定建立客户身份资料和交易记录保存制度。在业务关系存续期间,客户身份资料发生变更的,应当及时更新客户身份资料。**客户身份资料在业务关系结束后、客户交易信息在交易结束后,应当至少保存10年**。商业银行破产和解散时,应当将客户身份资料和客户交易信息移交国务院有关部门指定的机构。

3. 大额交易和可疑交易报告

商业银行应当按照规定执行大额交易和可疑交易报告制度。商业银行办理的单笔交易或者在规定期限内的累计交易超过规定金额或者发现可疑交易的,应当向中国反洗钱监测分析中心报送大额交易和可疑交易报告,接受中国人民银行及其分支机构的监督、检查。

客户通过在境内金融机构开立的账户或者境内银行卡所发生的大额交易,由开立账户的金融机构或者发卡银行报告;客户通过境外银行卡所发生的大额交易,由收单机构报告;客户不通过账户或者银行卡发生的大额交易,由办理业务的金融机构报告。金融机构发现或者有合理理由怀疑客户、客户的资金或者其他资产、客户的交易或者试图进行的交易与洗钱、恐怖融资等犯罪活动相关的,不论所涉资金金额或者资产价值大小,应当提交可疑交易报告。

4. 反洗钱内部控制

商业银行的负责人应当对反洗钱内部控制的有效实施负责。商业银行应当设立反洗钱专门机构或者指定内设机构负责反洗钱工作,建立内部控制制度体系,确保内部控制的有效性,遏制和杜绝犯罪分子利用其从事洗钱、恐怖融资等违法犯罪活动,以维护良好的金融秩序。

5. 反洗钱培训

商业银行应当按照反洗钱预防、监控制度的要求,开展反洗钱培训和宣传工作。反洗钱培训是提升商业银行从业人员反洗钱意识和技能的重要手段,其目的是保证商业银行各层级、各岗位工作人员都树立洗钱风险意识、反洗钱法律意识及合规意识,明确自身应当承担的责任,保证员工了解反洗钱法律法规的具体要求,掌握反洗钱工作必备的技能。培训对象除反洗钱岗位人员外,还应包括各级管理层、一线员工和新员工在内的商业银行全体人员。

章节自测

一、单项选择题(在以下各小题所给出的四个选项中,只有一个选项符合题目要求,请将正确选项的代码填入括号内)

1. 以下不属于操作风险特征的是(　　)。
   A. 具体性   B. 分散性
   C. 差异性   D. 外生性
2. 某企业由于财务印章被盗用,导致该企业在开户行的巨额存款在几天内被取走,给该行造成不良影响。从操作风险事件分类来看,该事件应归于(　　)类别。
   A. 系统缺陷   B. 内部流程
   C. 外部事件   D. 人员因素
3. 个人信贷业务操作风险控制措施不包括(　　)。
   A. 实行个人信贷业务集约化管理,提升管理层次,实现审贷部门分离
   B. 成立个人信贷业务中心,由中心进行统一调查和审批,实现专业化经营和管理
   C. 设立专户核算代理资金,完善代理资金的拨付、回收、核对等手续,防止代理资金被挤占挪用,确保专款专用
   D. 在建立责任制的同时配之以奖励制度,将客户经理的贷款发放质量与其收入挂钩
4. 下列不属于资金业务环节的是(　　)。
   A. 前台交易   B. 中台风险管理
   C. 后台结算/清算   D. 贷后管理
5. 下列关于商业银行反洗钱工作重点的表述中,错误的是(　　)。
   A. 商业银行在为客户提供一次性金融服务且交易金额单笔达人民币1万元以上的,不需要客户出示身份证明文件
   B. 客户身份资料在业务关系结束后,客户交易信息在交易结束后,应当至少保存10年
   C. 商业银行的负责人应当对反洗钱内部控制制度的有效实施负责
   D. 通过第三方识别客户身份的,如第三方未采取客户身份识别措施,由商业银行承担未履行客户身份识别义务的责任

二、多项选择题(在以下各小题所给出的选项中,至少有两个选项符合题目要求,请将正确选项的代码填入括号内)

1. 下列商业银行的风险事件中,应当归属于操作风险类别的有( )。
   A. 营业场所及设施因地震彻底损毁
   B. 交易部门因错误判断市场趋势而造成较大规模的损失
   C. 理财业务人员因向客户做出误导性的收益承诺,遭到诉讼并作出相应赔偿
   D. 数据中心因安全漏洞导致大量客户信息被窃
   E. 财务部门因系统故障未能及时发布财务报告,受到监管机构处罚

2. 下列属于法人信贷业务操作风险成因的有( )。
   A. 片面追求贷款规模和市场份额
   B. 规章制度和业务操作流程本身存在漏洞
   C. 信贷制度不完善,缺乏监督制约机制
   D. 因人手紧张而未严格执行换人复核制度
   E. 信贷操作不规范,依法管贷意识不强

3. 个人信贷业务操作风险成因包括( )。
   A. 内控制度不完善、业务流程有漏洞
   B. 管理模式不科学、经营层次过低且缺乏约束
   C. 个人信用体系不健全
   D. 客户监管难度加大,信息技术手段不健全
   E. 社会缺乏良好的信贷文化和信用环境

4. 代理业务的业务范围包括( )。
   A. 代理政策性银行业务   B. 代理商业银行业务
   C. 代收代付业务   D. 代理证券业务
   E. 代理中央银行业务

三、判断题(请判断以下各小题的正误,正确的选A,错误的选B)

1. 对外赔偿是指由于内部操作风险事件,导致商业银行未能履行应承担的责任造成对外的赔偿。 ( )
   A. 正确   B. 错误

2. 风险与控制自我评估是银行对自身经营管理中存在的操作风险点进行识别,评估固有风险,再通过分析现有控制活动的有效性,评估剩余风险,进而提出控制优化措施的工作。 ( )
   A. 正确   B. 错误

答案详解

一、单项选择题

1. D.【解析】操作风险具有以下特点:具体性、分散性、差异性、复杂性、内生性、转化性。

2. C.【解析】从操作风险的定义来看,操作风险的产生可分为人员因素、内部流程、系统缺陷和外部事件四大原因,表现形式主要有:(1)员工方面表现为职员欺诈、失职违规、违反用工法律等。(2)内部流程方面表现为流程不健全、流程执行失败、控制和报告不力、文件或合同缺陷、担保品管理不当、产品服务缺陷、泄密、与客户纠纷等。(3)系统方面表现为信息科技系统和一般配套设备不完善。(4)外部事件方面表现为外部欺诈、自然灾害、交通事故、外包商不履责等。

3. C。【解析】C项属于代理业务的操作风险控制措施。

4. D。【解析】从资金交易业务流程来看，可分为前台交易、中台风险管理、后台结算/清算三个环节。

5. A。【解析】商业银行在与客户建立业务关系或者为客户提供规定金额以上的现金汇款、现钞兑换、票据兑付等一次性金融服务且交易金额单笔达人民币1万元以上或者外币等值1 000美元以上的，应当要求客户出示真实有效的身份证件或者其他身份证明文件，进行核对并登记。

二、多项选择题

1. ABCDE。【解析】以上都属于操作风险事件。

2. ACE。【解析】法人信贷业务操作风险成因包括：(1)片面追求贷款规模和市场份额。(2)信贷制度不完善，缺乏监督制约机制。(3)信贷操作不规范，依法管贷意识不强。(4)客户监管难度加大，信息技术手段不健全。(5)社会缺乏良好的信贷文化和信用环境等。

3. ABC。【解析】个人信贷业务操作风险成因包括：(1)商业银行对个人信贷业务缺乏风险意识或风险防范经验不足。(2)内控制度不完善、业务流程有漏洞。(3)管理模式不科学、经营层次过低且缺乏约束。(4)个人信用体系不健全等。

4. ABCDE。【解析】代理业务是指商业银行接受客户委托，代为办理客户指定的经济事务、提供金融服务并收取一定费用，包括代理政策性银行业务、代理中央银行业务、代理商业银行业务、代收代付业务、代理证券业务、代理保险业务、代理其他银行的银行卡收单业务等。

三、判断题

1. A。【解析】对外赔偿是指由于内部操作风险事件，导致商业银行未能履行应承担的责任造成对外的赔偿。

2. A。【解析】风险与控制自我评估是银行对自身经营管理中存在的操作风险点进行识别，评估固有风险，再通过分析现有控制活动的有效性，评估剩余风险，进而提出控制优化措施的工作。

第六章 流动性风险管理

考情直击

本章的主要内容是与商业银行流动性风险有关的识别、评估与计量、监测与报告、风险控制、风险应急管理等相关的知识。分析近几年的考试情况,本章的常考点有流动性的分类和层级、流动性风险产生的内生因素、多种风险的转换、中长期结构性分析、市场流动性风险监测、资产管理、流动性应急计划等,在考试中占5.5~7分。

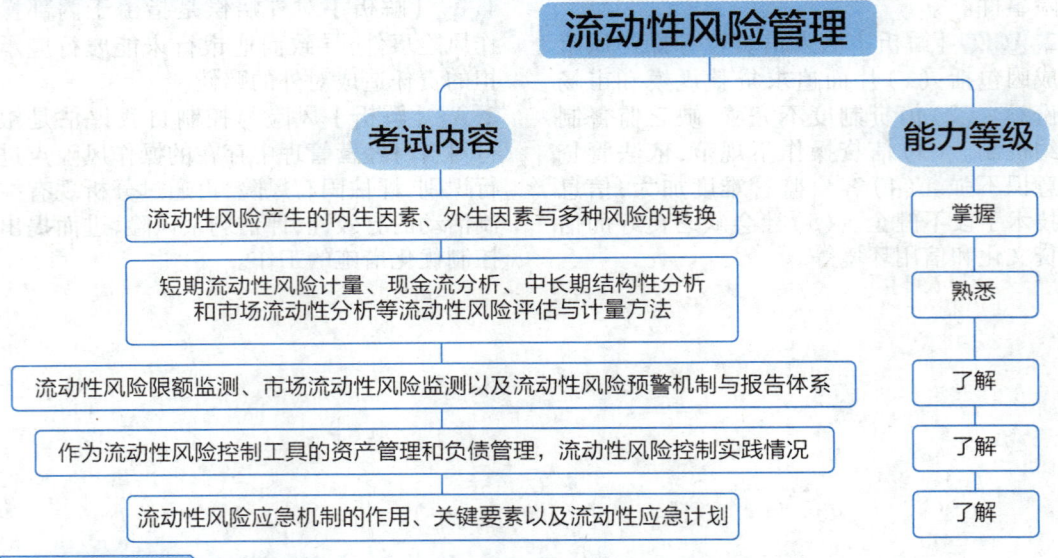

考纲要求

流动性风险管理

考试内容	能力等级
流动性风险产生的内生因素、外生因素与多种风险的转换	掌握
短期流动性风险计量、现金流分析、中长期结构性分析和市场流动性分析等流动性风险评估与计量方法	熟悉
流动性风险限额监测、市场流动性风险监测以及流动性风险预警机制与报告体系	了解
作为流动性风险控制工具的资产管理和负债管理,流动性风险控制实践情况	了解
流动性风险应急机制的作用、关键要素以及流动性应急计划	了解

知识解读

第一节 流动性风险识别

一、流动性的分类和层级 ★★★

1. 概念

流动性是指商业银行在不影响日常经营或财务状况的情况下,能够以合理成本及时获得充足资金,以满足资产增长或履行到期债务的能力。

2. 分类

从商业银行流动性来源看,流动性可分为:

(1)**负债流动性**,是指商业银行能够以合理成本通过各种负债工具及时获得零售或批发资金的能力。

(2) **资产流动性**,是指商业银行能够以合理的市场价格将持有的各类流动性资产及时变现或以流动性资产为押品进行回购交易的能力。

(3) **表外流动性**,是指商业银行通过资产证券化、期权、掉期等衍生金融工具获得资金的能力。

3. 层级

流动性根据主体的不同,可分为:

(1) 单个银行流动性,是指单个银行完成支付义务的能力。

(2) 银行体系流动性,是指各家商业银行拥有的、可用于支付的资金总量,主要体现为各家商业银行在中央银行的超额备付之和。其还可以细分为银行参与的各个金融市场的流动性,且各个金融市场的流动性不完全一致。

(3) 社会流动性,是指整个社会中的企业和个人拥有的、可用于支付的货币总量。社会流动性按照用于支付的方便程度不同,可分为:

① M_0,主要是现金。

② M_1,主要是 M_0 和企业的活期存款。

③ M_2,是 M_1 和企业定期存款及个人存款。

教你一招

现阶段,我国按流动性不同将货币供应量划分为三个层次:M_0、M_1、M_2。

真题精练

【例1·单项选择题】(　　)是指商业银行能够以合理的市场价格将持有的各类流动性资产及时变现或以流动性资产为押品进行回购交易的能力。

A. 资产流动性　　　　　　　　B. 负债流动性

C. 表外流动性　　　　　　　　D. 表内流动性

A 资产流动性是指商业银行能够以合理的市场价格将持有的各类流动性资产及时变现或以流动性资产为押品进行回购交易的能力。

二、流动性风险概述 ★★★

流动性风险是指商业银行无法以合理成本及时获得充足资金,用于偿付到期债务、履行其他支付义务和满足正常业务开展的其他资金需求的风险。流动性风险主要源于银行自身资产负债结构的错配,突发性事件及信用、市场、操作和声誉等风险之间的转换,或源于市场流动性收紧未能以公允价值变现或质押资产以获得资金。**商业银行流动性风险管理的核心是要尽可能地提高资产的流动性和负债的稳定性,并在两者之间寻求最佳的风险—收益平衡点。**

流动性风险可分为:

(1) **融资流动性风险**,是指商业银行在不影响日常经营或财务状况的情况下,无法及时有效地满足资金需求的风险,反映了商业银行在合理的时间、成本条件下迅速获取资金的能力。

(2) **市场流动性风险**,是指由于市场深度不足或市场动荡,商业银行无法以合理的市场价格出售资产以获得资金的风险,反映了商业银行在无损失或微小损失情况下迅速变现的能力。

流动性风险是商业银行日常管理的内容,只有在极端情况下,流动性风险问题才会发展成清偿能力风险。

三、流动性风险的内生因素 ★★★

1. 资产负债币种结构

商业银行应当按照本外币合计和重要币种分别进行流动性风险识别、计量、监测和控制,对其他币种的流动性风险可以进行合并管理。对于持有的外汇总额及重要币种,应制定并定期回顾检查一定时期内对错配情况的限制条件。为保持安全的外币流动性状况,商业银行可根据其外币债务结构,选择以百分比方式匹配外币债务组合,即将所持有的外币资产尽可能地一一对应其外币债务。

若商业银行认为某种外币是其最重要的对外支付和结算工具,占有绝对比例,则可以选择以绝对方式匹配其外币债务组合,即完全持有该重要货币用来匹配所有外币债务,不持有或尽可能少持有其他外币资产,以降低外币流动性管理的复杂程度。无论采用何种方式,商业银行都应当参照本币资产负债期限结构的管理方式,严格控制外币资产负债的错配期限。

2. 资产负债期限结构

商业银行资产负债期限结构是指在未来特定的时段内,到期资产(现金流入)与到期负债(现金流出)的构成状况。**商业银行最常见的资产负债期限错配情况是"借短贷长",即将大量短期借款(负债)用于长期贷款(资产)**,其优点是可以提高资金使用效率、利用存贷款利差增加收益,但如果这种期限错配严重失衡,则有可能因到期资产所产生的现金流入严重不足造成支付困难,从而面临较高的流动性风险。

商业银行为了获取盈利而在正常范围内建立的"借短贷长"的资产负债期限结构(或持有期缺口),被认为是一种正常的、可控性较强的流动性风险。

> **要点点拨**
>
> 在实践操作中,借入流动性是商业银行降低流动性风险的"最具风险"的方法,商业银行通常选择在真正需要资金的时候借入资金。

3. 资产负债分布结构

商业银行应当严格执行限额管理的相关要求,尽可能降低其资金来源(负债)和使用(资产)的同质性,形成合理的资产负债分布结构,以获得稳定的、多样化的现金流量,最大限度地降低流动性风险。

(1)商业银行应当根据自身情况,控制各类资金来源的合理比例,并适度分散客户种类和资金到期日。

(2)在日常经营中持有足够水平的流动资金,并根据本行的业务特点持有合理的流动资产组合,作为应付紧急融资的储备。

(3)制定适当的债务组合以及与主要资金提供者建立稳健持久的关系,以维持资金来源的多样化及稳定性,避免资金来源过度集中于个别对手、产品或市场。

(4)制定风险集中限额,并监测日常遵守的情况。

一般来说,以零售资金来源为主的商业银行,其流动性风险相对较低。这是由于零售性质的资金(如居民储蓄)来源更加分散、同质性更低,相比批发性质的资金(如同业拆借、公司存款)具有更高的稳定性。

除此之外,商业银行的资金使用(如贷款发放、购买金融产品)同样应当注意交易对象、时间跨度、还款周期等要素的分布结构。

> **真题精练**
>
> 【例2·多项选择题】下列关于流动性风险内生因素的说法中,错误的有( )。
> A. 一般来说,以零售资金来源为主的商业银行,其流动性风险相对较高
> B. 商业银行最常见的资产负债期限错配情况是"借长贷短"
> C. 对于持有的外汇总额及重要币种,应制定并定期回顾检查一定时期内对错配情况的限制条件
> D. 商业银行应当根据自身情况,控制各类资金来源的合理比例,并适度分散客户种类和资金到期日
> E. 商业银行的资金使用(如贷款发放、购买金融产品)同样应当注意交易对象、时间跨度、还款周期等要素的分布结构
>
> 【答案】AB A项,一般来说,以零售资金来源为主的商业银行,其流动性风险相对较低。B项,商业银行最常见的资产负债期限错配情况是"借短贷长"。

四、流动性风险的外生因素 ★★★

外部流动性因素主要是指外部因素导致的银行体系的流动性波动。**银行体系的流动性主要体现为商业银行整体在中央银行的超额备付金头寸**。影响超额备付金头寸的主要因素包括外汇占款、贷款投放、节假日因素等。

具体来说,银行体系流动性的外部影响因素包括:

(1)资金来源:外汇占款带来存款和备付金增加;国库定期存款;下调存准率,将准备金转化为超额备付金;央票到期,央行逆回购。

(2)银行体系流动性:银行体系的超额备付金。

(3)资金流失:发放贷款,创造存款,将超额备付金转化为准备金;央票发行,央行正回购;春节、长假等现金季节性支取;上缴财政存款(财政存款需全额上缴央行)。

这些外部流动性因素可以概括成宏观因素、市场因素、季节因素和事件因素。其中,宏观因素是驱动银行体系,进而影响单个银行流动性的根本因素。在宏观整体性因素的影响下,不同市场体现出不同的流动性特点。对国内商业银行而言,季节性因素对流动性的影响也很明显。国内商业银行面临的事件因素的一个案例是新股发行。

五、多种风险的转换 ★★★

1. 信用风险

如果银行承担了过度的信用风险,则其本身的信用将出现问题,对银行信用敏感的资金提供者将重新考虑给予融资的条件和金额。银行的融资能力将受到较大的损害。实践表明,大多数银行的倒闭,都是严重的信用风险和流动性风险交叉作用的结果。

2. 市场风险

市场风险包括利率风险、汇率风险、股票和商品的价格风险等,主要来源于市场利率、汇率、价格对银行的不利变动。利率、汇率和价格变化对银行资产的盈利和融资的成本都会产生影响,这种不利变动会导致银行融资成本上升、交易对手减少、现金流入减少、资产负债错配程度加剧、流动性储备贬值或变现困难等,而这些因素极易引发流动性风险。

3. 操作风险

操作风险源于内部程序、员工、信息科技系统存在问题,以及外部事件造成损失的风险。银行支票和证券支付清算系统、电子交易系统、网上银行和信用卡系统等出现问题将对流动性产生影响。不仅银行账户可能因无法及时清算而出现资金不足,而且客户可能因账户经常出现结算问题而销户,转走资金。

4. 声誉风险

银行在履行债务和安全稳健运行方面的声誉,对于银行维持资金稳定及以合理成本融资至关重要。银行的负面传言,无论其起因如何,都可能促使存款人、其他资金提供者和投资人要求更高的风险对价补偿(如更高的回报或更多的担保等),甚至从银行转走资金。

5. 战略风险

与流动性风险相关的战略风险不仅来源于对战略制定和执行的不适当,也包括银行经营管理决策制定或执行过程中的错漏和偏差,以及对外部环境和行业变化缺乏正确的应对措施。流动性管理是银行经营策略的重要内容之一,银行的经营发展策略也应考虑流动性因素。

6. 集中度风险

集中度风险源于银行具有相同或相似属性业务风险敞口过大而产生的风险。集中度涵盖银行经营管理各个方面,如同一业务领域(市场环境、行业、区域、国家等)、同一客户(借款人、存款人、交易对手、担保人、债券等融资产品发行体等)、同一产品(融资来源、币种、期限、避险或缓险工具等)的风险敞口。由于业务属性相近,且占比达到一定程度,风险一旦集中爆发,对银行的损害巨大。集中度风险与其他风险也是一种交叉的关系。到期时间过于集中对流动性将产生极大压力,而集中爆发的信用风险也极易引发流动性风险,因此集中度风险是引发信用、流动性风险的主要诱因之一。集中度风险从总体上讲,与银行的风险偏好密切相关。

> **知识加油站**
>
> 集中度风险的一个重要特征是具有很大的隐蔽性。在很多情况下,集中度风险暴露带来的损失,银行是很难把握和控制的,只能做好事先的防范。

7. 国别风险

国别风险源于某一国家或地区经济、政治、社会变化及事件,如经济恶化、政治和社会动荡、资产被国有化或被征用、政府拒偿外债、外汇管制及货币贬值等,导致该国家或地区借款人或债务人没有能力或者拒绝偿付银行金融机构债务,使银行金融机构在该国家或地区的商业存在遭受损失,到期资金无法收回,进而影响流动性安全。**国别风险与其他风险是一种交叉的关系,国别风险的具体表现可能是信用风险、市场风险、汇率风险、流动性风险等其中一种或多种的组合。**国别风险可能对商业银行与当地分支机构之间的资金往来产生影响,同时使该国客户或相关客户集中违约从而引发流动性风险。

六、流动性风险的内部因素和外部因素 ★★★

1. 内部因素

(1)经营战略过于激进,融资策略与银行业务性质和规模发展不相符,未能为资产的迅速增长以合理成本筹集足够稳定资金,导致资产负债期限结构严重不匹配。

(2)流动性资产储备不足,或流动性资产储备组合在交易对手、金融工具种类、地理位置或经济领域上高度集中,无法迅速通过质押或变现融入资金,造成流动性风险。

(3)负债集中度高、来源不稳定。如过于依赖单一或一组密切关联的资金提供者,特别是融资来源过于依靠利率敏感度较高的批发借款市场(包括大型企业和同业市场),如遇市场变化,容易引发流动性风险。

(4)表外业务如贷款承诺、期权、信贷衍生工具及其他或有项目,都会给流动性造成影响,如客户依据贷款承诺短时间内大量提款,某项信贷风险掉期合约中银行出售信贷保障,向交易对手承诺赔偿信贷损失并收取承诺费,一旦出现贷款违约,银行要承担损失。

(5)信用风险加大,到期资产不能按约定收回,未来现金流无法实现,可能引发流动性风险。

(6)出现重大操作风险,支付结算系统崩溃等,造成支付障碍或执行交易时延误而直接影响银行现金流。

(7)出现重大声誉风险,如员工欺诈或丑闻等负面消息,削弱公众对银行的信心,或承诺未能履行,虽然该承诺没有法律约束力,但仍会引起公众和评级机构对财务状况的质疑,导致存款支取,或出现挤兑,引发一家银行甚至整个银行体系的流动性危机。

2. 外部因素

(1)宏观经济形势或政策发生变化,整个金融系统出现危机,导致市场上流动性枯竭。

(2)外部市场利率大幅波动导致银行资产组合市值变化,盈利出现波动,交易对手认为该行承受较大风险,提高资金价格或拒绝提供资金,或单一金融工具市场流动性缺失,资产变现困难或变现成本提高。

(3)评级机构下调评级,交易对手要求其付出风险溢价、减小或取消授信额度,银行融资成本上升或无法从市场融入资金。

(4)一家银行出现流动性危机,市场出现恐慌和信任危机,市场流动性消失,引发系统性流动性危机。

(5)银行集团独立经营的附属机构过于依赖母行资金支持,发生流动性问题向母行传导。

(6)同业机构授信政策的变化,导致在银行间市场上融资困难或融资成本提升。如国家金融监督管理总局实施国际新监管标准,提高了同业风险权重。资金融出方可能会调整同业机构授信政策,提高资金成本,这对资金融入方的流动性将带来一定影响。

除了一般性的流动性与流动性风险的特点外,中国商业银行的流动性波动及流动性风险也具有自身独有的特点。中国商业银行体系的流动性在宏观影响因素、货币政策传导上具有自身独有的特点。**宏观经济因素主要包括外汇占款、贷款投放、现金支取和财政存款四个因素。**

为了对冲宏观经济因素带来流动性波动,实现货币政策目标,中央银行会通过一系列货币政策工具对银行体系流动性进行调控,**主要工具包括存款准备金率和央行公开市场操作。**

第二节 流动性风险评估与计量

一、短期流动性风险计量 ★★

1. 流动性比例

流动性比例指标主要作为流动性风险监管的辅助指标,在具体分析时需要结合其他指标的情况综合进行分析。流动性比例的计算公式为:

$$流动性比例 = 流动性资产余额/流动性负债余额 \times 100\%$$

商业银行的流动性比例应当不低于25%。 流动性资产和流动性负债的具体构成参见非现场监管报表 G22。

2. 流动性覆盖率

流动性覆盖率(LCR)旨在确保商业银行具有充足的合格优质流动性资产,能够在国家金融监督管理总局规定的流动性压力情景下,通过变现这些资产满足未来至少30日的流动性需求。

流动性覆盖率的计算公式为:

$$流动性覆盖率 = 合格优质流动性资产/未来30日现金净流出量 \times 100\%$$

合格优质流动性资产是指满足具有风险低、易于定价且价值稳定、与高风险资产的相关性低等基本特征,能够在无损失或极小损失的情况下在金融市场快速变现的各类资产。未来30日现金净流出量是指在国家金融监督管理总局规定的压力情景下,未来30日的预期现金流出总量与预期现金流入总量的差额。

(1)**商业银行的LCR应当不低于100%**。在流动性覆盖率低于100%时,银行业监督管理机构将要求商业银行提交流动性风险分析报告,报告应包括导致流动性覆盖率降至最低监管标准以下的原因、持续时间预测、严重程度、银行是否能在短期内采取补救措施等多方面因素进行分析。

(2)LCR本质上是一个流动性压力测试,隐含了一个短期的流动性危机情景。**危机情景的时段长设置为未来30日**。

(3)LCR指标的准确性来自其潜在假设的合理性。若假设与实际存在偏离,则LCR所反映的流动性风险也存在局限。

3.优质流动性资产分析

(1)超额备付金率。超额备付金率是指商业银行为适应资金营运的需要,用于保证存款支付和资金清算的货币资金占存款总额的比率。该指标用于反映银行的现金头寸情况,可以衡量银行的流动性和清偿能力。

超额备付金率=(在中国人民银行的超额准备金存款+库存现金)/各项存款

超额备付金率可分币种计算。超额备付金率越高,银行短期流动性越强,若比率过低,则表明银行清偿能力不足,可能会影响银行的正常兑付。关注一家银行的超额备付金率主要是为了监测其是否具备正常的支付能力,保证其具备一定比例的现金和流动性强的资产准备以应付客户提款。但同时应注意,超额备付金率是衡量银行流动性和清偿能力的一个短期指标,该指标涵盖范围较窄,还要结合银行未来的现金流状况来综合监测银行流动性和偿付能力。

(2)优质流动性资产分析。优质流动性资产分析包括两方面:

①**结构分析**。分析银行优质流动性资产的构成及其占总资产的比重,判断银行优质流动性资产构成的合理性与可靠性。

②**总量分析**。计算银行优质流动性资产的绝对额,结合预计现金流出量和预计现金流入量,判断银行优质流动性资产是否能够满足未来一定期限内的流动性需求。

对于优质流动性资产可进行趋势分析,也可用于同质同类比较。趋势分析通过分析单家银行不同时期的优质流动性资产结构及占比,得出覆盖短期流动性缺口能力的变化情况。同质同类比较通过对比单家银行与其他银行或同业平均水平的优质流动性资产结构和占比,判断单家银行优质流动性资产水平的相对高低。

> 💡 **真题精练**
>
> 【例3·单项选择题】A公司2018年年末流动性资产余额为1 000万元,流动性负债余额为500万元,则A公司2018年的流动性比例为( )。
> A.50% B.100%
> C.200% D.300%
>
> C 流动性比例=流动性资产余额/流动性负债余额×100% =1 000/500×100% =200%。

二、现金流分析 ★★

现金流分析以情景模拟的方式分析银行未来的现金流,评估银行是否具有足够的现金头寸,分析不同产品在未来不同时段的现金流入和流出。现金流分析以更直接的方式回答"银行是否有足够的头寸应对流动性风险",从时间、产品和场景三个维度全面分析银行所面临的流动性风险,而不是以一个数字表示银行面临的短期流动性风险。

(一)现金流分析与期限错配分析

现金流分析所关注的现金流可以分为:

(1)**存量业务的合同现金流**。存量业务的合同现金流分析和期限错配分析是一致的。若只关注存量业务按合同到期所产生的现金流,现金流分析就简化为期限错配分析,也称为静态现金流分析。

(2)新业务现金流。**完整的现金流分析包含新业务的现金流预测**。银行除了"合同现金流量"外,还存在大量的"预期"的现金流量,若一部分即将到期的资产和负债可能被展期,银行可能会出售部分资产等。

(二)流动性风险的现金流分析

1. 设定时段与产品,确定分析目标

现金流分析首先要决定未来的时段划分和产品划分,建立分析的表格。

(1)**表格的横向是未来的各个时段,时段的划分可以是每天、每周或者每月**。在极端情况下,可以按照每个到期日进行分类。本表在时段上先划分为实际部分(已经发生的)与预测部分(未来的时段)。

(2)**表格的纵向是银行的各个产品**。产品按照现金流来源与现金支出进行分类。第一行是现金流分析的目标,即银行的现金头寸。其中,现金头寸在美国商业银行中体现为出售的联邦基金,而国内银行主要体现为超额备付金。

银行各个现金流项目的分类包括:

(1)当前的现金头寸(出售的联邦基金/超额备付金)。
(2)流动性来源(资金来源)。
(3)流动性需求(资金运用)。
(4)时段末的现金头寸。

2. 设定情景,进行现金流分析

情景假设决定了各项业务的现金流变化。通过现金流分析表,既可以看到未来一段时间内银行的现金流入与流出,评估银行是否具有足够的流动性,也可以分析流动性的需求与流动性的来源。

3. 调整情景,进行情景间的现金流对比分析

危机情景下的各项产品类别为:

(1)出售的联邦基金。分析的起点是正常情景下可能的现金头寸。
(2)应急情况下的流动性来源。包括使用无担保的证券进行回购借入资金,使用潜在的拆借获得资金,出售贷款组合等。
(3)紧急情况下的流动性需求。包括存款的流失、表外担保的使用等。
(4)在紧急情况下的流动性头寸。紧急情况下的流动性头寸等于正常情况下的现金流,加上危机情况下的流动性来源,减去危机情况下的流动性需求。

在对表格结果进行整体分析,总结成分析报告的时候,银行需要以最终的现金头寸为关注中心。现金头寸持续为正,表明银行能够在不同的情景下提供支付,进行正常营运。现金头寸为负,表明银行已经无力进行支付,无法正常营业。现金头寸为负出现的时点,也常常称为银行在这个情景下的生存期。在一个合理的压力情景下,银行通常应具备够的生存期。在现金流分析中,现金流假设时常来自银行的定性判断。

三、中长期结构性分析 ★★

1. 存贷比

存贷比可以在一定程度上衡量银行以相对稳定的负债支持流动性较弱资产扩张的能力。其实质是存款来源制约贷款,也就是稳定资金支持非流动性资产,计算公式为:

存贷比＝调整后贷款余额/调整后存款余额×100%

其中,各项存款包括企业存款、私营及个体存款、事业单位存款、机关团体部队存款、居民储蓄存款、保险公司存款、2009年1月1日前签署的邮政储蓄协议存款、住房公积金机构存款、保证金存款、应解汇款及临时存款等。各项贷款包括贷款、贸易融资、票据融资、融资租赁、从非金融机构买入返售资产、透支、各项垫款等。

首先应该观察指标是否符合法定监管标准。通过对月度日均比例与期末比例的比较,可以对银行存贷款的稳定性做出进一步判断,若二者差异过大,则可能存在"冲时点"粉饰期末比例的现象。在判断存贷比指标整体情况的同时,还可以在进一步细分不同类别的存款和贷款基础上,分析一些与存贷比相关的监测指标,如零售贷款/零售存款、批发贷款/批发存款等。

2. 净稳定资金比例

净稳定资金比例(NSFR)根据银行一个年度内资产的流动性特征设定可接受的最低稳定资金量。净稳定资金比例是流动性覆盖率的一个补充,鼓励银行通过结构调整减少短期融资、增加长期稳定资金来源。设定净稳定资金比例的目的是确保长期资产具有相匹配的稳定负债,防止银行在市场繁荣、流动性充裕时期过度依赖短期批发资金。此外,**净稳定资金比例指标的观察区间为一个年度,有助于抑制银行使用期限刚好大于流动性覆盖率规定的30日时间区间的短期资金行为**。其计算公式为:

NSFR＝可用稳定资金/所需稳定资金×100%

净稳定资金比例必须大于100%。净稳定资金比例指标包含两部分内容:

(1)可用稳定资金(ASF)。可用稳定资金估算银行持续处于压力状态下,仍然有稳定的资金来源银行持续经营和生存1年以上。

(2)所需稳定资金(RSF)。所需稳定资金估算在持续1年的流动性紧张环境中,无法通过自然到期、出售或抵押借款而变现的资产数量。

相比当前国内现有的监管指标(如存贷比),NSFR指标的优点有:

(1)NSFR指标涵盖了整张资产负债表,包括所有资产的流动性与所有负债的稳定性。贷存比仅仅考虑了贷款的非流动性和存款的稳定性。

(2)NSFR指标在资产流动性和负债稳定性的判定上更趋细化,将资产的流动性与负债的稳定性看作是一个连续过渡的状态,对不同的资产和负债给予不同流动性和稳定性权重。

3. 期限错配分析

如果银行用短期存款去支持长期的贷款,会出现期限错配。期限错配的程度越大,潜在的流动性风险就越大。

计量期限错配的方法有时也称为"流动性缺口分析"。由于现金流分析中现金流缺口有时也称为"流动性缺口",为了避免产生混淆,我们使用巴塞尔委员会提法,将其称为合同期限错配分析。

合同期限错配是常见的流动性风险计量手段。在合同期限错配表中,资产方的资金流入减负债方的资金流出等于银行在特定时间内期限错配金额。当负债到期额大于资产到期额时,出现合同资金流出。如果没有滚动和新业务,银行会出现流动性需求。当资产到期多于负债到期时,出现合同资金流入,在没有滚动和新业务的时候,银行有剩余资金可供放贷和投资。

除了用缺口绝对值计量流动性风险外,也可以采用流动性缺口率的方式定义缺口程度。监管指标中的流动性缺口率指按特定方法对商业银行资产负债表内外有关项目未来一定期限内的可能形成的现金流量进行测算,并将现金流出与现金流入的差额与相应期限的现金流入量相除得到的比例,主要用以反映商业银行未来一定期限内的资产负债期限结构的错配程度。

期限错配分析的一个缺点是假设资产负债到期后不可展期,也无新业务。这个假设与银行持续经营假设有较大出入。另一个缺点是它不能对银行的借款能力进行评估。对于那些在短期资金市场经营的货币中心银行而言,其流动性的一个主要方面表现在从市场筹集新资金的能力。

4. 核心负债比例

核心负债比例是指中长期较为稳定的负债占总负债的比例。其中,核心负债包括距离到期日 3 个月以上(含 3 个月)的定期存款和发行债券,以及活期存款中的稳定部分。其计算公式为:

核心负债比例 = 核心负债 / 总负债 × 100%

该指标认为到期期限在三个月以上的负债具有较高的存款稳定性,活期存款具有一定程度的存款稳定性。**指标将到期日在三个月以上的负债和 50% 的活期存款定义为核心存款。**由于商业银行类型不同,客户基础不同,其核心负债比例的中值或平均值也不同,一般来说,大型银行的中值在 60% 左右,股份制银行的中值在 50% 左右。一般应对同类银行进行聚类分析,考察其在同类银行中负债的稳定可比程度。

5. 同业市场负债比例

同业市场负债一般是对市场流动性高度敏感的不稳定融资来源。同业市场负债比例是指商业银行从同业机构交易对手获得的资金占总负债的比例。银行应根据自身业务特点,针对性地设置同业市场负债比例,避免过度依赖同业资金作为融资来源。其计算公式为:

同业市场负债比例 =(同业拆借 + 同业存放 + 卖出回购款项)/ 总负债 × 100%

该指标反映了商业银行同业负债在总负债中的比例,**目前上限为 33.3%**。相比于一般公司存款和储蓄存款,同业负债更加不稳定,尤其是在发生系统性金融风险的情况下,同业负债来源非常不可靠。该指标值越高,说明该银行负债来源对同业市场依赖程度越高,通常情况下银行负债结构更不稳定,流动性风险水平会较高。在分析该指标时,要关注同业负债的结构。

6. 融资集中度指标

银行既可以通过交易对手、金融工具类型、地区等维度对融资来源的集中度进行限制,也可以根据业务的实际特点针对性设计关于融资稳定性的指标。国家金融监督管理总局要求商业银行至少应进行以下融资来源集中度指标的计量检测和管理:

最大十户存款比例 = 最大十户存款客户存款合计 / 各项存款 × 100%

该指标从客户角度控制银行从个别借款人获得大量资金,避免过高的融资集中度。

最大十家同业融入比例 =(来自最大十家同业机构交易对手同业拆放 + 同业存放 + 卖出回购 + 委托方同业代付 + 发行同业存单 − 结算性同业存款)/ 总负债 × 100%

> **要点点拨**
>
> 由于同业资金具有更高的不稳定性,最大十家同业融入比例指标从同业资金的借款来源控制银行的融资集中度。

7. 流动性匹配率

流动性匹配率的计算公式为:

流动性匹配率 = 加权资金来源 / 加权资金运用 × 100%

(1)加权资金来源。加权资金来源包括来自中央银行的资金(包括通过公开市场操作、常备借贷便利、中期借贷便利、再贷款等从中央银行融入的资金)、各项存款、同业存款、同业拆入、卖出回购(不含与中央银行的交易)、发行债券及发行同业存单等项目。

(2)加权资金运用。加权资金运用包括各项贷款、存放同业、拆放同业、买入返售(不含与中央银行的交易)、投资同业存单、其他投资等项目。其中,其他投资指债券投资、股票投资外的表内投资,包括但不限于特定目的载体投资(如商业银行理财产品、信托投资计划、证券投资基金、证券公司资产管理计划、基金管理公司及子公司资产管理计划、保险业资产管理机构资产管理产品等)。

7 天以内的存放同业、拆放同业及买入返售的折算率为 0。流动性匹配率的最低监管标准为不低于 100%。该指标值越低,说明银行以短期资金支持长期资产的问题越大,期限匹配程度越差。流动性匹配率计算较简单、敏感度较高、容易监测,可对潜在错配风险较大的银行进行有效识别,适用于全部商业银行。

四、市场流动性分析 ★★

1. 对银行体系流动性产生冲击的常见因素

(1)宏观经济因素和货币政策因素。

(2)金融市场因素。在银行体系流动性保持一定的情况下,可能会出现风险因素,导致部分金融市场或区域的流动性丧失。

(3)季节性因素。由于中国货币政策是数量型调控与价格型调控并举,目前以数量型调控为主,随着利率市场化的逐步深入,将会以价格型调控为主。

> **知识加油站**
>
> 金融市场也为单个银行的流动性风险高低提供了有效、及时的市场信息。商业银行应密切关注金融市场和银行体系的流动性指标。

2. 分析工具及参考指标

(1)影响银行体系流动性供给需求的因素:外汇储备、央行公开市场操作、法定准备金率、税款缴纳等。

(2)银行体系流动性指标:回购利率、SHIBOR 利率等货币市场利率。

(3)金融市场流动性指标:股票市场指数、国债市场利率、票据转贴现利率/相对国债点差、信用债市场利率/相对国债点差、银行债市场利率/相对国债点差、货币市场利率/相对国债点差等。

(4)单个银行流动性指标:银行自身的信用债/相对国债的点差、银行自身信用债点差与其他银行信用债点差的比较等。

第三节　流动性风险监测与报告

一、流动性风险限额监测 ★

(一)限额的作用

设定限额是流动性风险管理必不可少的环节。风险限额起着三个作用,即控制最高风险水平、提供风险参考基准和满足监管要求。

(1)风险限额确保风险带来的损失不会超过银行的承受能力,为银行管理提供不能逾越的底线。

(2)限额为决策制定者和风险管理者提供风险参考基准。通过与限额水平的比较,董事、高级管理人员和风险管理人员可以确定当前风险与既定的边界差距,以促进监督和控制。

(3)设立风险限额也是各国监管机构的要求。《商业银行流动性风险管理办法》要求:商业银行应当建立流动性风险限额管理制度。

（二）建立限额体系

1. 工作内容

建立限额体系包括选择用于限额的计量指标和确定指标的阈值作为限额两个工作。

表 6-1 限额体系的建立

工作	内容
限额计量指标的选择	由于流动性风险的复杂性和多维度，单一的流动性风险限额是不适合的。银行需要针对流动性风险的不同特性，使用一整套限额来控制流动性风险暴露。 （1）为了保持银行最具流动性的资产以满足日常的管理需要，银行可以设定超额备付率限额。 （2）为了应对短期潜在的流动性压力，银行可以设定 LCR 限额、最低流动性缓冲限额或者压力测试生存期限额。 （3）为了应对中长期的结构性风险，银行可以设定存贷比、NSFR、融资集中度、期限错配等限额。
指标阈值的确定	一般来说，设立流动性风险指标的阈值作为限额时，通常考虑以下因素： （1）银行的风险容忍度与风险偏好。 （2）银行对风险的缓释能力。 （3）银行的盈利能力和风险回报率。 （4）流动性风险的可能性与预期。 （5）对取得流动性能力的预期。 （6）其他非流动性的风险暴露。 （7）过往的业务量和风险水平。

2. 中国流动性风险监管指标或监测指标

监管机构的指标和限额是对全行业的最基本要求。商业银行在设计流动性风险限额体系时，应在此基础上包含更多限额指标，或设置更高要求的限额值，建立更适合自身业务特点的限额体系。

表 6-2 流动性风险监测指标

指标	定义	限额值
流动性比例	流动性资产余额除以流动性负债余额	不低于 25%
流动性覆盖率	合格优质流动性资产与未来 30 天现金净流出量的比值	不低于 100%
净稳定资金比例	可用稳定资金与所需稳定资金的比值	不低于 100%
流动性匹配率	加权资金来源除以加权资金运用	不低于 100%
优质流动性资产充足率	优质流动性资产除以短期现金净流出	不低于 100%

（三）建立限额管控流程

流动性风险限额的管理流程包括限额设立、限额调整、限额监测和超限额管理。

1. 限额设立

（1）限额的设立应得到银行各部门的高度认同。
（2）限额设立的要点是明确限额由谁设立，由谁审批。
（3）制定完限额提议后，全行层面的限额体系将交由董事会的风险管理委员会审批。

2. 限额调整

原则上，限额体系和限额值设定后不随意修改。但限额并非僵硬不变。在特殊情景下，例如外部环境剧烈变化，系统性或政策性风险发生，银行需要对限额值进行调整。申请限额调整需要有明确的调整发起单位，应由相应的管理机构进行审批。

3. 限额监测

限额监测就是指定明确的监测部门,按确定的频率对不同限额指标进行计量和汇报。

4. 超限额管理

风险指标超限的时候,银行应立刻采取清晰有力的行动,以树立"限额必须严格遵守"的原则。超限额报告应包含超限额的程度、发生原因、可能持续的时间、相关建议、解决的时间表。

> **知识加油站**
>
> 交易限额是指对总交易头寸或净交易头寸设定的限额。风险限额是指对按照一定的计量方法所计量的市场风险设定的限额。止损限额即允许的最大损失额。

二、市场流动性风险监测 ★

市场整体的信息

市场整体的信息包括各主要市场的当前发展状况及发展趋势信息,并考虑其对金融行业和特定银行可能造成的潜在影响。

有价值的市场监测信息包括但不限于:股票价格(包括股市整体表现以及与被监管银行业务有关的各个领域的次级指数)、债券市场(货币市场、中期票据、长期债务、衍生工具、政府债券市场、信用违约价差指数等)、外汇市场、商品市场,以及与特定产品挂钩的指数,例如某些证券化产品指数。

金融行业的信息

为跟踪确认整个金融行业是与整体市场同步发展,还是处于困境,需监测的信息包括整个金融行业以及特定金融领域的权益和债券市场信息,例如股票市场中的银行板块指数。

特定银行的信息

为监测市场是否对某一特定机构失去信心,或已认识到某一机构的风险,应在二级市场上收集有关股票价格、信用违约掉期价差、货币市场交易价格、各种期限融资的展期和价格情况、银行债券和银行次级债务的利率等信息。股票价格和信用价差等信息都是随时可得的,但是对这些信息的准确解释很重要。

> **真题精练**
>
> 【例4·判断题】市场整体的信息包括各主要市场的当前发展状况及发展趋势信息,不需要考虑其对金融行业和特定银行可能造成的潜在影响。( )
> A.正确　　　　　　　　　　　　B.错误
>
> B　市场整体的信息包括各主要市场的当前发展状况及发展趋势信息,并考虑其对金融行业和特定银行可能造成的潜在影响。

三、流动性风险预警机制与报告体系 ★

(一)流动性风险预警与报告

1. 流动性风险预警

流动性风险在发生之前,商业银行通常会表现为各种内、外部指标/信号的明显变化,随时关注并监测这些预警信号的变化和发展趋势,有助于商业银行及早发现并纠正导致流动性风险的错误行为/交易,适时采取正确的风险控制方法。

考虑到短期流动性风险、中长期结构性风险和其他风险转化问题，**商业银行至少应建立短期风险预警和中长期风险预警两类预警机制，其中中长期预警机制为两级，短期预警机制为三级**。

2. 流动性风险报告

风险报告是风险管理的一个重要组成部分。风险报告需要将复杂的风险管理信息，以清晰有力的方式传递给银行各种类型和层次的管理机构，以协助风险管理信息的交流。

流动性风险报告体系源自流动性风险的计量基础和限额体系，也与银行其他报告体系相适应。建立流动性风险管理报告体系的核心问题是，"我们应该让哪些人，在什么时间，知道什么信息"，因此流动性风险报告应该按照层次进行划分。一些市场流动性指标监测和超额备付率这样的日常流动性风险水平指标可以**按日报告**；一些复杂的、关注中长期的指标可以使用**月度报告**。

> **要点点拨**
>
> 实际上，流动性风险报告体系往往不是独立的。在实践中，高层次的流动性风险报告内容是董事会风险管理报告，或者资产负债管理委员会报告（ALCO 报告）的一部分。

（二）商业银行中长期流动性风险两级预警级别

（1）**绿灯**：流动性压力测试正常或偶然一次未通过，或核心负债依存度较为稳定，保持在股份制商业银行均值以上（48%），或中长期贷款比例保持在股份制银行均值附近，并不占据前两位。

（2）**黄灯**：流动性压力测试连续 2 次未能通过，或核心负债依存度连续 3 个月下滑并持续低于股份制银行均值，或中长期贷款比例高于均值，并占据前两位。

（三）商业银行短期流动性风险三级预警级别

（1）**一级预警**：清算/交易系统故障（不超过 24 小时），导致清算/备付金账户透支；本外币备付率持续一周低于 2%；存款一天内下降超过 200 亿元，同时一周内持续下降超过 400 亿元或存款的 5%；市场净融入资金超过 400 亿元；银行间市场 7 天以内回购利率波动一周内超过 100 个基点。

（2）**二级预警**：本外币超额准备金率连续一周低于 1.5%；存款持续一周下降超过存款总规模的 10%；市场净融入资金（拆借/回购）超过 5 000 亿元；银行间市场 7 天以内回购利率波动一周内超过 100 个基点。

（3）**三级预警**：本外币备付率连续一周低于 1%；存款短时间内持续大幅下降超过存款总规模的 20%；市场出现恐慌性挤兑；一周到期现金流不足存款总额的 1%；市场融资能力下降，出现支付危机。

第四节　流动性风险控制

一、作为流动性风险控制工具的资产管理和负债管理 ★

流动性风险控制手段大致经历了商业票据阶段、资产管理阶段、负债管理阶段和平衡管理阶段四个阶段。

（一）资产管理

资产管理是流动性风险控制的重要工具，也是当前国内商业银行流动性管理的主要手段。**流动性的资产管理包括资产到期日管理、流动性资产组合管理以及抵押品管理三个方面**。

1. 资产到期日管理

在到期日管理中,银行需要控制资产的到期日结构,特别是控制与负债的期限错配程度。**流动性的到期日管理常常用来应对中长期的结构性流动性风险**。短期资产具有更强的流动性,但往往具有较低的收益率。活期存款和现金具有最短的期限和最高的流动性,但收益也是最低的。因此,银行必须在流动性和收益性之间取得平衡,将符合银行特性的风险取向以风险容忍度等方式公布出来,在银行内部取得共识。

在具体的管理措施上,银行通常会制定特定的比例来管理资产到期日;同时,银行的资产负债结构也会隐含着对到期日的管理。

2. 流动性资产组合管理

银行必须在资产方配置对应的流动性组合,以应对潜在危机带来的现金流出。在建立流动性资产组合时,银行往往考虑以下要素:

(1)集中度管理。负债方过度集中会带来负债不稳定。资产组合过度集中也会带来平仓困难。在操作层面,银行需要订立管理细则来避免限额流动性组合的过度集中。

(2)变现能力管理。由于变现能力取决于信用质量,银行应严格管理流动性组合的资产质量,订立进入流动性组合的资产的最低评级。同时,流动性组合应避免过度复杂的结构性产品,集中在简单透明、易于估值的产品。低信用等级债券和结构性债券的市场变现能力在流动性危机中会快速下降。

在国内商业银行的管理中,流动性储备的最主要形式是分级流动性储备体系。一家股份制银行的流动性储备就分为三级:

(1)**一级流动性储备**。一级流动性备付包括超额备付金和库存现金,直接用于流动性支付和流动性波动,可满足大多数情况下的存贷款日间资金需求。

(2)**二级流动性储备**。建立专门的流动性投资组合。该组合属于交易账户,主要配置流动性最好的国债。

(3)**三级流动性储备**。银行将全部交易账户、部分持有待售组合、票据等资产划为三级流动性备付,在危机情况下流动性风险管理团队可以申请对这部分资产进行变现。同时,流动性管理团队对这部分组合的期限、信用等级、产品类型等可以提出相应的配置要求。

巴塞尔委员会将银行资产按流动性高低分为四类:

(1)**最具有流动性的资产**,如现金及在中央银行的市场操作中可用于抵押的政府债券,这类资产可用于从中央银行获得流动性支持,或者在市场上出售、回购或抵押融资。

(2)**其他可在市场上交易的证券**,如股票和同业借款,这些证券是可以出售的,但在不利情况下可能会丧失流动性。

(3)**商业银行可出售的贷款组合**,一些贷款组合虽然有可供交易的市场,但在流动性分析的框架内却可能被视为不能出售。

(4)**流动性最差的资产包括实质上无法进行市场交易的资产**,如无法出售的贷款、银行的房产和在子公司的投资、存在严重问题的信贷资产等。

在计算资产流动性时,抵押给第三方的资产均应从上述各类资产中扣除。

3. 抵押品管理

抵押品管理实际上是日常管理最常用的手段。银行往往首先使用抵押的方式获得流动性,而非资产出售的方式。在国内的银行间市场上,回购的交易频率和市场规模远高于债券交易。为了能够快速及时地通过抵押品方式获得流动性,银行应建立良好的抵押品管理机制。

(二)负债管理

国外的货币中心型银行将负债管理作为流动性管理的重要手段,批发性融资是流动性的重要来源。依赖批发性融资的银行相对来说流动性比较脆弱。对于依赖负债管理的银行应高度关注负债的流动性风险管理,通常应在避免过度依赖批发融资规模的前提下,完善负债来源分散化管理与保持"市场接触"管理。

1. 负债来源分散化管理

银行应保持负债来源的分散性与多样性。

(1)银行应该在期限、交易对手、是否抵押状态、金融工具类型、货币以及地理位置上保持适度的分散性。

(2)风险管理人员应熟悉多样化的融资来源,了解银行融资来源的组成,熟悉不同类型金融工具的流动性特点,明了各融资工具在不同情景下的表现与可获得程度。

(3)银行的高级管理层也应该对融资策略进行定期地检查与讨论。

(4)对负债分散度的管理应体现在银行每年的流动性规划和限额体系中。

商业银行应限制其从单一融资来源或某一特定期限获得资金的集中度。某些活跃于多币种市场交易的银行,应有能力从多种渠道获得各种币种资金。高管层应明确了解银行的资产和融资来源的构成、特征和多样化程度,还应定期评估融资策略在内部或外部环境变动下的有效性。

2. 保持"市场接触"管理

银行应该建立持续的"市场接触"管理机制,以保持批发融资来源的稳定性。

(1)银行应该积极管理和定期测试银行的市场接触能力。

(2)银行应根据融资策略要求,在融资市场上保持适当的活跃度。

市场接触包括银行应建立合适的系统、法律文档、操作流程和信息获取体系。银行应该建立一套管理体系,识别、监测和维护主要的交易对手。在市场接触管理中,银行还需要将中央银行作为交易对手,与中央银行保持密切沟通,理解中央银行对紧急融资的要求,并为此做好准备。

(三)流动性风险日常管理

流动性风险日常管理一般包括日间流动性管理和司库运作。其中,日间流动性管理是流动性风险管理的基础性工作,其核心任务是确保银行具有充足的头寸,满足日常和临时性的清算支付需要,保障银行正常经营和平稳运行。银行司库是银行运营中的重要组成部分,作为商业银行的资金中心,发挥流动性管理职能,为银行的稳健发展作出贡献。

教你一招

批发性融资是流动性的重要来源。

二、流动性风险控制在国内的实践 ★

中国商业银行的流动性风险控制特点是:头寸管理是重要的日常管理,资产管理上虽拥有良好的流动性组合但变现能力存在局限,负债管理正在稳步发展,开始运用符合国内市场特色的金融工具。

(1)国内商业银行在形式上具有更健康的资产管理能力。中央银行从货币政策的角度考虑,不能为市场注入足够的流动性。银行高质量的流动性资产无法变现或抵押,以获得流动性。

(2)在负债管理上,国内商业银行尚未经历真正意义上的脱媒,负债来源直接来自企业和个人。银行的负债基础更为稳定。在未来,随着金融市场的发展,中国的银行业将不可避免地经历一场金融脱媒的过程。

(3)相比零售和企业存款,批发性存款更不稳定。

面对国内流动性的风险水平可能将趋势性上升的现状,同时股东(投资者)对银行收益性要求的不断提高,会促使流动性风险管理更加走向科学化与合理化。

商业银行除了监测在正常市场条件下的资金净需求外,还有必要定期进行压力测试,根据不同的假设情况(可量化的极端范围)进行流动性测算,以确保商业银行储备足够的流动性来应对可能出现的各种极端状况。

第五节　流动性风险应急管理

一、流动性风险应急机制的作用 ★

流动性应急机制是银行进行流动性管理的一类政策和程序,这类政策和程序用于应对极端的流动性紧张情形,使银行能够在危机情景下依然合理控制流动性成本,进行及时有效的筹资,以应对流动性危机。银行建立流动性应急机制主要原因是:

(1)流动性应急机制是银行流动性管理中必不可少的部分,也是满足监管合规的重要条件。

(2)流动性应急机制能够帮助银行提高应对危机的及时性。

(3)流动性应急机制能够帮助银行提高应对危机的有效性。

二、流动性风险应急机制的关键要素 ★

(1)设定触发应急计划的情景,至少应当包括银行评级被大幅降低的情况。

(2)明确董事会、高管层及各部门在应急计划实施中的权限和职责。

(3)规定应急程序和措施,至少包括资产方应急措施和负债方应急措施、加强内外部沟通和其他减少因信息不对称而给商业银行带来不利影响的措施。

(4)列明压力情况下的应急资金来源和量化信息,合理估计可能的筹资规模和所需时间,充分考虑跨境、跨机构的流动性转移限制,确保应急资金来源可靠、充分。

(5)区分法人和集团层面,并视需要针对重要币种和境外主要业务区域制定专门的应急计划。对于受到流动性转移限制影响的分支机构或附属机构,应当制定专门的应急计划。

(6)至少每年一次对应急计划进行评估,必要时进行修订,并不定期对应急计划进行演练,确保在紧急情况下的顺利实施。

三、流动性应急计划 ★

1. 流动性应急计划的内容

第一,危机处理方案。规定各部门沟通或传输信息的程序,明确在危机情况下各自的分工和应采取的措施,以及制定在危机情况下资产和负债的处置措施。

第二,弥补现金流量不足的工作程序。备用资金的来源包括未使用的信贷额度,以及寻求中央银行的紧急支援等。应急计划应尽可能明确预期从上述渠道获得的资金数量,在何种情形下才能使用上述资金渠道,以及资金未来的偿还安排。

2. 职能分工

银行应将有经验的管理人员纳入应急计划的组织架构,并获得董事会的授权支持。由于管理是在危机情形下运作,危机管理小组是个相对资产负债管理委员会小很多的团队。银行的危机管理小组,或者危机管理委员会,往往会包括以下成员:

(1)首席执行官,行长。

(2)首席财务官,或者分管财务的行长。

(3)首席风险官,或者分管风险的行长。

(4)首席投资官,或者分管资金交易的行长。

(5)负责银行流动性风险管理部门和关键部门领导。

> **要点点拨**
>
> 银行也会将法律合规、对外沟通、投资者关系、分支机构等人员纳入管理小组。

3. 预警指标

预警指标是对流动性危机不同阶段的预警信号，一般是预先选定的。一项预警事件的发生需要至少1~2个流动性管理风险事件的触发。

利用预警指标识别流动性危机阶段需要做到以下几点：

(1)预警指标应包含那些流动性表象之外的真正原因。流动性危机的触发因素往往不是流动性本身。最常见的触发因素是大额信贷损失。在制定预警体系之前，银行需要理解是什么导致了流动性枯竭。

(2)银行应高度关注预警体系。现实中，一个或两个早期预警指标会被经常触发，但并不一定导致流动性危机发生。早期预警指标仅仅是用来提示银行建立审慎的流动性储备。但是，银行如果持续性地忽视预警指标，并在预警信号产生期间不积极建立流动性储备，则容易成为触发流动性危机的主要原因。预警信号包括：银行收入下降；资产质量恶化；银行评级下调；无保险的存款、批发融资或资产证券化的利差扩大；股价大幅下跌；资产规模急速扩张或收购规模急剧增大；无法获得市场借款。

4. 应急措施

(1)**应急措施的第一步应表明银行在怎样的情况下应进入流动性危机的管理状态**。应急计划应列出银行管理者进行评估所需要依据的指标和特征。

(2)在各个级别应急阶段，流动性管理人员应向危机管理小组及时汇报当前的流动性状态。

(3)在应急阶段，银行应采取措施筹集资金。

(4)在流动性危机的某些阶段，应急计划应直接授予应急管理人员以全盘进行所有资产和负债调整的能力，不论这些资产和负债原来由谁负责管理。

5. 沟通披露

(1)紧急情况下的对内对外沟通联系表。在流动性危机发生之前便明确发生危机时的沟通联系表，包括具体的联系方式(如电话号码)，并实时更新。

(2)与重要的存款者和资金提供者保持沟通。应急计划应包含此类沟通内容，并指定明确的责任部门。完善的应急计划应包含定期对外沟通的安排。资金管理办公人员、分支机构、客户经理应有责任与提供资金的客户进行沟通联系。此外，高级管理者有责任与高级别的资金提供者进行及时沟通。

(3)与外界的沟通。对外信息披露是流动性管理的重要组成部分。银行需定期提供合适的对外披露内容，特别是对主要交易对手和资金提供者的信息披露。

(4)职责分工。银行需明确负责对信息进行管理和披露的个人或委员会。应急计划应指定高管层的委员会或CEO负责对危机情况下重要信息的披露，并指定某个人负责对媒体的披露和公共关系管理。

(5)内部沟通。

(6)不同沟通重点的转变。应急计划应阐明在不同发展阶段信息沟通的重点如何发生变化。

6. 计划演练

(1)对于复杂的融资交易，银行应进行定期演练，以了解复杂融资交易所需要的过程，并对复杂融资交易所提供的流动性规模和获得流动性需要的时间有正确的认识。

(2)通过演练测试不同管理者承担沟通、协调和决策制定的能力。通过模拟演习，重新定义一些人员和委员会在流动性危机评估和决策制定过程中的职责。

(3)大型银行还可以利用模拟测试管理者与不同地域或不同分支机构之间的沟通和协调能力。跨时区经营的银行很明显会面临一些额外的沟通难题。

(4)应急计划测试演练也能提醒核心决策制定者对某些危机管理问题的重视。

7. 审批更新

(1)应急计划应进行定期审批和更新。

(2)将大量的计划细节交由董事会进行审批不是好的做法。过多的细节会限制管理层行动的灵活性。而且对过多细节进行更新也是非常繁杂的。一个处理方式是董事会批准一个简短而概括的应急计划,其余细节通过附录的形式展现并由高级管理者负责制定和维护。

> 💡 **真题精练**
>
> 【例5·多项选择题】流动性应急计划具体内容包括(　　)。
> A. 职能分工　　　　B. 沟通披露
> C. 应急措施　　　　D. 计划演练
> E. 审批更新
>
> ---
>
> A B C D E　流动性应急计划具体应包括六部分内容:职能分工、预警指标、应急措施、沟通披露、计划演练、审批更新。

章节自测

一、单项选择题(在以下各小题所给出的四个选项中,只有一个选项符合题目要求,请将正确选项的代码填入括号内)

1. (　　)是指商业银行能够以合理成本通过各种负债工具及时获得零售或批发资金的能力。
   A. 资产流动性　　　　　　B. 负债流动性
   C. 表外流动性　　　　　　D. 表内流动性

2. 社会流动性按照用于支付的方便程度不同的分类不包括(　　)。
   A. M_0　　　　　　　　B. M_1
   C. M_2　　　　　　　　D. M_3

3. 巴塞尔委员会将银行资产按流动性高低分为四类,下列属于最具有流动性的资产的是(　　)。
   A. 现金　　　　　　　　　B. 股票
   C. 同业拆借　　　　　　　D. 银行的房产

4. 2018年新增贷款7.5万亿元,对应创造7.5万亿元存款。如果准备金率是20%,银行将有(　　)万亿元的超额备付金被转成法定准备。
   A. 1　　　　　　　　　　B. 1.5
   C. 5　　　　　　　　　　D. 6

5. 央行提升准备金率,银行的流动性将(　　)。
   A. 增加　　　　　　　　　B. 减少
   C. 不变　　　　　　　　　D. 无法确定

6. 流动性覆盖率(LCR)旨在确保商业银行具有充足的合格优质流动性资产,能够在国家金融监督管理总局规定的流动性压力情景下,通过变现这些资产满足未来至少(　　)日的流动性需求。
   A. 3　　　　　　　　　　B. 7
   C. 15　　　　　　　　　 D. 30

7. 考虑到短期流动性风险、中长期结构性风险和其他风险转化问题,商业银行至少应建立短期风险预警和中长期风险预警两类预警机制,其中中长期预警机制为( )级,短期预警机制为( )级。
   A. 两;两   B. 两;三
   C. 三;两   D. 三;三
8. 流动性的资产管理不包括( )。
   A. 资产到期日管理   B. 负债到期日管理
   C. 流动性资产组合管理   D. 抵押品管理
9. 银行应保持负债来源的( )。
   A. 集中性与多样性   B. 分散性与单一性
   C. 分散性与多样性   D. 集中性与单一性
10. 下列不属于银行建立流动性应急机制主要原因的是( )。
    A. 流动性应急机制能够帮助银行提高应对危机的及时性
    B. 流动性应急机制能够帮助银行提高应对危机的有效性
    C. 流动性应急机制是银行流动性管理中可有可无的部分
    D. 流动性应急机制是满足监管合规的重要条件

二、多项选择题(在以下各小题所给出的选项中,至少有两个选项符合题目要求,请将正确选项的代码填入括号内)

1. 从商业银行流动性来源看,流动性可分为( )。
   A. 资产流动性   B. 负债流动性
   C. 表外流动性   D. 表内流动性
   E. 所有者权益流动性
2. 银行的危机管理小组或者危机管理委员会的成员包括( )。
   A. 首席财务官   B. 首席执行官
   C. 首席风险官   D. 首席投资官
   E. 负责银行流动性风险管理部门和关键部门领导
3. 下列属于商业银行流动性风险内部因素的是( )。
   A. 信用风险加大,到期资产不能按约定收回,未来现金流无法实现,可能引发流动性风险
   B. 出现重大操作风险,支付结算系统崩溃等,造成支付障碍或执行交易时延误而直接影响银行现金流
   C. 宏观经济形势或政策发生变化,整个金融系统出现危机,导致市场上流动性枯竭
   D. 一家银行出现流动性危机,市场出现恐慌和信任危机,市场流动性消失,引发系统性流动性危机
   E. 银行集团独立经营的附属机构过于依赖母行资金支持,发生流动性问题向母行传导
4. 下列属于短期流动性风险计量指标的是( )。
   A. 流动性比例   B. 流动性覆盖率
   C. 超额备付金率   D. 存贷比
   E. 净稳定资金比例
5. 商业银行流动性风险限额的作用包括( )。
   A. 控制最低风险水平   B. 控制最高风险水平
   C. 提供风险参考基准   D. 规避风险
   E. 满足监管要求

· 151 ·

三、判断题(请判断以下各小题的正误,正确的选A,错误的选B)

1. 商业银行为了获取盈利而在正常范围内建立的"借短贷长"的资产负债期限结构(或持有期缺口),被认为是一种不正常的、可控性较差的流动性风险。（　）
   A. 正确　　　　　　　　　　　　B. 错误

2. 二级流动性备付包括超额备付金和库存现金。（　）
   A. 正确　　　　　　　　　　　　B. 错误

答案详解

一、单项选择题

1. B。【解析】负债流动性是指商业银行能够以合理成本通过各种负债工具及时获得零售或批发资金的能力。

2. D。【解析】社会流动性按照用于支付的方便程度不同,可分为:(1)M_0,主要是现金。(2)M_1,主要是M_0和企业的活期存款。(3)M_2,是M_1和企业定期存款及个人存款。

3. A。【解析】最具有流动性的资产包括现金及在中央银行的市场操作中可用于抵押的政府债券,这类资产可用于从中央银行获得流动性支持,或者在市场上出售、回购或抵押融资。

4. B。【解析】如果准备金率是20%,银行将有 7.5 万亿元 × 20% = 1.5 万亿元的超额备付金被转成法定准备。

5. B。【解析】央行提升准备金率,会将存放在央行中的超额准备转换成法定准备,减少银行的流动性。

6. D。【解析】流动性覆盖率(LCR)旨在确保商业银行具有充足的合格优质流动性资产,能够在国家金融监督管理总局规定的流动性压力情景下,通过变现这些资产满足未来至少 30 日的流动性需求。

7. B。【解析】考虑到短期流动性风险、中长期结构性风险和其他风险转化问题,商业银行至少应建立短期风险预警和中长期风险预警两类预警机制,其中中长期预警机制为两级,短期预警机制为三级。

8. B。【解析】流动性的资产管理包括资产到期日管理、流动性资产组合管理以及抵押品管理三个方面。

9. C。【解析】银行应保持负债来源的分散性与多样性。

10. C。【解析】银行建立流动性应急机制主要原因是:(1)流动性应急机制是银行流动性管理中必不可少的部分,也是满足监管合规的重要条件。(2)流动性应急机制能够帮助银行提高应对危机的及时性。(3)流动性应急机制能够帮助银行提高应对危机的有效性。

二、多项选择题

1. ABC。【解析】从商业银行流动性来源看,流动性可分为资产流动性、负债流动性和表外流动性。

2. ABCDE。【解析】银行的危机管理小组,或者危机管理委员会,往往会包括以下成员:(1)首席执行官,行长。(2)首席财务官,或者分管财务的行长。(3)首席风险官,或者分管风险的行长。(4)首席投资官,或者分管资金交易的行长。(5)负责银行流动性风险管理部门和关键部门领导。

3. AB。【解析】选项AB属于流动性风险的内部因素,选项CDE属于流动性风险的外部因素。

4. ABC。【解析】选项ABC属于短期流动性风险计量指标,选项DE属于中长期结构性指标。

5. BCE。【解析】流动性风险限额起着三个作用,即控制最高风险水平、提供风险参考基准和满足监管要求。

三、判断题

1. B。【解析】商业银行为了获取盈利而在正常范围内建立的"借短贷长"的资产负债期限结构(或持有期缺口),被认为是一种正常的、可控性较强的流动性风险。

2. B。【解析】一级流动性备付包括超额备付金和库存现金,直接用于流动性支付和流动性波动。

第七章 国别风险管理

考情直击

本章的主要内容是与商业银行国别风险有关的识别、评估和计量、监测与报告、风险控制与缓释等相关的知识。分析近几年的考试情况，本章的常考点有国别风险的类型、国别风险的评估、国别风险等级分类、国别风险敞口计量、国别风险日常监测、国别风险预警和应急处置机制等，在考试中占5~5.5分。

考纲要求

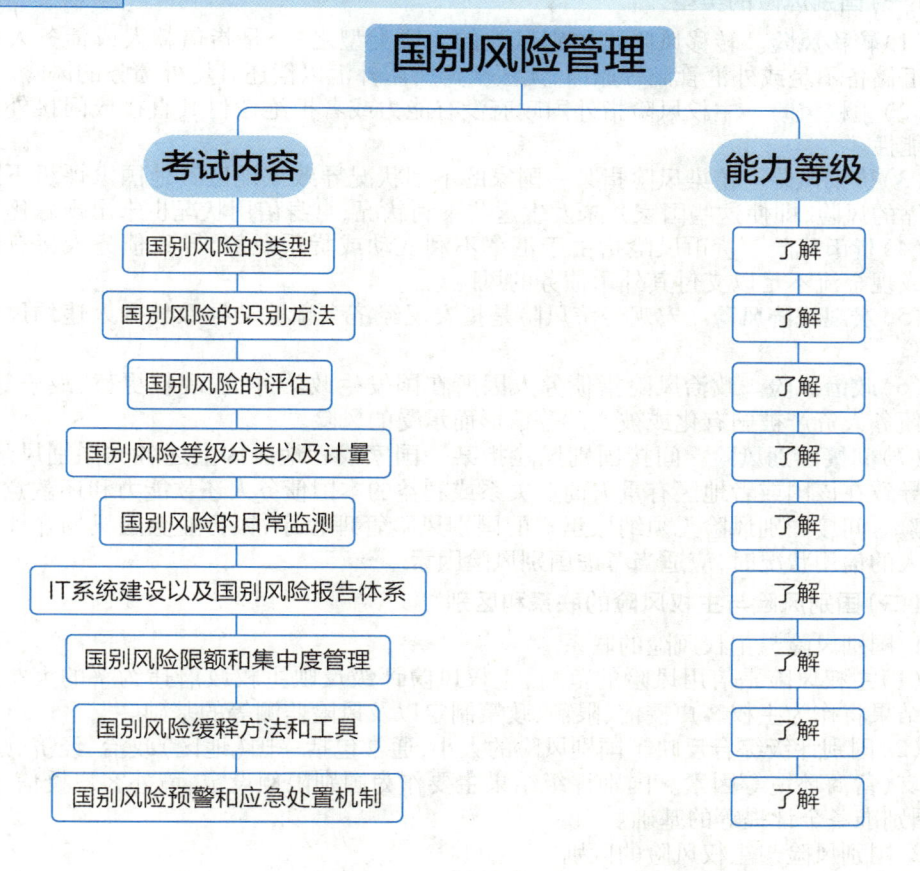

考试内容	能力等级
国别风险的类型	了解
国别风险的识别方法	了解
国别风险的评估	了解
国别风险等级分类以及计量	了解
国别风险的日常监测	了解
IT系统建设以及国别风险报告体系	了解
国别风险限额和集中度管理	了解
国别风险缓释方法和工具	了解
国别风险预警和应急处置机制	了解

> 知识解读

第一节　国别风险识别

一、国别风险概述 ★

国别风险可能由经济体经济状况恶化、政治和社会动荡、资产被国有化或被征用、政府拒付对外债务、外汇管制或货币贬值等情况引发。国别风险是指由于某一国家或地区经济、政治、社会变化及事件，导致该国家或地区借款人或债务人没有能力或者拒绝偿付银行业金融机构债务，或使银行业金融机构在该国或该地区的商业存在遭受损失，或使银行业金融机构遭受其他损失的风险。国别风险体系中的国家或地区，是指不同的司法管辖区或经济体。

二、国别风险的类型 ★

（一）国别风险的类型

（1）**转移风险**。转移风险是国别风险的主要类型之一，是指借款人或债务人由于本国外汇储备不足或外汇管制等原因，无法获得所需外汇以偿还其境外债务的风险。

（2）**主权风险**。主权风险指外国政府没有能力或者拒绝偿付其直接或间接外币债务的可能性。

（3）**传染风险**。传染风险指某一国家的不利状况导致该地区其他国家评级下降或信贷紧缩的风险，即使这些国家并未发生这些不利状况、自身信用状况也未出现恶化。

（4）**货币风险**。货币风险指由于汇率不利变动或货币贬值，导致债务人持有的本国货币或现金流不足以支付其外币债务的风险。

（5）**宏观经济风险**。宏观经济风险是指宏观经济大幅波动导致债务人违约风险增加的风险。

（6）**政治风险**。政治风险指债务人因所在国发生政治冲突、政权更替、战争等情形，或者债务人资产被国有化或被征用等情形而承受的风险。

（7）**间接国别风险**。间接国别风险指某一国家或者地区因上述各类国别风险增高，间接导致在该国或者地区有重大商业关系或利益的本国债务人还款能力和还款意愿降低的风险。间接国别风险无须纳入正式的国别风险管理程序，银行业金融机构在评估本国债务人的信用状况时，应适当考虑国别风险因素。

（二）国别风险与主权风险的联系和区别

1. 国别风险与主权风险的联系

（1）主权风险是信用风险的范畴，主权风险评级反映主权政府违约率的大小。主权评级结果将作为主权客户授信、限额、政策制定以及风险监测等的基础。

（2）国别评级综合反映了国别风险的大小，通常包括一国（地区）政治、经济、财政、国际收支、营商环境等因素。国别评级结果主要作为国别限额设定、境外客户授信、贷款分类、国别准备金计提等的基础。

2. 国别风险与主权风险的区别

（1）国别风险看风险的角度更宽广。

（2）国别风险考虑的风险因素更复杂。

> **要点点拨**
>
> 国别风险等级仅表示排序，不代表违约率。

> **真题精练**
>
> 【例1·单项选择题】（　　）是指借款人或债务人由于本国外汇储备不足或外汇管制等原因,无法获得所需外汇以偿还其境外债务的风险。
> A. 主权风险　　　　　　　　B. 转移风险
> C. 间接国别风险　　　　　　D. 传染风险
>
> **B**　转移风险是指借款人或债务人由于本国外汇储备不足或外汇管制等原因,无法获得所需外汇以偿还其境外债务的风险。

三、国别风险的识别方法 ★

国别风险主体分为直接风险主体和最终风险主体。

风险主体所在国家（地区）,对于个人,按照个人居住地,如果在多个国家（地区）有住所的,按其经常居住地确定国别。对于非个人,一般是指主体注册成立的国家,但以下情况例外：

（1）当主体不是银行的法人企业的分公司时,所在国家（地区）为其总公司的注册地。

（2）当主体是银行的分行时,直接风险主体所在国家（地区）应当填列在分行所在国家（地区）,并按照担保转移,将最终风险主体所在国家（地区）视为其总行所在国家（地区）。

（3）当直接风险主体是空壳公司或SPV,比如注册在开曼群岛、维京群岛等离岸金融中心或其他金融中心的客户,则其所在地为从事实际经营活动的地区或其管理机构的所在地。

（4）对于飞机、船舶融资,若存在长期租约并可以明确指明还款的主要来源国家,一般应以还款来源国作为直接风险主体所在国家。若不存在长期租约或无法明确还款来源国家,则直接风险主体所在国家为飞机/船舶的最终拥有人的所在国家。如果融资的偿还主要依靠质押于银行的租约项下的租金收入,则直接主体所在国家应为承租人所在国家。

（5）对于基金投资等不能明确界定直接风险主体所属国家的,按最能代表该资产的国家或区域确定。

（6）风险主体为国际组织的,所属国家统一认定为"国际组织",不属于任何一个特定国家。

> **教你一招**
>
> 国别风险主体：直接风险主体（债务人或交易对手）、最终风险主体。

第二节　国别风险评估和计量

一、国别风险的评估 ★

（一）国别风险的计量与评估

目前,国际上的研究机构和主要银行,通常采用定量和定性指标相结合的综合打分卡模型来评估国别风险,不仅包括政治、经济等因素,还加入法律、税收、基础设施等运营环境模块,例如,Global Insight（环球透视）采用综合打分卡模型,其模块和权重分别为：政治

25%、经济 25%、法律 15%、税收 15%、运营（主要指基础设施）10%、安全 10%；另一种是**基于主权评级模型基础上的国别评级模型**。

> **知识加油站**
>
> 银行业金融机构应当合理利用内外部资源开展国别风险评估和评级，在此基础上做出独立判断。国别风险暴露较低的银行业金融机构，可以主要利用外部资源开展国别风险评估和评级，但最终应当做出独立判断。

（二）国别风险评估指标

（1）**数量指标**。数量指标反映一国的经济情况，包括国民总收入（或净值）、财政赤字、通货膨胀率、国际收支（贸易收支、经营收支等）、国际储备、外债总额等。

（2）**比例指标**。比例指标反映一国的对外清偿能力，包括以下五个方面：

①外债总额与国民生产总值之比。
②偿债比例。
③应付未付外债总额与当年出口收入之比。
④国际储备与应付未付外债总额之比。
⑤国际收支逆差与国际储备之比。

（3）**等级指标**。

> **真题精练**
>
> 【例2·多项选择题】下列属于国别风险数量指标的有（　　）。
> A. 外债总额　　　　　　　　B. 通货膨胀率
> C. 国际储备　　　　　　　　D. 国际收支
> E. 国民总收入
>
> **A B C D E**　数量指标反映一国的经济情况，包括国民总收入（或净值）、财政赤字、通货膨胀率、国际收支（贸易收支、经营收支等）、国际储备、外债总额等。

二、国别风险等级分类 ★

国别风险应当至少划分为低、较低、中、较高、高五个等级。

（1）**低国别风险**：国家或地区政体稳定，经济政策（无论在经济繁荣期还是萧条期）被证明有效且正确，不存在任何外汇限制，有及时偿债的超强能力。目前及未来可预计一段时间内，不存在导致对该国家或地区投资遭受损失的国别风险事件，或即便事件发生，也不会影响该国或地区的偿债能力或造成其他损失。

（2）**较低国别风险**：该国家或地区现有的国别风险期望值低，偿债能力足够，但目前及未来可预计一段时间内，存在一些可能影响其偿债能力或导致对该国家或地区投资遭受损失的不利因素。

（3）**中等国别风险**：某一国家或地区的还款能力出现明显问题，对该国家或地区的贷款本息或投资可能会造成一定损失。

（4）**较高国别风险**：该国家或地区存在周期性的外汇危机和政治问题，信用风险较为严重，已经实施债务重组但依然不能按时偿还债务，该国家或地区借款人无法足额偿还贷款本息，即使执行担保或采取其他措施，也肯定要造成较大损失。

（5）**高国别风险**：某一国家或地区出现经济、政治、社会动荡等国别风险事件或出现该事件的概率较高,在采取所有可能的措施或一切必要的法律程序后,对该国家或地区的贷款本息或投资仍然可能无法收回,或只能收回极少部分。

三、国别风险敞口计量 ★

银行业金融机构应当根据本机构国别风险类型、暴露规模和复杂程度选择适当的计量方法。计量方法应当至少满足以下要求:能够覆盖表内外所有国别风险暴露和不同类型的风险;能够在单一法人和集团并表层面按国别计量风险;能够根据有风险转移及无风险转移情况分别计量国别风险。

国别风险敞口计量规则应在严格遵循监管机构相关规定和要求的基础上,结合银行业金融机构的风险计量和管理水平来确定。通常,国别敞口金额对表内敞口而言通常是该笔敞口在资产负债表上的账面余额,即体现在资产负债表上的金额,对表外敞口而言,则是表外项目余额。

第三节 国别风险监测与报告

一、国别风险的日常监测 ★

国别风险管理应建立与暴露规模相适应的监测机制,在单一和并表层面上按国别监测风险,监测信息应当妥善保存于国别风险评估档案中。银行业金融机构可以充分利用内外部资源实施监测,包括要求本机构的境外机构提供国别风险状况报告,定期走访相关国家或地区,从评级机构或其他外部机构获取有关信息等。国别风险暴露较低的商业银行,可以主要利用外部资源开展国别风险监测。

日常国别风险信息监测应遵循完整性、独立性和及时性原则。

日常国别风险的信息监测渠道

(1) 新闻平台。
(2) 外部机构数据。
(3) 银行内部信息。

此外,根据监管机构的相关规定,银行业金融机构应当建立与国别风险暴露规模和复杂程度相适应的国别风险压力测试方法和程序,定期测试不同假设情景对国别风险状况的潜在影响,以识别早期潜在风险,并评估业务发展策略与战略目标的一致性。

💡 **真题精练**

【例3·单项选择题】日常国别风险信息监测应遵循的原则不包括( )。
A. 完整性   B. 公开性
C. 独立性   D. 及时性

B 日常国别风险信息监测应遵循完整性、独立性和及时性原则。

二、国别风险IT系统建设 ★

银行业金融机构应当为国别风险的识别、计量、监测和控制建立完备、可靠的管理信息系统。管理信息系统功能至少应当包括:帮助识别不适当的客户及交易;支持不同业务领域、不同类型国别风险的计量;支持国别风险评估和风险评级;监测国别风险限额执行情况;为压力测试提供有效支持;准确、及时、持续、完整地提供国别风险信息,满足内部管理、监管报告和信息披露要求。

国别风险敞口统计分析系统和限额管理系统是国别风险管理的重要IT支持系统,必要时国别评级和压力测试系统也将有助于国别风险管理的系统流程化和自动化。

三、国别风险报告体系 ★

银行业金融机构应当定期、及时向董事会和高级管理层报告国别风险情况,包括但不限于国别风险暴露、风险评估和评级、风险限额遵守情况、超限额业务处理情况、压力测试、准备金计提水平等。不同层次和种类的报告应当遵循规定的发送范围、程序和频率。**重大风险暴露和高风险国家暴露应当至少每季度向高级管理层报告一次**。在风险暴露可能威胁到银行盈利、资本和声誉的情况下,商业银行应当及时向董事会和高级管理层报告。

> **知识加油站**
> 银行业金融机构董事会承担监控国别风险管理有效性的最终责任。

第四节 国别风险控制与缓释

一、国别风险限额和集中度管理 ★

国别风险控制的基本内容是将任一国别的风险敞口控制在其限额内,并遵循集中度限额,并密切监测国别风险状况,动态调整国别限额,必要时采取风险缓释和应急处置措施。

对国别风险应实行限额管理,在综合考虑跨境业务发展战略、国别风险评级和自身风险偏好等因素的基础上,按国别合理设定覆盖表内外项目的国别风险限额。

有重大国别风险暴露的银行业金融机构,一般会考虑在总限额下按业务类型、客户或交易对手类型、国别风险类型和期限等设定分类限额。通常,对高和较高国别风险敞口、单一国别最大敞口、前十大国别敞口等可设置集中度限额。

通常,国别限额类型有敞口限额和经济资本限额。 国别限额可依据国别风险、业务机会和国家(地区)重要性三个因素确定。业务机会与国家(地区)经济规模以及与中国的双边经贸往来有关,国家(地区)重要性与银行业金融机构发展战略有关,两者均不考虑国家(地区)风险。

(1)国别风险。国别风险是国别限额设定的重要依据,国别风险越高,限额越低。

(2)业务机会。设定国别限额与各国的业务机会大小有关,同等国别风险,业务机会越大,限额也相应越大。

(3)国家(地区)重要性。各国家和地区对银行业金融机构国际化战略、市场布局、利润增长、国际影响等方面的重要性。

国别风险限额应当经高级管理层批准,并传达到相关部门和人员;至少每年对国别风险限额进行审查和批准,在特定国家或地区风险状况发生显著变化的情况下,提高审查和批准频率;需要建立国别风险限额监测、超限报告和审批程序,至少每月监测国别风险限额遵守情况,持有较多交易资产的机构应当提高监测频率。超限额情况应当及时向相应级别的管理层或董事会报告,以获得批准或采取纠正措施。

二、国别风险缓释方法和工具 ★

为有效规避和缓释业务所涉国别风险,应做到:

(1)"了解你的客户"及所在国家(地区)风险。

(2)严守集中度限额,减少对高风险和较高风险国家的业务。

(3)通过投保国别风险保险来转移风险。

(4)增加风险较低的第三国母公司或银行的担保或承兑。
(5)以银团贷款方式分散风险或对贷款采取结构性的安排。
(6)吸引世界银行、亚洲开发银行等有政治影响力的多边金融机构参与项目。
(7)合同中增加保护条款,一旦触发,未提款的合约不再提款,已提款的合约需提前还款。
(8)项目收入币种与贷款币种存在错配时,除了通常的套期保值方式外,可对资金的筹措、发放、收回约定币种。
(9)建立国别风险黑名单,对黑名单国家实行禁入或经批准才可准入。

三、国别风险准备 ★

国别风险准备,是指银行业金融机构为吸收国别风险导致的非预期损失、在所有者权益项下计提的准备。银行业金融机构应当充分考虑国别风险对资产质量的影响,准确识别、合理评估、审慎预计因国别风险可能导致的资产损失,制定国别风险准备计提政策。计提资产减值准备应充分考虑国别风险的影响,考虑客户或交易对手所属国家或地区的国别风险评级、经济金融情况等因素。

(1)计提范围。银行业金融机构应对国别风险评级为中等、较高及高风险级别的国别风险暴露计提国别风险准备。
(2)计提比例。中等国别风险不低于5%;较高国别风险不低于15%;高国别风险不低于40%。

四、国别风险预警和应急处置机制 ★

表7-1　国别风险预警和应急处置机制

要点	内容
建立国别风险预警机构	银行业金融机构应成立各级预警领导组织和机构,强化集中管理、高效指挥协调、提高全行预警意识
完善风险信息监控	风险信息与数据是国别风险预警的基础和起点,只有保证信息数据的正确性、完整性和及时性,才能确保应急预警体系的有效性
健全预警信息传递机制	建立合理有效的信息传递机制,保证信息平台收集到的全部信息都完整、快速、有效地传递给了相关人员,并进行了合理的分类,从而用于预警等级的确定
准确把握预警等级	预警等级应有完整严格的书面制度,保证出现国别风险信息能严格按照制度进行等级的分类
加强风险预测	增加应急预警系统风险防范的主动性、前瞻性、有效性。在系统运行过程中,根据经验与实际运行结果,本着预防为主、控制为辅,加强事前预测、减少事后管理的原则,对应急预警体系开展更新和调整,增强风险预测能力
制定应急处置方案	应急处置方案应针对不同的预警等级,由不同层级机构或部门负责处置。方案与措施应保证其时效性和合理性,综合考虑所面临的突发事件风险、银行综合实力和可接受的损失程度等,并根据银行不同层面明确其不同的工作内容

章节自测

一、单项选择题（在以下各小题所给出的四个选项中,只有一个选项符合题目要求,请将正确选项的代码填入括号内）

1. 某一国家或地区的还款能力出现明显问题,对该国家或地区的贷款本息或投资可能会造成一定损失,描述的是(　　)。
   A. 低国别风险　　　　　　　　B. 较低国别风险
   C. 中等国别风险　　　　　　　D. 较高国别风险

2. 在风险暴露可能威胁到银行盈利、资本和声誉的情况下,商业银行应当及时向(　　)报告。
   A. 董事会和高级管理层　　　　B. 中国银行业协会
   C. 监事会和高级管理层　　　　D. 国家金融监督管理总局

3. 国别风险是国别限额设定的重要依据,国别风险越高,限额(　　)。
   A. 不变　　　　　　　　　　　B. 越低
   C. 越高　　　　　　　　　　　D. 不确定

4. (　　)是国别风险预警的基础和起点。
   A. 风险预测　　　　　　　　　B. 预警等级
   C. 风险信息与数据　　　　　　D. 应急处置方案

二、多项选择题（在以下各小题所给出的选项中,至少有两个选项符合题目要求,请将正确选项的代码填入括号内）

1. 国别风险可能由(　　)情况引发。
   A. 政府拒付对外债务　　　　　B. 经济状况恶化
   C. 资产被国有化　　　　　　　D. 货币贬值
   E. 外汇管制

2. 日常国别风险信息监测渠道包括(　　)。
   A. 外部机构数据　　　　　　　B. 社交平台
   C. 银行内部信息　　　　　　　D. 新闻平台
   E. 内部群

3. 通常,对(　　)可设置集中度限额。
   A. 较高国别风险敞口　　　　　B. 高国别风险敞口
   C. 中等国别风险敞口　　　　　D. 单一国别最大敞口
   E. 前十大国别敞口

三、判断题（请判断以下各小题的正误,正确的选 A,错误的选 B）

1. 国别风险等级可以表示排序,也可以代表违约率。　　　　　　　　　　(　　)
   A. 正确　　　　　　　　　　　B. 错误

2. 设定国别限额与各国的业务机会大小有关,同等国别风险,业务机会越大,限额也相应越大。　　　　　　　　　　　　　　　　　　　　　　　　　　　　　　(　　)
   A. 正确　　　　　　　　　　　B. 错误

答案详解

一、单项选择题

1. C。【解析】中等国别风险是指某一国家或地区的还款能力出现明显问题，对该国家或地区的贷款本息或投资可能会造成一定损失的风险。

2. A。【解析】在风险暴露可能威胁到银行盈利、资本和声誉的情况下，商业银行应当及时向董事会和高级管理层报告。

3. B。【解析】国别风险是国别限额设定的重要依据，国别风险越高，限额越低。

4. C。【解析】风险信息与数据是国别风险预警的基础和起点，只有保证信息数据的正确性、完整性和及时性，才能确保应急预警体系的有效性。

二、多项选择题

1. ABCDE。【解析】国别风险可能由经济状况恶化、政治和社会动荡、资产被国有化或被征用、政府拒付对外债务、外汇管制或货币贬值等情况引发。

2. ACD。【解析】日常国别风险信息监测渠道包括：(1)新闻平台。(2)外部机构数据。(3)银行内部信息。

3. ABDE。【解析】通常，对高和较高国别风险敞口、单一国别最大敞口、前十大国别敞口等可设置集中度限额。

三、判断题

1. B。【解析】国别风险等级仅表示排序，不代表违约率。

2. A。【解析】设定国别限额与各国的业务机会大小有关，同等国别风险，业务机会越大，限额也相应越大。

第八章 声誉风险与战略风险管理

考情直击

本章的主要内容是与商业银行声誉风险和战略风险有关的识别、评估、监测和报告、风险控制与缓释等相关的知识。分析近几年的考试情况，本章的常考点有声誉风险识别、声誉风险监测和报告、声誉风险控制与缓释、战略风险识别、战略风险评估、战略风险控制与缓释等，在考试中占 2~5.5 分。

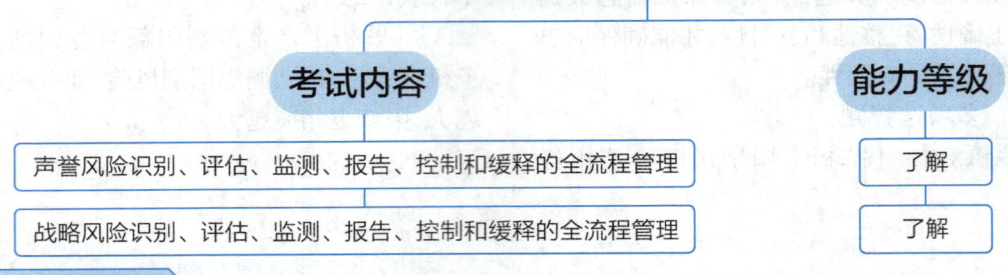

考纲要求

声誉风险与战略风险管理

考试内容	能力等级
声誉风险识别、评估、监测、报告、控制和缓释的全流程管理	了解
战略风险识别、评估、监测、报告、控制和缓释的全流程管理	了解

知识解读

第一节 声誉风险管理

一、声誉风险识别 ★

（一）声誉风险在商业银行风险管理中的地位

声誉风险可能产生于商业银行运营的任何环节，通常与信用风险、市场风险、操作风险、流动性风险等风险交叉存在、相互作用。因此，**声誉风险识别的核心是正确识别八大类风险中可能威胁商业银行声誉的风险因素**。

建立良好的声誉风险管理体系，能够持久、有效地帮助商业银行减少各种潜在的风险损失，包括以下几方面：

（1）**招募和保留最佳雇员**。
（2）**确保产品和服务的溢价水平**。
（3）**减少进入新市场的阻碍**。
（4）**维持客户和供应商的忠诚度**。
（5）**创造有利的资金使用环境**。
（6）**增进和投资者的关系**。
（7）**强化自身的可信度和利益持有者的信心**。
（8）**吸引高质量的合作伙伴和强化自身竞争力**。
（9）**最大限度地减少诉讼威胁和监管要求**。

(二)声誉风险相关监管要求

2023年11月,国家金融监督管理总局发布《商业银行资本管理办法》。其中有关声誉风险的评估要求主要包括:

(1)商业银行应建立与自身业务性质、规模和复杂程度相适应的声誉风险管理体系。

(2)商业银行的声誉风险管理体系应包括有效的公司治理架构、有效的声誉风险管理政策、制度和流程以及对声誉风险事件的有效管理。

(3)商业银行应定期进行声誉风险的情景分析,评估重大声誉风险事件可能产生的影响和后果,并根据情景分析结果制定可行的应急预案,开展演练。

(4)对于已经识别的声誉风险,商业银行应当准确计量隐性支持或在不利市场条件下可能面临的损失,并尽可能准确地计量声誉风险对信用风险、流动性风险、操作风险等其他风险的影响。

(5)商业银行应当充分考虑声誉风险导致的流动性风险和信用风险等其他风险对资本水平的影响,并视情况配置相应的资本。

原中国银保监会在2021年2月8日发布的《银行保险机构声誉风险管理办法(试行)》(简称《声誉风险办法》)首次明确了声誉风险管理"**前瞻性、匹配性、全覆盖、有效性**"四项重要原则。

(三)声誉风险基本识别方法

商业银行通常要求各业务单位及重要岗位定期通过清单法详细列明其当前所面临的主要风险及其所包含的风险因素,然后将其中可能影响到声誉的风险因素提炼出来,认定声誉事件,报告给声誉风险管理部门,如下表所示。

表8-1 声誉风险基本识别方法

风险类别	风险因素/事项	可能影响声誉的风险因素
信用风险	(1)优质客户违约率上升。 (2)不良贷款率接近5%。 (3)贷款损失准备金充足率低于100%。 (4)房地产行业贷款比例超过30%	信用风险状况趋向恶化
市场风险	(1)国债交易损失扩大。 (2)衍生产品交易策略错误。 (3)持有外汇品种单一。 (4)跨国投资账面损失扩大	市场风险管理能力薄弱/技术缺失
操作风险	(1)内外勾结欺诈/骗贷。 (2)经常遭到监管处罚。 (3)信息系统故障导致业务瘫痪。 (4)地震造成营业场所损失	(1)内部控制机制严重缺失。 (2)技术部门/外包机构能力欠缺
其他风险	(1)流动性缺口显著扩大。 (2)逐步丧失业务特色/市场份额	(1)资产负债/风险管理能力低下。 (2)战略风险管理薄弱/缺失

> **教你一招**
>
> 声誉风险基本识别方法:清单法。

二、声誉风险评估 ★

声誉风险管理部门应当将收集到的声誉风险因素按照影响程度和紧迫性进行优先排序。声誉风险评估的关键在于深刻理解潜在风险事件中,利益持有者对商业银行有何期待,以及商业银行对此应当作何反应。

声誉风险管理部门可以采取事先调查等方法,了解典型客户或公众对商业银行经营管理活动中的可能变化持何种态度,以尽量准确预测此类变化可能产生的积极结果或消极结果。商业银行通常需要做出预先评估的声誉风险事件包括:

(1) 市场对商业银行的盈利预期。
(2) 商业银行改革/重组的成本/收益。
(3) 监管机构责令整改的不利信息/事件。
(4) 影响客户或公众的政策性变化等(如营业场所、营业时间、服务收费等方面的调整)。

在实践中,商业银行往往结合自身经营特点自行建立具有本机构特色声誉事件分级机制,例如某商业银行将声誉事件划分为三级:重大、严重、一般。在具体划分标准上,以重大声誉事件为例,满足以下情形之一的,确定为重大声誉事件:

(1) 被中央媒体、有重要影响的市场化媒体,或境外媒体负面报道,被网络媒体大范围转载,引起社会公众广泛关注的。
(2) 超出本机构处置能力范围,需要在上级有关部门指导下处置,或由上级有关部门牵头直接处置的。
(3) 严重影响商业银行正常经营,造成业务经营重大损失,或造成行业重大损失、市场大幅波动,引发系统性风险,影响社会经济秩序稳定,危及国家金融安全的。

其他分级依据程度不同顺次划分。

💡 真题精练

【例1·多项选择题】商业银行通常需要做出预先评估的声誉风险事件包括(   )。
A. 市场对商业银行的盈利预期
B. 商业银行改革/重组的成本/收益
C. 影响客户或公众的政策性变化等
D. 监管机构责令整改的不利信息
E. 监管机构责令整改的不利事件

ABCDE 商业银行通常需要做出预先评估的声誉风险事件包括:(1)市场对商业银行的盈利预期。(2)商业银行改革/重组的成本/收益。(3)监管机构责令整改的不利信息/事件。(4)影响客户或公众的政策性变化等(如营业场所、营业时间、服务收费等方面的调整)。

三、声誉风险监测和报告 ★

声誉风险管理部门处在声誉风险管理的第一线,应当随时了解各类利益持有者所关注的问题,并且正确预测他们对商业银行的业务、政策或运营调整可能产生的反应。同时,声誉风险管理部门应当仔细分析和监测所收到的意见/评论,通过有效的报告和反应系统,及时将利益持有者对商业银行积极和消极的评价或行动、所有的沟通记录和结果,以及商业银行所应当采取的应对措施,经过提炼和整理后,及时汇报给董事会和高级管理层,由最高管理层制订最终的声誉风险应对方案。

目前,国内外金融机构尚未开发出有效的声誉风险管理量化技术,但普遍认为声誉风险管理的最佳实践操作是:推行全面风险管理理念,改善公司治理,并预先做好防范危机的准备;确保各类风险被正确识别、优先排序,并得到有效管理。

在实践中,商业银行一般指定特定部门牵头负责全行舆情监测,各分支机构相关部门负责本单位的舆情监测,实行 7×24 小时舆情监测值班制度,实时监测各类声誉风险因素的演变和发展。同时建立信息共享机制,及时沟通舆情情况。商业银行应高度重视外部监管部门的舆情信息提示,并及时反馈情况。

四、声誉风险控制与缓释 ★

(一) 加强和完善公司治理架构

(1) 把党的领导融入声誉风险管理。
(2) 强化公司治理,明确职责分工:

①董事会负责确定声誉风险管理策略和总体目标,掌握声誉风险状况,监督高级管理层开展声誉风险管理。

②监事会负责监督董事会和高级管理层在声誉风险管理方面的履职尽责情况,并将相关情况纳入监事会工作报告。

③商业银行应设立或指定部门作为本机构声誉风险管理部门,并配备相应管理资源。

④其他职能部门及分支机构负责执行声誉风险防范和声誉事件处置中与本部门(机构)有关的各项决策。

(3) 指导子公司建立声誉风险管理机制。

(二)做好常态化建设工作

商业银行应定期开展声誉风险隐患排查,覆盖内部管理、产品设计、业务流程、外部关系等方面,从源头减少声誉风险触发因素,持续完善声誉风险应对预案和相关内部制度。商业银行应定期开展声誉风险情景模拟和应急演练,检视机构应对各种不利事件特别是极端事件的反应能力和适当程度,并将声誉风险情景纳入本机构压力测试体系,在开展各类压力测试过程中充分考虑声誉风险影响。

商业银行应建立与投诉、举报、调解、诉讼等联动的声誉风险防范机制,及时回应和解决有关合理诉求,防止处理不当引发声誉风险。商业银行应主动接受社会舆论监督,建立统一管理的采访接待和信息发布机制,及时准确公开信息,避免误读误解引发声誉风险。商业银行应做好声誉资本积累,加强品牌建设,承担社会责任,诚实守信经营,提供优质高效服务。

商业银行应将声誉风险管理纳入内部审计范畴,定期审查和评价声誉风险管理的规范性和有效性,包括但不限于:治理架构、策略、制度和程序能否确保有效识别、监测和防范声誉风险;声誉风险管理政策和程序是否得到有效执行;风险排查和应急演练是否开展到位。

商业银行应加强同业沟通联系,相互吸收借鉴经验教训,不恶意诋毁,不借机炒作,共同维护行业整体声誉。

同时,积极与上级声誉风险管理部门、媒体等沟通联系,构筑畅通的信息反馈渠道和良好的合作关系,建立不同层次的协作机制。

(三)声誉风险管理的具体措施

(1) 强化声誉风险管理培训。
(2) 尽可能维护大多数利益持有者的期望。
(3) 确保及时处理投诉和批评。
(4) 增强对客户和公众的透明度。
(5) 将企业社会责任与经营目标相结合。
(6) 保持与媒体的良好接触。
(7) 制定危机管理规划。
(8) 加强声誉风险隐患排查工作。
(9) 加强对声誉事件的应对处置。
(10) 积极稳妥应对重大声誉事件。
(11) 强化声誉事件的考核问责。

> **知识加油站**
>
> 商业银行应强化考核问责,将声誉事件的防范处置情况纳入考核范围。

(四)声誉危机管理规划

声誉危机管理应当建立在良好的道德规范和公众利益基础上,而且如果能够在监管部门采取行动之前妥善处理,将取得更好的效果。

声誉危机管理需要技能、经验以及全面细致的危机管理规划,以便为商业银行在危机情况下保全甚至提高声誉提供行动指南。声誉危机管理的主要内容包括以下方面:

（1）预先制定战略性的危机管理规划。
（2）提高日常解决问题的能力。
（3）危机现场处理。
（4）提高发言人的沟通技能。
（5）危机处理过程中的持续沟通。
（6）管理危机过程中的信息交流。
（7）模拟训练和演习。

（五）新媒体时代商业银行声誉风险管理体系的构建

就商业银行而言，必须积极顺应传播环境的变化，进一步改进和优化声誉风险管理方式，积极构建与新媒体时代相适应的声誉风险管理体系。

（1）加强员工新媒体使用管理。促使员工规范使用自媒体等新媒体平台，是商业银行声誉风险管理应对新媒体时代冲击的重要步骤。

（2）做好应急处置。做好风险（危机）事件应急处置，是商业银行声誉风险管理的关键环节。

（3）抓好合规文化建设。要加强合规文化建设，营造良好的声誉风险管理氛围，促进商业银行内部管理水平不断提高。

第二节　战略风险管理

一、战略风险概述 ★

（一）商业银行战略风险的概念

一般认为，商业银行战略风险是指由于对战略环境判断不准确、战略制定不适当、战略执行出现重大偏差，或当外部环境发生变化而未能及时正确应对，而导致不能正确执行本行战略或对银行自身经营发展产生重大影响的风险。

战略风险管理一般是指针对战略的分析、制定、执行、评价等，通过风险识别、评估、控制、监测和报告等管理过程，确保本行战略得到正确制定和有效执行，且能敏锐和合理应对外部形势变化。

（二）战略风险管理的内涵

商业银行的战略风险管理具有双重内涵：

（1）商业银行针对政治、经济、社会、科技等外部环境和内部可利用资源，系统识别和评估商业银行既定的战略目标、发展规划和实施方案中潜在的风险，并采取科学的决策方法和风险管理措施来避免或降低可能的风险损失。

（2）商业银行从长期、战略的高度，良好规划和实施信用风险、市场风险、操作风险、流动性风险以及声誉风险管理，确保商业银行健康、持久运营。

（三）战略风险的评估要求

2023年11月，《商业银行资本管理办法》正式发布，其中有关战略风险的评估要求主要包括：

（1）商业银行应当建立与自身业务规模和产品复杂程度相适应的战略风险管理体系，对战略风险进行有效的识别、评估、监测、控制和报告。

（2）商业银行的战略风险管理框架应当包括董事会及其下设委员会的监督、商业银行战略规划评估体系、商业银行战略实施管理和监督体系。商业银行应当根据外部环境变化及时评估战略目标的合理性、兼容性和一致性，并采取有效措施控制可能产生的战略风险。

（3）商业银行应当充分评估战略风险可能给银行带来的损失及其对资本水平的影响，并视情况对战略风险配置资本。

(四)战略风险管理的优点

战略风险管理通常被认为是一项长期性的战略投资,实施效果需要很长时间才能显现。实质上,商业银行可以在短期内便体会到战略风险管理的诸多益处:

(1)比竞争对手更早采取风险控制措施,可以更为妥善地处理风险事件。
(2)全面、系统地规划未来发展,有助于将风险挑战转变为成长机会。
(3)对主要风险提早做好准备,能够避免或减轻其可能造成的严重损失。
(4)避免因盈利能力出现大幅波动而导致的流动性风险。
(5)优化经济资本配置,并降低资本使用成本。
(6)强化内部控制系统和流程。
(7)避免附加的强制性监管要求,减少法律争议/诉讼事件。

简而言之,战略风险管理能够最大限度地避免经济损失、持久维护和提高商业银行的声誉和股东价值。

> 💡 **真题精练**
>
> 【例2·多项选择题】商业银行应当根据外部环境变化及时评估战略目标的( ),并采取有效措施控制可能产生的战略风险。
> A.一致性　　　　　　B.合理性
> C.独立性　　　　　　D.兼容性
> E.可操作性
>
> **A B D** 商业银行应当根据外部环境变化及时评估战略目标的合理性、兼容性和一致性,并采取有效措施控制可能产生的战略风险。

二、战略风险识别 ★

(一)战略风险的来源

商业银行的战略风险来源于其内部经营管理活动,以及外部政治、经济和社会环境的变化,主要体现在四个方面:**商业银行战略目标缺乏整体兼容性,为实现这些目标而制定的经营战略存在缺陷,为实现目标所需要的资源匮乏,以及整个战略实施过程的质量难以保证。**

(二)战略风险管理的前提假设

商业银行致力于战略风险管理的前提是理解并接受战略风险管理的基本假设:
(1)准确预测未来风险事件的可能性是存在的。
(2)预防工作有助于避免或减少风险事件和未来损失。
(3)如果对未来风险加以有效管理和利用,风险有可能转变为发展机会。

战略风险管理强化了商业银行对于潜在风险的洞察力,能够预先识别所有潜在风险以及这些风险之间的内在联系和相互作用,并尽可能在危机真实发生前就将其有效遏制。有效的战略风险管理流程应当确保商业银行的长期战略、短期目标、风险管理措施和可利用资源紧密联系在一起。

> 🔍 **要点点拨**
>
> 与声誉风险相似,战略风险产生于商业银行运营的所有层面和环节,并与市场风险、信用风险、操作风险和流动性风险等交织在一起。

(三)战略风险识别基本方法

商业银行战略风险可以从内部和外部两方面进行识别。在商业银行内部经营管理活动中,战略风险可以从宏观战略层面、中观管理层面和微观执行层面进行识别。

> **宏观战略层面**
> 董事会和最高管理层必须全面、深入地评估商业银行长期战略决策中可能潜藏的战略风险。

> **中观管理层面**
> 业务领域负责人应当严格遵循商业银行的整体战略规划,最大限度地避免投资策略、业务拓展等涉及短期利益的经营/管理活动存在战略风险。

> **微观执行层面**
> 所有岗位员工必须严格遵守相关业务岗位的操作规程,同时具备正确的风险管理意识。

外部变化同样可能引发商业银行的战略风险。这些外部风险包括:

(1)行业风险。外部经济周期或者阶段性政策变化,导致商业银行出现收益下降、产品/服务成本增加、产能过剩、恶性竞争等现象。

(2)竞争对手风险。越来越多的非银行类金融服务机构在提供更加便利和多元化的金融服务,填补市场空白的同时,也在逐步侵蚀商业银行原有的市场份额。

(3)品牌风险。激烈的行业竞争必然形成优胜劣汰,产品/服务的品牌管理质量直接影响商业银行的盈利能力和发展空间。

(4)技术风险。商业银行必须确保所采用的核心业务和风险管理信息系统具有高度的适用性、安全性和前瞻性。

(5)项目风险。商业银行同样面临诸如产品研发失败、系统建设失败、进入新市场失败、兼并/收购失败等风险。

(6)其他外部风险。政治动荡、经济恶化、社会道德水准下降等外部环境的变化,都将对商业银行的管理质量、竞争能力和可持续发展造成严重威胁。

三、战略风险评估 ★

(一)战略风险评估及实施方案

商业银行在评估战略风险时,应当首先由其内部具有丰富经验的专家负责审核一些技术性较强的假设条件,如整体经济指标、利率变化/预期、信用风险参数等;然后由战略管理/规划部门对各种战略风险的影响效果和发生的可能性做出评估,据此进行优先排序并制定具有针对性的战略实施方案,如下表所示。

表 8-2 战略风险评估及实施方案

评估项目		风险发生的可能性		
		低	中	高
风险的影响	显著	采取必要的管理措施	必须采取管理措施、密切关注	尽量避免或高度重视
	中度	可接受风险、持续监测	应当采取管理措施	必须采取管理措施
	轻微	接受风险	可接受风险、持续监测	采取管理措施、持续监测

(二)业内实践

在一些银行在进行战略风险评估还可以采用打分卡的方法,围绕外部环境、行业因素、银行管理、决策者、其他相关因素进行打分,判断战略风险水平。

1.外部环境评估

(1)外部经济环境:未来三年整体宏观经济景气状况是否发生重大变化。

(2)政策环境:未来三年产业政策、区域政策、财政政策、货币政策、监管政策或其他相关经济金融政策是否发生重大变动预期。

2. 行业因素评估
(1)行业景气程度:未来三年银行战略涉及行业和地区的景气情况。
(2)市场竞争环境:未来三年银行战略业务涉及行业及地区的市场竞争环境。
(3)行业技术变革:未来三年本行对于行业技术变化的应对情况。
3. 银行管理因素评估
(1)战略全局性:未来三年战略风险管理是否立足于本行改革发展全局。
(2)银行资源利用:未来三年银行应对新战略资源和条件。
(3)战略匹配:未来三年战略是否围绕全行统一的风险偏好,是否与全面风险管理的政策和程序保持一致。
(4)战略执行:未来三年战略执行是否得到有效落实,是否将战略风险发生的可能性及可能损失降到最低。
4. 决策者因素评估
决策管理能力:未来三年对于本行发展战略的决策管理能力。
5. 其他相关因素评估
(1)结果监测评估机制:各风险部门是否对战略风险发展演化情况进行跟踪监测与分析,并及时调整战略风险评估结果。
(2)战略修订机制:未来三年中在外部环境发生重大变化或重大战略风险事件时,本行是否有灵活完善的战略修订机制。

根据以上评估打分,结合打分卡,判断战略风险水平的高、中、低。2009年,原中国银监会对战略风险的高、中、低风险给出评判标准如下:

(1)低风险:银行一贯能够做出合理的业务决策,且完全符合业务发展方向,并因此实现了良好的业绩;业务决策总能得到有效实施,并能对根据产业变化做出及时调整。高管层在既定的风险承受范围内成功实现战略目标方面,一贯表现出丰富的经验和高超的专业技能;在可预见的未来,有充分的资本、系统和管理资源为实施战略决策做后盾;较完善和高效的管理体系能确保战略决策得到有效实施;管理层在新产品或服务决策、并购方面的以往表现良好;能够较为容易或以合理成本改变战略决策;战略目标在内部得到充分沟通,并与企业文化保持一致;管理信息系统能有效支持战略发展方向和战略决策。

(2)中风险:战略目标虽然比较激进但总体较为合理,基本符合机构的业务发展方向;业务决策能够得到较为合理实施,能根据产业变化做出战略调整但及时性有待增强。高管层基本具备在既定风险承受范围内实现总体战略目标的必要经验;在可预见的未来,机构的资本实力、系统质量和管理资源能为实现战略计划提供基本支持;管理层在新产品或服务决策、并购方面的以往表现一般;改变战略决策时需付出一定成本但尚在可控范围内;战略目标在内部沟通不够充分,企业文化与战略目标大体一致;管理信息系统基本能够支持商业银行战略发展方向。

(3)高风险:战略目标缺失、不明确或未考虑业务环境的变化;业务决策频繁出错、业务决策不合理实施或不能对产业变化及时做出反应,存在遭受重大财务损失的可能性;片面强调业绩大幅增长或业务非理性扩张,业务扩张意愿与风险承受能力失衡,存在导致盈利较大幅度向下波动或造成较大资本压力的可能性。高管层在有效指导战略计划的沟通、执行和修订,以及贯彻银行风险偏好政策方面缺乏必要经验;管理能力或现有资源不足以实现预定的策略目标;在战略决策时面临很大困难,改变决策时需要付出很高成本;企业文化定位与战略目标不一致;管理层在新产品或服务决策、并购方面的以往表现不尽如人意;管理信息系统不足以支持机构进行合理的战略决策或应对环境变化。

(三)国际实践

美国货币监理署(OCC)对战略风险评估的方法从决定战略风险水平的战略因素和外部因素,以及体现战略风险管理质量的管理、制度、流程三个维度评估。

1. 战略因素
(1)现有公司使命、目标、文化、价值观或风险承受能力的变化幅度。

(2)与银行长短期目标相关的财务目标。
(3)市场情况,包括产品、客户数和地理位置等维度。
(4)产品、区域、客户的多样化。
(5)采用创新或未经证实产品、服务或技术的风险。
(6)兼并收购方案和机会。
(7)潜在或计划涉入新业务、产品线或交付渠道或实行新制度的情况。

2. 外部因素
(1)经济、产业和市场条件的影响。
(2)立法和监管变化。
(3)技术进步和竞争环境。

3. 管理、流程和制度
(1)高级管理人员的专业知识和董事会的效率。
(2)人才、技术、资源分配与战略举措的匹配性。
(3)新产品流程的适当性。
(4)新产品或服务推出以及潜在、已完成收购交易评估。
(5)管理层传达、实施和修改战略规划方法的有效性,以及与相关风险承受能力和政策的一致性。
(6)用于监控业务决策的控制措施的充分性和独立性。
(7)绩效管理和薪酬计划的适当性。

> **真题精练**
>
> 【例3·多项选择题】在一些银行战略风险评估还可以采用打分卡的方法,围绕( )进行打分,判断战略风险水平。
> A. 银行管理　　　　　　B. 其他相关因素
> C. 外部环境　　　　　　D. 行业因素
> E. 决策者
>
> A B C D E 在一些银行战略风险评估还可以采用打分卡的方法,围绕外部环境、行业因素、银行管理、决策者、其他相关因素进行打分,判断战略风险水平。

四、战略风险监测和报告 ★

商业银行通常采用定期(每月或季度)自我评估的方法,来检验战略风险管理是否有效实施。战略管理/规划部门对评估结果的连续性和波动性进行长期、深入、系统化的分析和监测,非常有利于商业银行清醒地认识市场变化、运营状况的改变,以及各业务领域为实现整体经营目标所承受的风险。董事会和高级管理层应当定期审视和讨论战略风险分析/监测报告,对未来战略规划和实施方案进行调整。内部审计部门应当定期审核商业银行的战略风险管理流程。

五、战略风险控制与缓释 ★

(一)采取恰当的战略风险管理方法

有效的战略风险管理应当定期采取从上至下的方式,全面评估商业银行的愿景、短期目的以及长期目标,并据此制定切实可行的实施方案,体现在商业银行的日常风险管理活动中。

在整个管理过程中,保持风险管理、战略规划和实施方案相互促进、统一协调,在实现战略发展目标的同时,将风险损失降到最低。

战略风险管理的最有效方法是制定以风险为导向的战略规划,并定期进行修正。

(1)战略规划应当清晰阐述实施方案中所涉及的风险因素、潜在收益以及可接受的风险水平,并且尽可能地将预期风险损失和财务分析包含在内。

(2)战略规划必须建立在商业银行当前的实际情况和未来的发展潜力基础之上,反映商业银行的经营特色。

(3)战略规划始于宏观战略层面,但最终必须深入贯彻并落实到中观管理层面和微观执行层面。

最高层面的战略规划最终应当以切实可行的战略实施方案体现出来,应用于各主要业务领域。战略实施方案执行之前,业务部门应当认真评估其是否与商业银行的长期发展目标和战略规划保持一致、对未来战略目标的贡献,以及是否有必要调整战略规划;战略实施方案执行之后,无论成功与否,商业银行都应当对战略规划和实施方案的执行效果进行深入分析、客观评估,认真总结并从中吸取教训。

战略风险管理的另一重要工具是经济资本配置。利用经济资本配置,可以有效控制每个业务领域所承受的风险规模。

> **要点点拨**
>
> 战略风险管理是在战略管理的基础上,进一步考虑商业银行的战略规划和战略实施方案中的潜在风险,准确预测这些风险可能造成的影响并提前做好准备。

(二)明确董事会和高级管理层的责任

董事会和高级管理层负责制定商业银行的战略风险管理政策和操作流程,一般商业银行会在其直接领导下,独立设置战略风险管理/规划部门,负责识别、评估、监测和控制战略风险。董事会是战略风险管理的最高决策机构,对战略风险管理的结果负有最终责任。高级管理层承担战略风险管理的实施责任,执行董事会的决议,并履行职责。

一般而言,董事会在战略风险管理方面主要包括以下职责:审批战略风险管理重要制度和程序;监督高级管理层开展战略风险管理;审批战略风险信息披露;其他有关职责。监事会是战略风险管理的监督机构,负责监督董事会和高级管理层在战略方面的履职尽责情况。

高级管理层一般具有以下职责:确定战略风险管理组织架构,明确职责分工;制定战略风险制度和程序,定期评估和按需调整;确保战略风险偏好和战略风险管理相关制度得到充分传达和有效实施;对突破战略风险偏好及违反有关制度和程序的情况进行监督,并根据董事会授权进行处理;评估战略风险管理状况并向董事会和监事会报告;其他有关职责。

章节自测

一、单项选择题(在以下各小题所给出的四个选项中,只有一个选项符合题目要求,请将正确选项的代码填入括号内)

1. 商业银行通常要求各业务单位及重要岗位定期通过(　　)详细列明其当前所面临的主要风险及其所包含的风险因素,然后将其中可能影响到声誉的风险因素提炼出来,认定声誉事件,报告给声誉风险管理部门。
   A. 内部评级法　　　　　　　　　B. 清单法
   C. 高级计量法　　　　　　　　　D. 列表法
2. 声誉危机管理的主要内容不包括(　　)。
   A. 管理危机过程中的信息交流　　B. 统一的风险管理方式
   C. 提高日常解决问题的能力　　　D. 危机现场处理
3. 商业银行同样面临诸如产品研发失败、系统建设失败、进入新市场失败、兼并/收购失败等风险,描述的是(　　)。
   A. 品牌风险　　　　　　　　　　B. 项目风险
   C. 行业风险　　　　　　　　　　D. 竞争对手风险

4. 有效的战略风险管理应当定期采取（　　）的方式，全面评估商业银行的愿景、短期目的以及长期目标，并据此制定切实可行的实施方案，体现在商业银行的日常风险管理活动中。
   A. 从下至上	B. 从上至下
   C. 自内至外	D. 自外至内

二、多项选择题（在以下各小题所给出的选项中，至少有两个选项符合题目要求，请将正确选项的代码填入括号内）

1. 商业银行的声誉风险管理体系应包括（　　）。
   A. 有效的声誉风险管理政策	B. 有效的公司治理架构
   C. 有效的声誉风险管理制度	D. 有效的声誉风险管理流程
   E. 对声誉风险事件的有效管理

2. 在商业银行内部经营管理活动中，战略风险可以从（　　）进行识别。
   A. 内部层面	B. 宏观战略层面
   C. 外部层面	D. 中观管理层面
   E. 微观执行层面

三、判断题（请判断以下各小题的正误，正确的选 A，错误的选 B）

1. 战略风险管理通常被认为是一项短期性的战略投资，实施效果不需要很长时间就可以显现。（　　）
   A. 正确	B. 错误

2. 有效的战略风险管理流程应当确保商业银行的长期战略、短期目标、风险管理措施和可利用资源紧密联系在一起。（　　）
   A. 正确	B. 错误

答案详解

一、单项选择题

1. B。【解析】商业银行通常要求各业务单位及重要岗位定期通过清单法详细列明其当前所面临的主要风险及其所包含的风险因素，然后将其中可能影响到声誉的风险因素提炼出来，认定声誉事件，报告给声誉风险管理部门。

2. B。【解析】声誉危机管理的主要内容包括以下方面：(1)预先制定战略性的危机管理规划。(2)提高日常解决问题的能力。(3)危机现场处理。(4)提高发言人的沟通技能。(5)危机处理过程中的持续沟通。(6)管理危机过程中的信息交流。(7)模拟训练和演习。

3. B。【解析】项目风险是指商业银行同样面临诸如产品研发失败、系统建设失败、进入新市场失败、兼并/收购失败等风险。

4. B。【解析】有效的战略风险管理应当定期采取从上至下的方式，全面评估商业银行的愿景、短期目的以及长期目标，并据此制定切实可行的实施方案，体现在商业银行的日常风险管理活动中。

二、多项选择题

1. ABCDE。【解析】商业银行的声誉风险管理体系应包括有效的公司治理架构、有效的声誉风险管理政策、制度和流程以及对声誉风险事件的有效管理。

2. BDE。【解析】在商业银行内部经营管理活动中，战略风险可以从宏观战略层面、中观管理层面和微观执行层面进行识别。

三、判断题

1. B。【解析】战略风险管理通常被认为是一项长期性的战略投资，实施效果需要很长时间才能显现。

2. A。【解析】有效的战略风险管理流程应当确保商业银行的长期战略、短期目标、风险管理措施和可利用资源紧密联系在一起。

第九章 其他风险管理

考情直击

本章的主要内容是与商业银行有关的交叉性金融风险管理、表外业务风险管理、产品风险管理、行为风险管理、气候风险管理等相关的知识。分析近几年的考试情况，本章的常考点有交叉性金融风险的传染路径、产品风险主要类别、行为风险的监管政策、气候风险的特征等，在考试中占1~5分。

考纲要求

其他风险管理

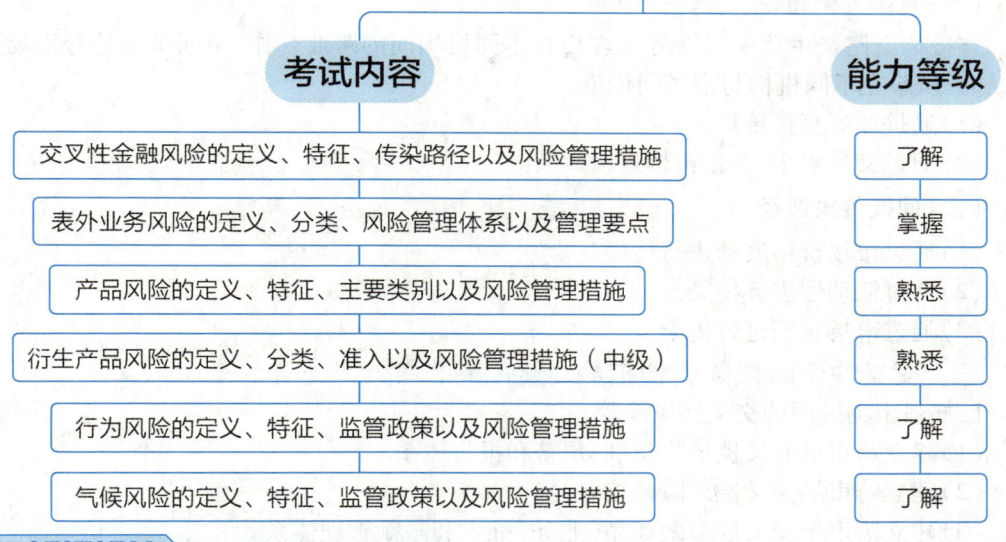

考试内容	能力等级
交叉性金融风险的定义、特征、传染路径以及风险管理措施	了解
表外业务风险的定义、分类、风险管理体系以及管理要点	掌握
产品风险的定义、特征、主要类别以及风险管理措施	熟悉
衍生产品风险的定义、分类、准入以及风险管理措施（中级）	熟悉
行为风险的定义、特征、监管政策以及风险管理措施	了解
气候风险的定义、特征、监管政策以及风险管理措施	了解

知识解读

第一节 交叉性金融风险管理

一、交叉性金融风险的定义、特征 ★

（一）交叉性金融风险的定义

交叉性金融产品是指银行、证券、保险、基金、信托、私募股权、资产管理公司等两类以上金融机构组合各自金融产品，形成的具有交叉属性及合作性质的金融业务。

交叉性金融风险是指由于金融机构发起、投资、销售交叉性金融产品而引起的跨风险类型与跨市场的金融风险。跨风险类型的交叉性金融风险是指该交叉性金融业务同时涉及信用、市场、操作、流动性等主要风险中的至少两种风险,或者由于上述风险之间相互影响而产生的新型风险;跨市场的交叉性金融风险是指该交叉性金融业务同时横跨信贷、货币、债券、外汇、股票、商品以及保险等市场中至少两种以上市场而产生的风险。

(二)交叉性金融风险的特征

(1)涉及面广,分散于表内投资、表外理财、委托贷款和代理销售等多个业务项下。

(2)交易结构多变。资金来源、通道、资产运用任何一端发生变动,都会产生一种新的模式。

(3)交易主体繁多,风险类型复杂,通常涉及委托人、受托人、托管人、融资人、担保人等多个主体,同时涉及信用、市场、操作、流动性等不同风险类型。

(4)传染性高。

(5)风险管理相对比较薄弱,政策、制度、统计、监控、数据系统等比较薄弱,多头管理问题突出。

二、交叉性金融风险的传染路径 ★★★

交叉性金融风险传染路径可分为<u>直接传染路径</u>和<u>间接传染路径</u>。

(一)直接传染路径

直接传染路径主要通过业务与客户在不同机构间的跨业合作、不同市场的跨市场投资,导致风险在不同机构与市场间传染。

(1)通过业务直接传染。

(2)通过交易对手/合作机构直接传染。

(二)间接传染路径

(1)通过市场价格波动进行传染。

(2)通过流动性进行传染。

(3)通过市场预期进行传染。

三、交叉性金融风险管理措施 ★★★

1. 加强市场层面的交叉性风险管理

(1)建立跨市场交叉性风险识别、预警和报告体系。

(2)建立跨市场交叉性风险监控平台。

(3)建立跨市场交叉性金融产品(业务)准入和限额管理体系。

2. 加强客户与交易对手层面的交叉性风险管理

(1)建立以客户为中心的统一视图。

(2)加强客户与交易对手准入管理。

(3)实行客户与交易对手的交叉性风险限额管理。

3. 加强产品(业务)层面的交叉性风险管理

(1)商业银行应针对产品(业务)的设计、审批与使用,建立交叉性风险的识别机制。

(2)建立交叉性金融产品(业务)准入与授权管理体系。

(3)建立产品层面交叉性风险的评估体系。

(4)限额管理。

(5)加强产品的交叉风险监测和报告。

第二节 表外业务风险管理

一、表外业务定义和分类 ★★★

（一）表外业务的定义

表外业务是指商业银行从事的，按照现行企业会计准则不计入资产负债表内，不形成现实资产负债，但有可能引起损益变动的业务。

（二）表外业务的分类

根据表外业务特征和法律关系，表外业务分为担保承诺类、代理投融资服务类、中介服务类、其他类等。

（1）担保承诺类业务包括担保、承诺等按照约定承担偿付责任或提供信用服务的业务。

（2）代理投融资服务类业务指商业银行根据客户委托，按照约定为客户提供投融资服务但不承担代偿责任、不承诺投资回报的表外业务，包括但不限于委托贷款、委托投资、代客理财、代理交易、代理发行和承销债券等。

（3）中介服务类业务指商业银行根据客户委托，提供中介服务、收取手续费的业务，包括但不限于代理收付、代理代销、财务顾问、资产托管、各类保管业务等。

（4）其他类表外业务是指上述业务种类之外的其他表外业务。

（三）开展表外业务的原则

（1）管理全覆盖原则。

（2）分类管理原则。

（3）风险为本原则。

二、表外业务风险管理体系 ★★★

（1）加强表外业务风险治理。董事会对表外业务的管理承担最终责任，负责制定表外业务的发展战略，审批重要的业务管理、风险管理政策和程序等。高级管理层承担表外业务的经营管理责任。商业银行应当明确各类表外业务的经营管理部门及其职责，确定业务经营管理部门承担表外业务管理和风险管理的首要责任。

（2）完善全面风险管理体系。商业银行应当将表外业务纳入全面风险管理体系，对所承担的信用风险、市场风险、操作风险、流动性风险、银行账簿利率风险、声誉风险以及其他风险及时识别、计量、评估、监测、报告、控制或缓释，并建立业务、风险、资本相关联的管理机制。商业银行应当准确识别各类表外业务风险，并根据业务种类和风险特征实行差异化风险管理。

三、表外业务风险管理要点 ★★★

（1）统一授信管理。

（2）明确责任边界。

（3）实现风险隔离。

（4）合作机构管理。

（5）复杂业务审查。

（6）禁止事项。

（7）风险分类和缓释。

第三节　产品风险管理

一、产品风险的定义 ★★

产品是指商业银行向客户提供的金融服务品种或业务,具有明确的外部服务对象、功能、渠道等,是一类或多类服务对象相似、功能相似、渠道相似业务的共同载体。按产品推出时间划分,产品可以划分为新产品和存续期产品。

产品风险是指产品创新以及产品持续运作给商业银行带来的各类风险,包括但不限于信用风险、市场风险、操作风险、法律风险、合规风险、声誉风险等。

二、产品风险主要类别 ★★

(1)信用风险。
(2)市场风险。
(3)操作风险。
(4)声誉风险。
(5)合规风险。

三、新产品风险管理措施 ★★

(一)新产品风险管理原则

(1)统一性原则。
(2)全面性原则。
(3)适应性原则。
(4)有效性原则。
(5)统筹性原则。

> 💡 **真题精练**
>
> 【例1·多项选择题】下列属于新产品风险管理原则的有(　　)。
> A.适应性原则　　　　　　B.统筹性原则
> C.统一性原则　　　　　　D.差异性原则
> E.动态性原则
>
> ――――――――――――――――――――――
> **A B C**　新产品风险管理原则包括:(1)统一性原则。(2)全面性原则。(3)适应性原则。(4)有效性原则。(5)统筹性原则。D、E项属于实施风险限额管理的原则。

(二)新产品风险管理流程

1.新产品风险识别

新产品风险识别是指商业银行在产品研发和投产过程中结合产品线的风险类型和风险点,对潜在风险事项或因素进行全面分析和识别并查找出风险原因的过程。

2.新产品风险评估

新产品风险评估是指商业银行在风险识别确定风险类型和风险点的基础上,对风险点出现的可能性和后果进行评估,衡量确定产品风险等级的过程。

3. 新产品风险控制

新产品风险控制是指商业银行在风险动态识别、评估的基础上,综合平衡成本与收益对每一个风险点有针对性地制定风险防控措施,在新产品推向市场前和投产后全面有效落实相应风险防控措施的过程。

(三)新产品风险管理方法

(1)风险评级。
(2)制定风险防控措施。
(3)新产品风险管理评价。

四、存续期产品风险管理 ★★

存续期产品风险管理的重点工作包括但不限于:

1. 产品风险管理机制优化

强化产品风险管理制度建设,每个产品都要明确管理部门和三道防线。建立产品分级管理机制,明确哪个机构、哪个层级可以管理哪类产品、销售哪些产品。完善产品全周期动态管理,强化风险评估,做好限额控制,完善产品后评价机制,定期开展质量评估。

2. 产品风险监测

加强存续期产品的风险识别、评估、监测和报告工作。从风险管理和合规管理角度,加强产品有关的各类风险和合规问题监测与提示。

3. 产品风险排查和检查

定期开展产品风险隐患排查工作。运用穿行测试、现场检查等方式对产品风险情况进行检查,及时完善风险管理薄弱环节,强化风险管控。

4. 突发风险事件处置

提前做好应急预案,充分评估突发事件冲击下产品风险变化,分析事件造成的不利影响,并按照应急预案发起突发事件处置。商业银行风险管理部门牵头从各风险维度加强突发事件风险情况分析,推进做好风险事件处置和报告。

> 💡 **真题精练**
>
> 【例2·单项选择题】以下不属于存续期产品风险管理的重点工作的是(　　)。
> A. 强化产品风险管理制度建设
> B. 明确每个产品的管理部门和三道防线
> C. 定期开展产品风险隐患排查工作
> D. 加强产品销售的市场营销策略
>
> **D**　存续期产品风险管理的重点工作包括但不限于:(1)产品风险管理机制优化。(2)产品风险监测。(3)产品风险排查和检查。(4)突发风险事件处置。

第四节　衍生产品风险管理（中级考试内容）

一、衍生产品定义和分类 ★★

（一）衍生产品的定义

根据《中华人民共和国期货和衍生品法》，衍生品交易是指期货交易以外的，以互换合约、远期合约和非标准化期权合约及其组合为交易标的的交易活动，基本种类包括远期、互换（掉期）和期权。期货交易，是指以期货合约或者标准化期权合约为交易标的的交易活动。衍生产品还包括具有远期、期货、掉期（互换）和期权中一种或多种特征的混合金融工具。

（二）衍生产品的分类

（1）按照基础资产，可分为**利率类、汇率类、大宗商品类、信用类衍生产品**。
（2）按照交易场所，可分为场内交易衍生产品和场外交易衍生产品。
（3）按照合约类型，可分为**远期、期货、互换和期权**。
（4）按照交易目的，衍生产品可分为**套期保值类衍生产品和非套期保值类衍生产品**。
①套期保值类衍生产品可用于以下业务目的：为管理资产负债的利率风险、汇率风险而使用的衍生产品；为调整投资组合的利率久期，或为了对冲投资组合的利率风险、信用风险等而使用的衍生产品；为调整银行不同币种资产负债的流动性，降低某一货币的流动性风险而使用的衍生产品。
②非套期保值类衍生产品可用于以下业务目的：**自营交易；做市交易；代客交易**。

二、衍生产品准入和适合度评估 ★★

（一）衍生产品准入管理

银行业金融机构应当建立明确的衍生产品准入的制度和流程，确保所有衍生产品在推出前均经过妥善的风险评估及审批程序。衍生产品应当定期重检，评估实际经营表现情况，识别衍生产品的设计和风险变化，涉及个人业务的，应当评估消费者权益措施。

（二）衍生产品交易适合度评估

银行业金融机构应当高度重视衍生产品交易的风险管理工作，制定完善客户适合度评估制度，在综合考虑衍生产品分类和客户分类的基础上，对衍生产品交易进行充分的适合度评估：
（1）**评估衍生产品的风险及复杂程度，对衍生产品进行相应分类，并至少每年复核一次其合理性**，进行动态管理。
（2）**根据客户的业务性质、衍生产品交易经验等评估其成熟度，对客户进行相应分类，并至少每年复核一次其合理性**，进行动态管理。

三、衍生产品风险管理措施 ★★

（一）市场风险管理

所有衍生产品均应开展市场风险计量，风险计量的方法包括但不限于风险价值、压力测试、风险敞口、敏感度等。风险计量参数的选择原则上遵照**市价原则**。

（二）交易对手信用风险管理

衍生产品业务面临交易对手信用风险，应将其纳入银行业金融机构的整体交易对手信用风险管理框架。叙做衍生产品交易时，应根据相关规定应用风险缓释，并结合衍生产品的估值变化，对交易对手信用风险进行动态监测和控制。

（三）流动性风险管理

衍生产品在到期日可能会出现大额现金流出，从而对银行业金融机构流动性产生影响。银行业金融机构在开展衍生产品业务时，应根据相关规定管控好流动性风险。

（四）合规风险管理

银行业金融机构开办衍生产品业务前，应充分了解当地以及主要交易对手所在国家或地区衍生交易监管合规要求，明确自身合规地位和责任，做好中央清算、强制保证金、交易报告、交易平台、交易及时证实、合格交易对手选择等合规要求的落地实施。

（五）应急管理

银行业金融机构应当制订完备的突发事件应急计划，包含所叙做各类衍生产品业务的应急安排。

第五节　行为风险管理

一、行为风险的定义、特征 ★

（一）行为风险的定义

行为风险是指金融机构零售业务行为给消费者带来不良后果的风险。广义上的行为风险，不仅包括零售市场的不当行为，还包括批发市场上的不当行为。

（二）行为风险的特征

行为风险的定义把消费者利益放在了核心位置，体现了"以客户为核心"的风险理念。整个行为风险的识别、评估、监测、报告、控制、缓释过程都围绕消费者或客户利益是否受到损害展开。这是与银行传统的操作风险显著的不同点。

行为风险涉及的风险问题主要集中于消费者保护、市场诚信和公平竞争等领域。行为风险管理是一个相比金融消费者权益保护更广的概念，行为风险管理的目标不仅在于保护消费者，而且还在于构建具有诚信度和公平竞争的市场环境。

二、行为风险监管政策 ★

美国在《多德—弗兰克华尔街改革与消费者保护法案》中把原来多个部门负责的金融消费者权益保护职能进行了合并，设立消费者金融保护局（CFPB）。

英国根据《2012年金融服务法案》，对英国金融监管体系进行了彻底改革，建立了负责银行业金融机构在内的所有金融机构经营行为的金融行为监管局（FCA）。

中国香港金融管理局在2011年对其部门进行调整和重组，新设立银行操守部，重点在于对不良行为强化问责和处罚力度。

日本近年来也在不断强化行为监管和消费者权益保护的规制建设。

新加坡在危机后发布《金融机构董事会和高管人员公平交易职责指引》，强化金融机构将公平交易作为企业文化的核心等。

三、行为风险管理措施 ★

（1）在商业银行内部明确行为风险的定义和内涵。
（2）强化行为风险治理。
（3）构建良好的行为风险文化。
（4）基于"三道防线"强化行为风险管理和控制。
（5）建立行为风险事前、事中、事后全流程管控机制。
（6）探索和构建行为风险的有效管理工具。
（7）培养行为风险管理人才队伍。

第六节　气候风险管理

一、气候风险的定义、特征 ★

（一）气候风险的定义

气候风险是指极端天气、自然灾害、全球变暖等及社会向可持续发展转型对经济金融活动带来的潜在不确定性。根据气候变化影响金融体系的渠道，可将气候风险大致划分为物理风险和转型风险两类。

1. 物理风险及其影响

物理风险是指由极端天气、自然灾害及相关事件导致财产损失的风险，这一风险在当前全球变暖的背景下尤为突出。物理风险对金融体系及银行的影响主要体现为：

（1）极端天气或自然灾害导致债务人偿债能力下降、抵押品损毁或贬值，银行信用风险上升。
（2）银行资产价值受气候变化影响出现波动，市场风险上升。
（3）极端天气、自然灾害导致债务人违约、银行资产贬值或损毁，进而导致银行可获取资金少于预期，流动性风险上升。
（4）极端天气、自然灾害可能导致银行业务中断，操作风险上升。

2. 转型风险及其影响

转型风险是指社会向可持续发展转型的过程中，气候政策转向、技术革新和市场情绪变化等因素导致银行发生损失的风险。

转型风险对金融体系及银行的影响主要体现为：

（1）"棕色"企业偿债能力下降、抵押品贬值，银行信用风险上升。"棕色"是与"绿色"对应的概念，指二氧化碳及其他大气污染物排放量高的资产或活动。
（2）银行持有的"棕色"资产预期收益减少、市场价值下降，市场风险上升。
（3）债务人违约、银行持有的"棕色"资产贬值或面临抛售导致银行可获取资金少于预期，流动性风险上升。
（4）气候相关政策转向，持有"棕色"资产的银行声誉风险上升。

（二）气候风险的特征

（1）高度不确定性。
（2）更长的时间跨度和长期影响。

(3) 非线性。
(4) 全局性和系统性。

二、气候风险监管政策

(一) 国际组织提供的气候风险监管指导意见

为了对气候风险进行有效识别和评估,2015年12月,金融稳定理事会成立气候相关财务信息披露工作组(TCFD)。

2020年10月,TCFD发布《气候风险管理指南》,提出以COSO新版企业风险管理整合框架为基础,将COSO框架的五个关键要素(治理文化、战略和目标设定、绩效、审阅和修订、信息沟通和报告)应用在气候风险管理领域。

巴塞尔委员会在2020年成立了气候相关金融风险高级工作组(TCFR),旨在加强全球银行业在气候风险领域的工作实践,提高金融体系的稳定性。2022年6月,巴塞尔委员会发布了《有效管理和监督气候相关金融风险的原则》,旨在帮助全球银行业金融机构和监管部门解决当前面临的气候风险问题。

(二) 我国气候风险监管政策

2022年6月,原中国银保监会发布《银行业保险业绿色金融指引》,明确了从战略层面推动绿色金融的基本要求,要求银行保险机构深入贯彻落实新发展理念,从战略高度推进绿色金融,加大对绿色、低碳、循环经济的支持,防范环境、社会和治理(ESG)风险,提升自身的环境、社会和治理表现,促进经济社会发展全面绿色转型;要求银行保险机构应将环境、社会、治理要求纳入管理流程和全面风险管理体系,强化环境、社会、治理信息披露和与利益相关者的交流互动,完善相关政策制度和流程管理;要求银行保险机构加强投融资流程管理,做好授信和投资尽职调查,加强授信和投资审批管理,通过完善合同条款督促客户加强环境、社会和治理风险管理,完善贷后和投后管理。

三、气候风险管理措施

(1) 将应对气候风险纳入公司战略。
(2) 建立全面的气候风险管理体系。
(3) 优化和调整信贷资产结构。
(4) 加强情景分析和压力测试。
(5) 加强气候风险信息披露。

章节自测

一、单项选择题(在以下各小题所给出的四个选项中,只有一个选项符合题目要求,请将正确选项的代码填入括号内)

1. 下列属于交叉性金融风险直接传染路径的是(   )。
   A. 通过市场价格波动进行传染   B. 通过流动性进行传染
   C. 通过市场预期进行传染   D. 通过业务直接传染

2. 商业银行开展表外业务的原则不包括(   )。
   A. 管理全覆盖原则   B. 分类管理原则
   C. 风险为本原则   D. 集中管理原则

二、多项选择题(在以下各小题所给出的选项中,至少有两个选项符合题目要求,请将正确选项的代码填入括号内)

1. 下列属于气候风险中物理风险的有( )。
   A. 银行资产价值受气候变化影响出现波动
   B. 自然灾害导致债务人违约
   C. 自然灾害导致银行业务中断
   D. "棕色"企业偿债能力下降、抵押品贬值
   E. 银行持有的"棕色"资产预期收益减少

2. 气候风险的特征包括( )。
   A. 高度不确定性
   B. 时间跨度长
   C. 非线性
   D. 全局性
   E. 系统性

三、判断题(请判断以下各小题的正误,正确的选A,错误的选B)

1. 跨风险类型的交叉性金融风险是指该交叉性金融业务同时横跨信贷、货币、债券、外汇、股票、商品以及保险等市场中至少两种以上市场而产生的风险。( )
   A. 正确   B. 错误

2. 2020年10月,TCFD发布《气候风险管理指南》,提出以COSO新版企业风险管理整合框架为基础,将COSO框架的五个关键要素应用在气候风险管理领域。( )
   A. 正确   B. 错误

答案详解

一、单项选择题

1. D。【解析】直接传染路径主要通过业务与客户在不同机构间的跨业合作、不同市场的跨市场投资,导致风险在不同机构与市场间传染。直接传染路径包括:(1)通过业务直接传染。(2)通过交易对手/合作机构直接传染。

2. D。【解析】商业银行开展表外业务应当遵循以下原则:管理全覆盖原则、分类管理原则、风险为本原则。

二、多项选择题

1. ABC。【解析】D、E项属于气候风险中的转型风险。

2. ABCDE。【解析】气候风险是商业银行面临的一种新型风险,相对于传统金融风险,气候风险具有以下特征:(1)高度不确定性。(2)更长的时间跨度和长期影响。(3)非线性。(4)全局性和系统性。

三、判断题

1. B。【解析】跨市场的交叉性金融风险是指该交叉性金融业务同时横跨信贷、货币、债券、外汇、股票、商品以及保险等市场中至少两种以上市场而产生的风险。

2. A。【解析】2020年10月,TCFD发布《气候风险管理指南》,提出以COSO新版企业风险管理整合框架为基础,将COSO框架的五个关键要素应用在气候风险管理领域。

第十章 压力测试

考情直击

本章的主要内容是与商业银行有关的压力测试概述、压力测试情景、压力测试方法、压力测试报告内容及结果应用等相关的知识。分析近几年的考试情况,本章的常考点有压力测试的分类、压力测试的流程、风险类型和风险因子、市场风险压力测试、流动性风险压力测试等,在考试中占1~5分。

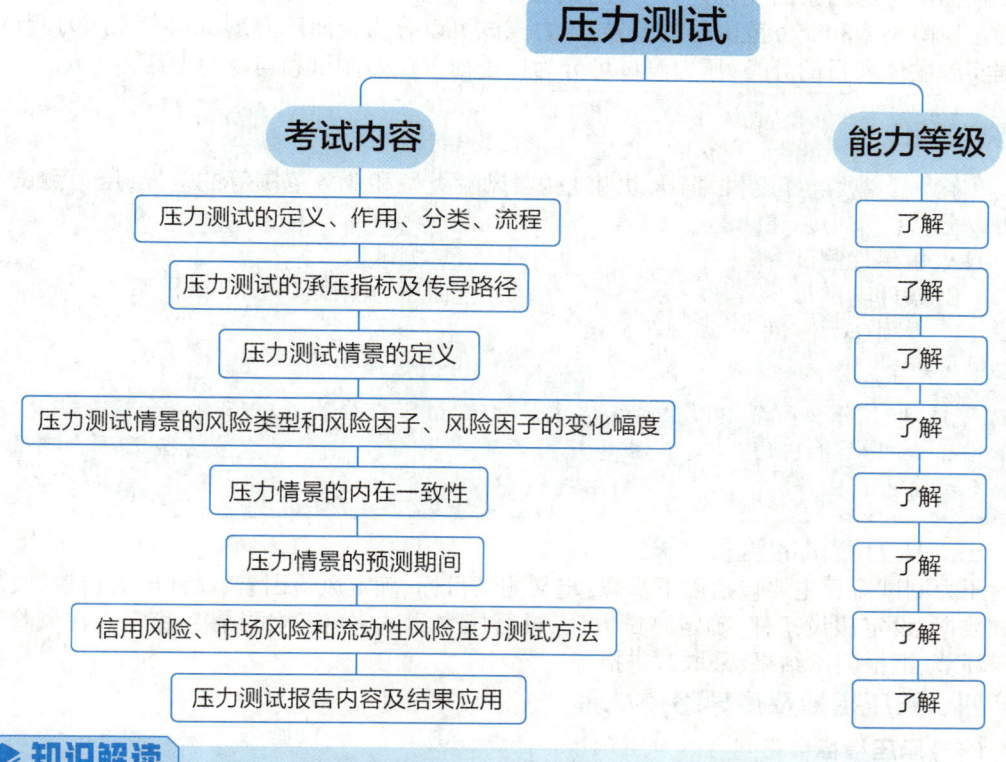

考纲要求

考试内容	能力等级
压力测试的定义、作用、分类、流程	了解
压力测试的承压指标及传导路径	了解
压力测试情景的定义	了解
压力测试情景的风险类型和风险因子、风险因子的变化幅度	了解
压力情景的内在一致性	了解
压力情景的预测期间	了解
信用风险、市场风险和流动性风险压力测试方法	了解
压力测试报告内容及结果应用	了解

知识解读

第一节 压力测试概述

一、压力测试的定义、作用 ★

1. 压力测试的定义

压力测试是一种风险管理工具,分析假定的、极端但可能发生的不利情景对银行盈利

· 183 ·

能力、资本水平和流动性的负面影响,用于对单家银行、银行集团和银行体系的脆弱性作出评估判断并采取必要的改进措施。

压力测试是金融机构用于评估其面对异常但可能的冲击时的脆弱性的技术手段。

2. 压力测试的作用

(1)前瞻性评估压力情景下的风险暴露,识别定位业务的脆弱环节,改进对风险状况的理解,监测风险的变动。

(2)对基于历史数据的统计模型进行补充,识别和管理"尾部"风险,对模型假设进行评估。

(3)关注新产品或新业务带来的潜在风险。

(4)评估银行盈利、资本和流动性承受压力事件的能力,为银行设定风险偏好、制定资本和流动性规划提供依据。

(5)支持内外部对风险偏好和改进措施的沟通交流。

(6)协助银行制定改进措施。

二、压力测试的分类 ★

根据所考虑因素的复杂性,压力测试可以分为敏感性测试和情景测试。根据压力测试涵盖风险类型和业务范围等的差异,压力测试可以分为全面压力测试和专项压力测试。根据实施主体和目的分类,压力测试可分为自上而下压力测试和自下而上压力测试。

> **真题精练**
>
> 【例·多项选择题】根据压力测试涵盖风险类型和业务范围等的差异,压力测试可以分为( )。
> A. 敏感性测试 B. 情景测试
> C. 条件测试   D. 全面压力测试
> E. 专项压力测试
>
> D E 根据所考虑因素的复杂性,压力测试可以分为敏感性测试和情景测试。根据压力测试涵盖风险类型和业务范围等的差异,压力测试可以分为全面压力测试和专项压力测试。

三、压力测试的流程 ★

压力测试流程主要包括以下步骤:定义测试目标、确定风险因素、设计压力情景、收集测试数据、设定假设条件、确定测试方法、进行压力测试、分析测试结果、确定潜在风险和脆弱环节、汇报测试结果、采取改进措施。

四、承压指标及传导路径 ★

(一)承压指标

承压指标是压力测试中反映压力测试结果和对银行稳健程度影响的指标。常用承压指标包括但不限于:资产价值、资产质量、会计利润、经济利润、监管资本、经济资本和有关流动性指标。

> **要点点拨**
>
> 应根据压力测试的目的、风险类型、业务种类以及特定要求来选取合适的承压指标。

（二）传导路径

压力测试应采用定量和定性相结合的方式开展。

压力测试定量分析的核心技术是在压力情景和承压指标确定后，建立风险因子与承压指标（即模型自变量和因变量）之间的传导机制。重中之重是对风险因子如何影响利润的估算，包括拨备前毛利润、信贷损失拨备、其他损失三大组成部分。

第二节　压力测试情景

一、压力情景的定义 ★

压力情景是指压力测试所设定的，假设在未来期限内发生，会带来损失的不利情况或事件。压力情景设计应充分识别各类风险特征，反映主要风险因素、不同业务条线情况和外部环境冲击的影响变化，考虑各风险因子在一系列宏观经济和金融冲击下的相互作用和反馈效应。

压力情景一般分为轻度压力、中度压力以及重度压力。

从压力因素的角度出发，压力情景分为历史情景与假设情景。

二、风险类型和风险因子 ★

（一）信用风险压力情景

针对信用风险的压力情景包括但不限于以下内容：国内及国际主要经济体宏观经济增长下滑，房地产价格出现较大幅度向下波动，贷款质量和抵押品质量恶化，授信较为集中的企业和主要交易对手信用等级下降乃至违约，部分行业出现集中违约，部分国际业务敞口面临国别风险或转移风险，其他对银行信用风险带来重大影响的情况等。

（二）市场风险压力情景

针对市场风险的压力情景包括但不限于以下内容：利率重新定价、基准利率不同步以及收益率曲线出现大幅变动、期权行使带来的损失，主要货币汇率出现大的变化，信用价差出现不利走势，商品价格出现大幅波动，股票市场大幅下跌以及货币市场大幅波动等。具体压力情景的选择应考虑银行账户和交易账户的差异。

（三）流动性风险压力情景

针对流动性风险的压力情景包括但不限于以下内容：流动性资产变现能力大幅下降，批发和零售存款大量流失，批发和零售融资的可获得性下降，交易对手要求追加抵（质）押品或减少融资金额，主要交易对手违约或破产，信用评级下调或声誉风险上升，市场流动性状况出现重大不利变化，表外业务、复杂产品和交易对流动性造成损耗，银行支付清算系统突然中断运行等。

> **教你一招**
>
> 具体压力情景的设定应充分考虑针对单个银行的特定冲击、影响整个市场的系统性冲击和两者相结合的情景。

（四）操作风险压力情景

针对操作风险的压力情景包括但不限于受到以下重大操作事件影响：内部欺诈事件，外部欺诈事件，就业制度和工作场所安全事件，客户、产品和业务活动事件，实物资产的损坏,信息科技系统事件,执行、交割和流程管理事件等。信息系统事件应充分考虑业务中断系统失灵导致的直接和间接损失。

(五)战略风险压力情景

针对战略风险的压力情景包括但不限于以下内容:战略设置目标与实际情况偏差较大、战略实施措施难以完成、战略的时间规划出现较大失误。

(六)声誉风险压力情景

针对声誉风险的压力情景包括但不限于以下内容:新闻媒体大规模负面报道、社会影响巨大的负面网络舆情等。

三、风险因子的变化幅度 ★

(一)基本原则

由于压力情景设计特别是风险因子未来变化幅度的决定,具有相当大的主观性,保持压力情景设计的客观公正性就显得特别重要。压力情景设计涉及的客观公正性有两个方面:一是关于描绘各风险因子间动态关系的模型是否准确客观;二是关于风险因子变化幅度的大小是否合适客观。由于第二种客观性很大程度上依赖于主观判断,比第一种客观性更难衡量。而风险因子变化幅度可以看作压力测试最终结果的最初假定条件,极大程度上影响最终结果。缺乏客观公正性的压力情景设计,不仅不会帮助完善风险管理,还可能误导相关工作。

(二)极端情景设置

客观评定极端压力情景发生的可能性可以考虑的因素
(1)与当前经济和市场情况的统一性。 (2)与同行的对比性。 (3)与业务的有机结合。

四、压力情景的内在一致性 ★

界定压力情景中各个风险因子之间内在一致的量化关系一般可以采用三个方法。第一,依赖于历史发生的经济危机事件中,相关风险因子的变化及事后演变路径来设计情景。第二,根据历史数据,选择统计分布的尾部来定义某些或某类风险因子的变化区间。第三,建立定量模型来刻画各风险因子之间的变化关系。

五、压力情景的预测期间 ★

压力情景预测期间的长短是影响压力测试的另外一个重要因素。预测期的长短应该取决于面临的风险类型、资产组合的期限和变换难易程度,以及风险传导和应对措施产生效果的速度等因素。针对信用风险的压力情景一般以年为单位。对于市场风险和流动性风险而言,由于其可能在短期甚至即时发生较大变化,风险的传导速度快,相应的市场反应和相应效果短期内显现,因此以天或周为单位设计压力情景的预测期间相当普遍。

第三节 压力测试方法

一、信用风险压力测试 ★

信用风险压力测试应根据测试的目标、数据支持条件及银行的信用风险结构的实际情况,采取合理的压力测试方法,构建适当的压力传导模型。

根据使用方法差异,不同风险类型和测试目的下的压力传导模型也各异。部分信用风险有较为清晰的压力传导关系和明确的压力指标,可以使用指标分析方法;但对于某些信用风险模型来说,压力指标和承压对象之间关系比较复杂,可以使用一般线性回归、时间序列等统计计量模型来描述这种传导机理。

对于实施信用风险权重法的银行,可以计算压力情景下不良贷款升高,经由贷款损失减值拨备对银行盈利和风险加权资产的影响。

对于实施信用风险内评法的银行,可以通过施压于违约概率和违约损失率来计算预期损失、贷款损失拨备及对银行利润和资本金的影响。同时,压力情景下的风险加权资产也可以计算得出。

二、市场风险压力测试 ★

市场风险压力测试主要目标在于弥补模型缺陷和强化风险管理。在压力情况下,风险因子的相关性可能发生改变,压力测试能捕捉压力状态下风险因子相关性发生改变的现象,反映极端事件的风险暴露。

市场风险压力测试可以分为交易账簿下市场风险压力测试和银行账簿下市场风险压力测试。

风险计量方法大体可以分为两类:

(1)基于统计分布的方法,该方法下的计量结果同时具有概率属性,即给定结果出现的可能性。

(2)基于情景的方法,此方法给出的结果没有概率属性。

显然,**预期尾部损失模型属于前者,压力测试则属于后者**。压力预期尾部损失将预期尾部损失和压力测试两类风险计量方法有机地融合起来,在一定程度上进一步加强了尾部风险的计量。

银行账簿市场风险压力测试主要是利率风险的影响。

一般来说,**商业银行应在每年初对压力测试情景进行定期重检和调整**。重检和调整的内容包括:

(1)针对历史情景,评估原有情景的有效性,重检过去一年中是否有新增历史情景。

(2)针对假设情景,要基于最新的资产组合特征,对关键风险因子及变动幅度进行重检和调整。

但在以下三种情况下,可以**触发不定期重检和调整**:

(1)经济环境或市场发生重大变化,或出现新的突发事件时。

(2)资产组合有新增产品类别或产品类别的比例发生重大变化时。

(3)银行的风险偏好发生改变,导致银行对不同压力程度的测试情景的容忍程度变化时。

三、流动性风险压力测试 ★

(一) 概述

流动性风险压力测试是压力测试的一种,具有压力测试一般特征。但流动性压力测试又具有自身的特点,与其他压力测试相互区别:

(1)流动性压力测试的承压指标与其他压力测试不同。信用风险或市场风险压力测试的承压指标是银行盈利或亏损,以及亏损对银行资本的影响。而流动性风险的承压指标是银行的支付能力，也即银行是否有能力在资金严重流失的情况下，保持足够的流动性头寸，维持银行的正常经营。

（2）流动性压力测试的承压指标是流动性而非盈利，因此流动性压力测试在情景模拟过程中使用的是现金流模拟而不是损益模拟。

实践中，现金流指标也往往转化为另一个等价的指标——生存期指标。生存期就是银行在压力情景下维持现金头寸为正的时间。流动性压力测试的生存期不得低于 30 天。

（二）情景设计

流动性压力测试第一步是识别流动性风险点，针对性地进行压力情景设计。在一个标准化的流动性压力情景设计过程中，流动性危机情景可以分为**单个银行危机情景**、**市场流动性危机情景**以及**混合情景**三大类。

1. 单个银行压力情景

单个银行压力情景是指由于银行自身经营问题会导致流动性危机，在这种情况下影响存款人和交易对手对银行的信心，但市场流动性保持正常，银行依然可能通过资产出售或抵押融资的方式获得流动性。

2. 市场流动性压力情景

市场流动性压力情景是指由于外部市场出现危机，而非银行自身经营出现问题的情景。

3. 混合流动性压力情景

单个银行流动性压力与市场整体流动性压力常常同时出现，因此我们还需考虑单个银行与整体市场的混合压力情景。

从流动性危机时间长度上看，流动性压力情景还可以划分为**中期中等强度情景和短期高强度情景**。短期高强度情景关注的常常是 **1 周左右**的流动性急剧流失。中期中等强度情景关注的是 **1 个月左右**的流动性持续流失。

（三）假设管理

根据流动性风险识别的结果，银行设计一系列流动性压力情景之后，需要将每个情景细化为影响流动性的各项参数，包括**资产变现速度与价格，存款流失速度**等。

（1）银行应考虑各种情景下的可能假设。

（2）可以将需要考虑的假设归类到不同的情景中，对这些假设和影响路径进行分层。假设条件分为**外部市场假设**、**银行整体假设和产品行为假设**。

第四节　压力测试报告内容及结果应用

一、压力测试报告内容 ★

压力测试完成后应撰写压力测试报告，报告一般应包括背景分析、压力测试目标与数据的说明、压力情景及阈值的设置、传导模型的说明、测试结果与分析、改进措施等内容。压力测试报告应根据重要性程度，设置不同级别，并按照不同汇报路线报告不同层级管理人员。

二、压力测试结果应用 ★

压力测试实践中，**情景设计是基础，假设条件选择是关键，管理应用（采取措施）是**

最终目标。管理应用是压力测试专业化、精细化发展的原动力,也是压力测试的目的所在。

压力测试结果应运用于商业银行的各项管理决策中,包括但不限于:制定战略性业务决策、编制经营规划、设定风险偏好、调整风险限额、开展内部资本充足和流动性评估、实施风险改进措施以及应急计划等。

(1) **管理决策**。商业银行应定期进行主要风险的压力测试,压力测试结果作为各风险管理决策的重要参考。其他管理措施包括但不限于:重组、变现、终止和对冲风险头寸;增加风险缓释;提高信贷审批标准;调整风险限额;压缩资产负债规模,调整资产负债结构,包括增加拨备、留存收益、补充资本和增加流动性储备等;调整业务发展策略和定价策略等。

(2) **ICAAP 风险偏好与资本规划**。巴塞尔协议Ⅱ第二支柱要求,商业银行应建立面向内部资本评估的全面风险压力测试体系。各主要风险的压力测试结果将作为风险偏好制定的基础,也是未来三年或五年资本规划制定的重要依据。

(3) **制订应急计划**。

章节自测

一、单项选择题(在以下各小题所给出的四个选项中,只有一个选项符合题目要求,请将正确选项的代码填入括号内)

1. 从压力因素的角度出发,压力情景分为( )。
   A. 轻度情景和重度情景　　　　B. 中度情景和重度情景
   C. 历史情景和假设情景　　　　D. 轻度情景和中度情景

2. 压力测试实践中,( )是基础,( )是关键,( )是最终目标。
   A. 假设条件选择;情景设计;管理应用
   B. 情景设计;假设条件选择;管理应用
   C. 情景设计;管理应用;假设条件选择
   D. 假设条件选择;管理应用;情景设计

二、多项选择题(在以下各小题所给出的选项中,至少有两个选项符合题目要求,请将正确选项的代码填入括号内)

在一个标准化的流动性压力情景设计过程中,流动性危机情景可以分为( )。
   A. 单个银行危机情景　　　　　B. 市场流动性危机情景
   C. 混合情景　　　　　　　　　D. 竞争对手经营战略的变化情景
   E. 重要客户的经营危机情景

三、判断题(请判断以下各小题的正误,正确的选 A,错误的选 B)

1. 利率重新定价、基准利率不同步以及收益率曲线出现大幅变动属于针对流动性风险的压力情景。　　　　　　　　　　　　　　　　　　　　　　　　　( )
   A. 正确　　　　　　　　　　　B. 错误

2. 流动性压力测试的生存期不得低于 30 天。　　　　　　　　　　( )
   A. 正确　　　　　　　　　　　B. 错误

答案详解

一、单项选择题

1. C。【解析】从压力因素的角度出发,压力情景分为历史情景与假设情景。

2. B。【解析】压力测试实践中,情景设计是基础,假设条件选择是关键,管理应用(采取措施)是最终目标。

二、多项选择题

ABC。【解析】在一个标准化的流动性压力情景设计过程中,流动性危机情景可以分为单个银行危机情景、市场流动性危机情景以及混合情景三大类。

三、判断题

1. B。【解析】针对市场风险的压力情景包括但不限于以下内容:利率重新定价、基准利率不同步以及收益率曲线出现大幅变动、期权行使带来的损失,主要货币汇率出现大的变化,信用价差出现不利走势,商品价格出现大幅波动,股票市场大幅下跌以及货币市场大幅波动等。具体压力情景的选择应考虑银行账户和交易账户的差异。

2. A。【解析】流动性压力测试的生存期不得低于30天。

第十一章 资本管理

考情直击

本章的主要内容是与商业银行资本管理相关的知识。分析近几年的考试情况,本章的常考点有资本的定义及功能、资本的分类及构成、资本充足率、杠杆率等,在考试中占5.5~15分。

考纲要求

资本管理

考试内容	能力等级
资本定义、功能以及资本管理和风险管理的关系	熟悉
资本分类、监管资本构成以及资本扣除项	了解
资本充足率计算和监管要求	了解
资本充足率影响因素和管理策略	了解
储备资本要求和逆周期资本要求(中级)	掌握
系统重要性银行附加资本要求(中级)	掌握
第二支柱资本要求(中级)	掌握
杠杆率指标的提出背景	了解
杠杆率指标的计算	了解
杠杆率指标的优点	了解
系统重要性银行杠杆率缓冲要求(中级)	掌握
风险评估与资本评估的国内外监管要求及行业实践(中级)	了解
资本规划的主要内容、频率以及监管要求(中级)	了解
内部资本充足评估报告的内容、作用以及监管要求(中级)	了解

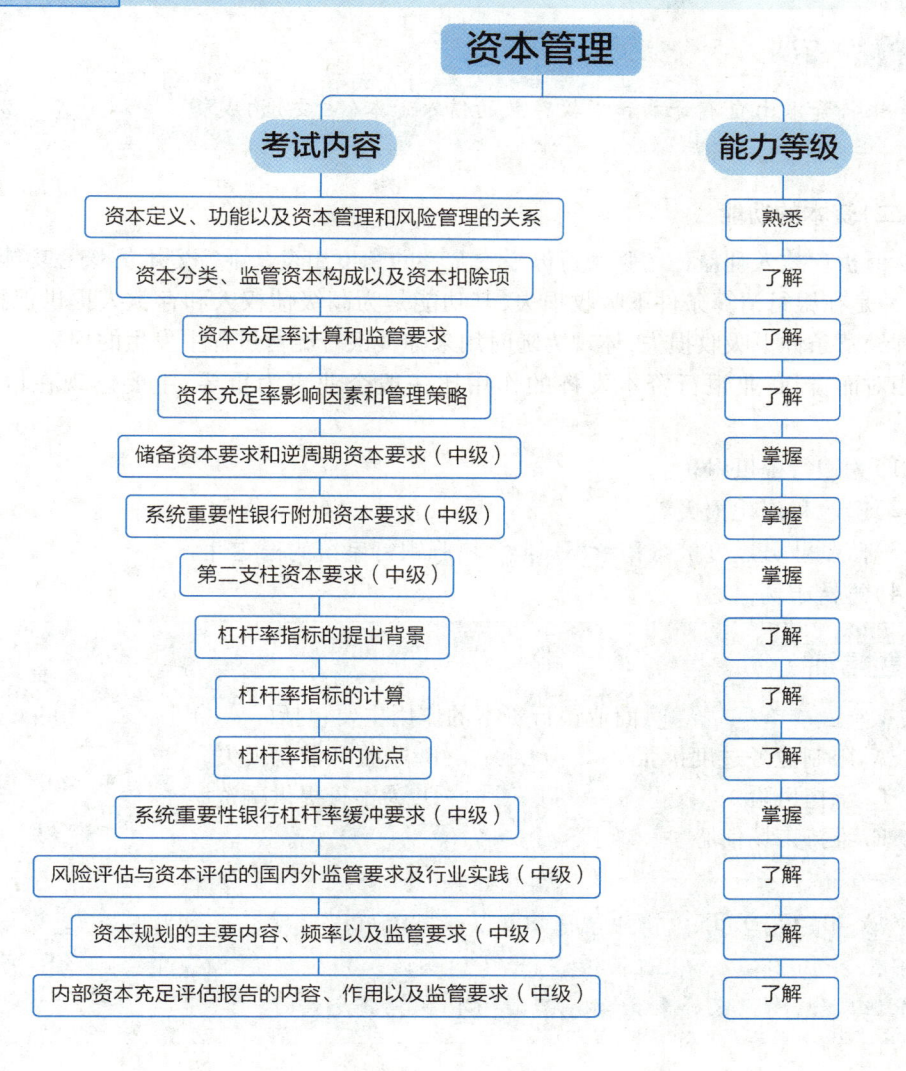

> 知识解读

第一节 资本定义及功能

一、资本的概述 ★★

(一) 资本的定义

商业银行资本是指银行从事经营活动必须注入的资金,可以用来吸收银行的经营亏损,缓冲意外损失,保护银行的正常经营,为银行的注册、组织营业以及存款进入前的经营提供启动资金等。从所有权角度看,商业银行资本由两部分构成:一部分是银行资本家投资办银行的自有资本;另一部分是吸收存款的借入资本。其中,**借入资本是银行资本的主要部分**。

> 教你一招
>
> 银行资本由自有资本和吸收存款的借入资本(主要)构成。

(二) 资本的功能

从保护存款人利益和增强银行体系安全性的角度出发,银行资本的核心功能是吸收损失,一是在银行清算条件下吸收损失,其功能是为高级债权人和存款人提供保护;二是在持续经营条件下吸收损失,体现为随时用来弥补银行经营过程中发生的损失。

相对而言,商业银行资本发挥的作用比一般企业更为重要,主要体现在以下几个方面:

(1) 为银行提供融资。
(2) 吸收和消化损失。
(3) 限制业务过度扩张和承担风险,增强银行系统的稳定性。
(4) 维持市场信心。

> 真题精练
>
> 【例1·多项选择题】商业银行资本的作用主要包括( )。
> A. 限制业务过度扩张　　　B. 吸收和消化损失
> C. 承担风险　　　　　　　D. 为银行提供融资
> E. 维持市场信心
>
> ---
>
> ABCDE 商业银行资本发挥的作用比一般企业更为重要,主要体现在以下几个方面:(1)为银行提供融资。(2)吸收和消化损失。(3)限制业务过度扩张和承担风险,增强银行系统的稳定性。(4)维持市场信心。

二、资本管理和风险管理的关系 ★★

巴塞尔委员会于 1988 年发布的巴塞尔协议Ⅰ，正式确立了银行资本监管的统一原则，强调了资本在保护债权人免遭风险损失的"缓冲器"作用，即资本可以用于吸收银行的非预期损失，使得银行资本与风险建立了直接而明确的联系。资本是风险的最终承担者，因而也是风险管理最根本的动力来源。在商业银行经营管理活动中，风险管理始终是由代表资本利益的董事会来推动并承担最终风险责任的。

20 世纪 90 年代以来，各类风险计量模型的使用极大提高了银行衡量风险损失的精确度，并通过银行风险损失映射银行资本承担，使得整个资本管理流程都与风险管理紧密衔接，不断推动着银行风险管理和资本管理的整体统一，从而确立了资本管理在现代商业银行风险管理中的核心地位。建立以资本约束为核心的风险管理体系，是现代商业银行取得市场有利竞争地位的重要布局，现代商业银行应充分认识资本管理和风险管理的内在联系，最终实现两者的有机融合。

第二节 资本分类和构成

一、资本分类 ★

根据不同的管理需要和本质特性，商业银行资本主要有账面资本、经济资本和监管资本三个概念。

账面资本

账面资本是银行持股人的永久性资本投入，即资产负债表上的所有者权益，主要包括普通股股本/实收资本、资本公积、盈余公积、未分配利润、投资重估储备、一般风险准备等，即资产负债表上银行总资产减去总负债后的剩余部分。账面资本是银行资本金的静态反映，反映了银行实际拥有的资本水平。

经济资本

经济资本又称为风险资本，是指在一定的置信度和期限下，为了覆盖和抵御银行超出预期的经济损失（即非预期损失）所需要持有的资本数额，是银行抵补风险所要求拥有的资本，并不必然等同于银行所持有的账面资本，可能大于账面资本，也可能小于账面资本。

监管资本

监管资本是监管当局规定的银行必须持有的与其业务总体风险水平相匹配的资本，一般是指商业银行自身拥有的或者能长期支配使用的资金，以备非预期损失出现时随时可用，故其强调的是抵御风险、保障银行持续稳健经营的能力，并不要求其所有权归属。

📖 教你一招

资本可划分为：账面资本（会计资本）、经济资本（风险资本）、监管资本。

二、监管资本构成 ★

根据《商业银行资本管理办法》，监管资本包括一级资本和二级资本。其中，一级资本包括核心一级资本和其他一级资本。

（一）核心一级资本的构成

表 11-1　核心一级资本的构成

要点	内容
定义	核心一级资本是指在银行持续经营条件下无条件用来吸收损失的资本工具，具有永久性、清偿顺序排在所有其他融资工具之后的特征
主要项目	**核心一级资本包括实收资本或普通股、资本公积、盈余公积、一般风险准备、未分配利润、少数股东资本可计入部分**
合格标准	（1）直接发行且实缴的。 （2）按照相关会计准则，实缴资本的数额被列为权益，并在资产负债表上单独列示和披露。 （3）发行银行或其关联机构不得提供抵押或保证，也不得通过其他安排使其在法律或经济上享有优先受偿权。 （4）没有到期日，且发行时不应造成该工具将被回购、赎回或取消的预期，法律和合同条款也不应包含产生此种预期的规定。 （5）在进入破产清算程序时，受偿顺序排在最后。 （6）该部分资本应在资本工具减记之前，首先并按比例承担绝大多数损失，在持续经营条件下，所有最高质量的资本工具都应按同一顺序等比例吸收损失。 （7）收益分配应当来自可分配项目。 （8）在任何情况下，收益分配都不是义务，且不分配不得被视为违约。 （9）不享有任何优先收益分配权，所有最高质量的资本工具的分配权都是平等的。 （10）发行银行不得直接或间接为购买该工具提供融资。 （11）发行必须得到发行银行的股东大会，或经股东大会授权的董事会或其他人员批准

（二）其他一级资本的构成

表 11-2　其他一级资本的构成

要点	内容
定义	其他一级资本是非累积性的、永久性的、不带有利率跳升及其他赎回条款，本金和收益都应在银行持续经营条件下参与吸收损失的资本工具
主要项目	**其他一级资本包括其他一级资本工具及其溢价（如优先股及其溢价）、少数股东资本可计入部分**
合格标准	（1）发行且实缴的。 （2）**受偿顺序排在存款人、一般债权人和次级债务之后**。 （3）发行银行或其关联机构不得提供抵押或保证，也不得通过其他安排使其相对于发行银行的债权人在法律或经济上享有优先受偿权。 （4）没有到期日，并且不得含有利率跳升机制及其他赎回激励。 （5）自发行之日起，至少5年后方可由发行银行赎回，但发行银行不得形成赎回权将被行使的预期，且行使赎回权前应经国家金融监督管理总局或其派出机构认可。 （6）发行银行赎回其他一级资本工具，应符合相关要求。 （7）资本工具发生本金偿付前，发行银行应经国家金融监督管理总局或其派出机构认可，并且不得假设或形成本金偿付将得到国家金融监督管理总局或其派出机构认可的市场预期。

表 11-2（续）

要点	内容
合格标准	（8）任何情况下发行银行都有权取消资本工具的分红或派息，且不构成违约事件。 （9）按照相关会计准则，若该工具被列为权益，须至少设定无法生存触发事件；若该工具被列为负债，须同时设定持续经营触发事件和无法生存触发事件。在满足以下最低合格标准的基础上，商业银行可根据市场情况和投资者意愿，在合同中自主设定更高标准。 （10）必须含有减记或转股的条款，当触发事件发生时，该资本工具能立即减记或者转为普通股。 （11）当触发事件发生时，设置了同一触发事件的其他一级资本工具都应同时按各工具占该级别资本工具总额的比例吸收损失。 （12）所有其他一级资本工具全部吸收损失后，再启动二级资本工具吸收损失。 （13）分红或派息必须来自可分配项目，且分红或派息不得与发行银行自身的评级挂钩，也不得随着评级变化而调整。 （14）不得包含妨碍发行银行补充资本的条款。 （15）发行银行及受其控制或有重要影响的关联方不得购买该工具，且发行银行不得直接或间接为购买该资本工具提供融资。 （16）某项资本工具不是由经营实体或控股公司发行的，发行所筹集的资金必须无条件立即转移给经营实体或控股公司，且转移的方式必须至少满足前述其他一级资本工具的合格标准。 （17）若对因减记导致的资本工具投资者损失进行补偿，应在公共部门注资前采取普通股的形式立即支付。 （18）发行含转股条款的资本工具，应事前获得必要的授权，确保触发事件发生时，商业银行能立即按合同约定发行相应数量的普通股

（三）二级资本的构成

表 11-3 二级资本的构成

要点	内容
定义	二级资本是指在破产清算条件下可以用于吸收损失的资本工具，二级资本的受偿顺序列在普通股之前、在一般债权人之后，不带赎回机制，不允许设定利率跳升条款，收益不具有信用敏感性特征，必须含有减记或转股条款
主要项目	二级资本包括二级资本工具及其溢价、超额损失准备、少数股东资本可计入部分
合格标准	（1）发行且实缴的。 （2）受偿顺序排在存款人和一般债权人之后。 （3）不得由发行银行或其关联机构提供抵押或保证，也不得通过其他安排，使其相对于发行银行的存款人和一般债权人在法律或经济上享有优先受偿权。 （4）原始期限不低于 5 年，并且不得含有利率跳升机制及其他赎回激励。 （5）自发行之日起，至少 5 年后方可由发行银行赎回，但发行银行不得形成赎回权将被行使的预期，且行使赎回权前应经国家金融监督管理总局或其派出机构认可。 （6）商业银行的二级资本工具，应符合相关要求。

表11-3(续)

要点	内容
合格标准	(7)二级资本工具须设定无法生存触发事件。无法生存触发事件与其他一级资本工具中的定义相同。 (8)必须含有减记或转股的条款,当触发事件发生时,该资本工具能立即减记或者转为普通股。 (9)当触发事件发生时,设置了同一触发事件的所有二级资本工具都应同时按各工具占该级别资本工具总额的比例吸收损失。 (10)除非商业银行进入破产清算程序,否则投资者无权要求加快偿付未来到期债务(本金或利息)。 (11)派息不得与发行银行自身的评级挂钩,也不得随着评级变化而调整。 (12)发行银行及受其控制或有重要影响的关联方不得购买该工具,且发行银行不得直接或间接为购买该工具提供融资。 (13)某项资本工具不是由经营实体或控股公司发行的,发行所筹集的资金必须无条件立即转移给经营实体或控股公司,且转移的方式必须至少满足前述二级资本工具的合格标准。 (14)若对因减记导致的资本工具投资者损失进行补偿,应在公共部门注资前采取普通股的形式立即支付。 (15)发行含转股条款的资本工具,应事前获得必要的授权,确保触发事件发生时,商业银行能立即按合同约定发行相应数量的普通股

三、资本扣除项 ★

商业银行在计算资本充足率时,应当从核心一级资本中全额扣除以下项目:

(1)商誉。
(2)其他无形资产(土地使用权除外)。
(3)由经营亏损引起的净递延税资产。
(4)贷款损失准备缺口。
(5)资产证券化销售利得。
(6)确定受益类的养老金资产净额。
(7)直接或间接持有本银行的股票。
(8)对资产负债表中未按公允价值计量的项目进行套期形成的现金流储备,若为正值,应予以扣除;若为负值,应予以加回。
(9)商业银行自身信用风险变化导致其负债公允价值变化带来的未实现损益。
(10)审慎估值调整。

> **知识加油站**
>
> 商誉是指能在未来期间为企业经营带来超额利润的潜在经济价值,或一家企业预期的获利能力超过可辨认资产正常获利能力(如社会平均投资回报率)的资本化价值。

第三节 资本充足率

一、资本充足率计算和监管要求 ★

(一)资本充足率的定义

以监管资本为基础计算的资本充足率,是监管部门限制银行过度承担风险、保证金融市场稳定运行的重要工具。资本充足率是指商业银行持有的、符合《商业银行资本管理办法》规定的资本净额与风险加权资产之间的比率。

(二)资本充足率的计算公式

资本充足率 = (总资本 - 对应资本扣除项)/风险加权资产 × 100%

一级资本充足率 = (一级资本 - 对应资本扣除项)/风险加权资产 × 100%

核心一级资本充足率 = (核心一级资本 - 对应资本扣除项)/风险加权资产 × 100%

针对以上公式的分子部分,商业银行在计算资本充足率时,应对总资本进行适当扣除,并保证所有表内资产项目和表外资产项目都包含在资本充足率的计量范围中。

分母的风险加权资产包括信用风险加权资产、市场风险加权资产和操作风险加权资产。银行须将市场风险和操作风险所要求计提的资本转化为风险加权资产计入分母之中。市场风险加权资产为市场风险资本要求的12.5倍,即市场风险加权资产 = 市场风险资本要求 × 12.5;操作风险加权资产为操作风险资本要求的12.5倍,即操作风险加权资产 = 操作风险资本要求 × 12.5。

(三)资本充足率的监管要求

《商业银行资本管理办法》明确提出了四个层次的监管资本要求:

(1)**第一个层次是最低资本要求**。核心一级资本充足率、一级资本充足率和资本充足率分别为5%、6%和8%;需要说明的是,对于核心一级资本充足率,我国监管要求高于巴塞尔协议Ⅲ的监管标准(4.5%)。

(2)**第二个层次是储备资本要求和逆周期资本要求**。包括储备资本要求为风险加权资产的2.5%,由核心一级资本满足;在最低资本要求和储备资本要求之上计提逆周期资本。

(3)**第三个层次是系统重要性银行附加资本要求**,国内系统重要性银行分成五组,分别适用0.25%、0.5%、0.75%、1%、1.5%的附加资本要求。

(4)**第四个层次是第二支柱资本要求**,确保资本充分覆盖所有实质性风险。

我国当前对商业银行采取的多层次监管资本要求,既符合巴塞尔协议Ⅲ确定的资本监管要求,与资本监管国际规则保持一致,又增强了资本监管的审慎性和灵活性,确保资本充分覆盖国内银行面临的系统性风险和个体风险。

> **真题精练**
>
> 【例2·单项选择题】我国核心一级资本充足率的最低资本要求是( )。
> A.6% B.5%
> C.7% D.8%
>
> B 核心一级资本充足率、一级资本充足率和资本充足率的最低资本要求分别为5%、6%和8%。

二、资本充足率影响因素和管理策略 ★

(一)资本充足率影响因素

商业银行持有的资本是否能够充分覆盖风险,取决于两方面的因素:持有资本的数量(资本充足率计算公式的分子)**与面临的实际风险水平**(资本充足率计算公式的分母)。

在分子方面,一般情况下,若银行的财务状况优良,盈利能力较强,可以通过利润留存增加资本数量,进而能够提高该行的资本充足率水平。

在分母方面,银行面临的实际风险水平(风险加权资产的总量)与银行的规模、资产的质量和结构密切相关。

(二)资本充足率管理策略

商业银行要提高资本充足率,主要有两个途径:**一是增加资本;二是降低总的风险加权资产**。前者称为分子对策,后者称为分母对策。

1. 分子对策

商业银行提高资本充足率的分子对策,包括增加一级资本和二级资本。

一级资本的来源最常用的方式是发行普通股和提高留存利润。普通股是银行核心一级资本主要内容,但发行普通股成本通常较高,且银行不能经常采用。留存利润则是银行增加一级资本最便捷的方式,相对于发行股票来说,其成本相对要低得多,一般情况下,银行均会规定一定比例的净利润用于补充资本。不过,留存利润的多少取决于市场环境、银行的盈利能力,在多数情况下不可能在短期内起到立竿见影的效果。除上述方式外,银行还可以采取发行优先股来补充一级资本,但应符合监管规定的一级资本工具合格标准。

二级资本主要来源于超额贷款损失准备、次级债券、可转换债券等。

2. 分母对策

商业银行提高资本充足率的分母对策,总体的思路是降低风险加权资产的总量,包括分别降低信用风险、市场风险和操作风险的资本要求。要缩小整体的风险加权资产,主要采用两种措施:一是降低规模;二是调整结构。

> **教你一招**
>
> 提高资本充足率的途径。分子对策:增加资本。一级资本:发行普通股和提高留存利润;二级资本:超额贷款损失准备、次级债券和可转债等。分母对策:降低总的风险加权资产,包括分别降低信用风险、市场风险和操作风险的资本要求,降低银行总体的资产规模(很少采用);调整资产结构(主要),即减少风险权重较高的资产,增加风险权重较低的资产。

三、储备资本要求(中级考试内容) ★★★

监管当局提出在最低资本要求基础上的储备资本要求,旨在确保银行在非压力时期建立超额资本用于发生损失时吸收损失,可以增强银行吸收损失的能力,在一定程度上降低资本监管的顺周期性,保证危机时期银行资本充足率仍能达到最低标准。**储备资本建**

立在最低资本充足率的基础上，应由核心一级资本来满足，比例为风险加权资产的 **2.5%**。

正常情况下，银行资本充足率应达到该目标；若银行资本充足率落入最低资本要求与该目标水平之间，监管当局应限制银行利润分配、股票回购和奖金发放，通过扩大内部资本留存恢复储备资本。

四、逆周期资本要求（中级考试内容）★★★

商业银行应在最低资本要求和储备资本要求之上计提逆周期资本。逆周期资本旨在确保银行业资本要求要考虑银行运营所面临的宏观金融环境。

在经济上行期，商业银行计提逆周期超额资本，抑制信贷高速扩张。在经济下行期，商业银行可以利用逆周期资本吸收损失，维护经济周期内信贷供给的平衡。逆周期资本必须由普通股一级资本或其他具有完全损失吸收能力的资本来满足，各国监管机构可以根据实际情况确定，弥补资本监管导致的顺周期性。

五、系统重要性银行附加资本要求（中级考试内容）★★★

（一）全球系统重要性银行监管改革背景

国际金融危机后，解决"大而不能倒"问题的重要性、迫切性上升。各方充分认识到，系统重要性银行不仅会对本国金融体系产生影响，而且具有跨境效应，可能对全球金融体系产生潜在威胁。由于系统重要性银行往往会参与复杂的跨境业务，或在多个国家和地区设立分支机构，一旦其所积累的风险爆发，对全球经济运行的影响不容小觑。

因此，强化对全球系统重要性银行（G-SIBs）的监管、防范"大而不能倒"问题成为全球范围内金融监管改革的重要内容。各国政府主要采取两种措施：一是增强全球系统重要性银行的持续经营能力和损失吸收能力来降低风险；二是通过建立恢复和处置框架，降低全球系统重要性银行破产的负面影响。

（二）全球系统重要性银行分组及附加资本要求

从 2011 年起，金融稳定理事会每年发布全球系统重要性银行名单，并已经形成比较明确的监管政策框架。

2023 年共有 29 家银行上榜，相比 2022 年减少 1 家。其中，国内银行 5 家，分别为中国农业银行、中国银行、中国建设银行、中国工商银行，以及首次上榜的交通银行。

（三）国内系统重要性银行分组及附加资本要求

2020 年 12 月，中国人民银行与原银保监会联合发布《系统重要性银行评估办法》，建立系统重要性银行评估与识别机制，完善我国系统重要性金融机构监管框架，以降低系统重要性银行发生重大风险的可能性，防范系统性金融风险。该办法设置了 4 个一级指标，包括规模、关联度、可替代性和复杂性，权重均为 25%。每个一级指标下设若干二级指标。

根据《系统重要性银行评估办法》，中国人民银行、国家金融监督管理总局开展了 2023 年度我国系统重要性银行评估，认定 20 家国内系统重要性银行，其中国有商业银行 6 家，股份制商业银行 9 家，城市商业银行 5 家。

六、第二支柱资本要求（中级考试内容）★★★

第二支柱资本要求是指监管机构在最低资本要求的基础上提出的各类特定资本要求的总和。

《商业银行资本管理办法》明确了第二支柱下资本监管要求,国务院银行业监督管理机构有权在第二支柱框架下提出更为审慎的特定资本要求,包括:根据风险判断,针对部分资产组合提出特定资本要求;根据监督检查结果,针对单家银行提出特定资本要求。

国家金融监督管理总局及其派出机构有权根据单家商业银行操作风险管理水平及操作风险事件发生情况,提高操作风险的监管资本要求。国家金融监督管理总局及其派出机构有权通过调整风险权重、相关性系数、有效期限、违约损失率等风险参数,设置或调整风险加权资产底线等方法,提高特定资产组合的资本要求,包括但不限于以下内容:

(1)根据区域风险差异,确定地方政府融资平台贷款的集中度风险资本要求。
(2)通过期限调整因子,确定中长期贷款的资本要求。
(3)针对贷款行业集中度风险状况,确定部分行业的贷款集中度风险资本要求。
(4)根据区域房地产运行情况、个人住房抵押贷款用于购买非自住用房的风险状况,提高个人住房抵押贷款资本要求。

> **要点点拨**
>
> 第二支柱资本要求覆盖集中度风险、银行账簿利率风险、流动性风险以及其他实质性风险,监管当局将根据风险评估与判断对单家银行提出差异化的资本要求,也可以认可商业银行内部资本充足评估结果。

> **真题精练**
>
> 【例3·判断题】国家金融监督管理总局及其派出机构有权根据单家商业银行操作风险管理水平及操作风险事件发生情况,提高操作风险的监管资本要求。(　　)
> A. 正确　　　　　　　　　　　　B. 错误
>
> ---
>
> **A**　国家金融监督管理总局及其派出机构有权根据单家商业银行操作风险管理水平及操作风险事件发生情况,提高操作风险的监管资本要求。

第四节　杠杆率

一、杠杆率要求的提出背景 ★

(一)巴塞尔协议Ⅲ引入杠杆率指标

2009年4月,二十国集团(G20)伦敦峰会提出,各国金融当局应当引入一个更为简单的指标,作为以风险为基础的资本充足率的补充,衡量金融体系杠杆的积累。2010年12月,巴塞尔委员会在巴塞尔协议Ⅲ中,对杠杆率的目标、定义、基本构成、计量方法和过渡期安排做出了规定。

为更好地度量金融机构杠杆水平,巴塞尔委员会于2013年6月颁布了《巴塞尔Ⅲ:杠杆率修订框架及风险暴露要求(征求意见稿)》,对杠杆率计算和信息披露要求进行了修订和完善。巴塞尔委员会最终于2014年1月发布了《巴塞尔Ⅲ:杠杆率修订框架及披露要求》。

（二）杠杆率在我国的实施

2011年6月，原中国银监会发布了《商业银行杠杆率管理办法》，首次提出对商业银行的杠杆率监管要求。该办法规定，商业银行并表和未并表的杠杆率均不得低于4%。

2014年1月，鉴于巴塞尔委员会发布了最新杠杆率框架，原中国银监会就修订杠杆率监管指标公开征求意见，并于2015年2月正式发布《商业银行杠杆率管理办法（修订）》。

二、杠杆率指标的计算及优点 ★

（一）杠杆率指标的计算

1. 杠杆率的计算方法

杠杆率是指商业银行持有的、符合《商业银行资本管理办法》规定的一级资本净额与调整后表内外资产余额之间的比率。杠杆率计算公式为：

杠杆率=（一级资本－一级资本扣减项）/调整后的表内外资产余额

其中，一级资本与一级资本扣减项的统计口径与银行业监督管理机构有关计算资本充足率所采用的一级资本及其扣减项保持一致。一级资本扣减项包括核心一级资本扣减项和其他一级资本扣减项。

核心一级资本的扣减项包括商誉、除土地使用权以外的其他无形资产、由经营亏损引起的净递延税资产、损失准备缺口、资产证券化销售利得、确定收益类的养老金资产、直接或间接持有本银行的股票、对资产负债表中未按公允价值计量的项目进行套期形成的现金流储备、商业银行自身信用风险变化导致其负债公允价值变化带来的未实现损益、审慎估值调整；其他一级资本的扣减项包括直接或间接持有的本银行其他一级资本、协议互持的其他一级资本、对未并表金融机构投资中的其他一级资本等。

2. 杠杆率与资本充足率的比较

通过对比杠杆率与一级资本充足率的计算公式可以发现，杠杆率与一级资本充足率分子相同，均是一级资本净额。分母方面，杠杆率为调整后表内外资产余额，而一级资本充足率的分母为风险加权资产。

资本充足率和杠杆率是重要的资本监管工具，在监测商业银行资本方面相辅相成。两个指标相互配合，促使商业银行在资产规模和风险水平方面寻求平衡，既要避免无节制地扩张业务，又要防止为追求利润过度发展高风险业务。

> **教你一招**
>
> 杠杆率与资本充足率的比较：
> （1）区别：资本充足率指标弥补杠杆率忽视资产风险水平的缺点，但无法限制银行进行规模扩张并加大杠杆水平；杠杆率避免了粗放式经营下规模过度扩张。
> （2）联系：都是重要的资本监管工具，在监测商业银行资本方面相辅相成；二者相互配合，促使商业银行在资产规模和风险水平方面寻求平衡。

（二）杠杆率指标的优点

1. 杠杆率指标的功效

作为简单、透明、不具有风险敏感性的监管工具，杠杆率兼具宏观审慎和微观审慎功效。

（1）在宏观审慎层面，杠杆率能够起到逆周期调节作用，有利于约束商业银行规模的过度扩张，降低杠杆积累和系统性风险的增加。

(2)在微观审慎层面,杠杆率对资本充足率形成补充,防止银行使用内部模型进行监管套利,确保银行保有相对充足的资本水平。

2.杠杆率指标的优点

(1)杠杆率具备逆周期调节作用,能维护金融体系稳定和实体经济发展。

(2)杠杆率避免了资本套利和监管套利。

(3)杠杆率是风险中性的,相对简单易懂。

> **真题精练**
>
> 【例4·单项选择题】下列关于杠杆率指标的说法中,错误的是(　　)。
> A.杠杆率能够起到逆周期调节作用
> B.杠杆率是风险中性的,相对简单易懂
> C.杠杆率能够提高杠杆积累和非系统性风险的增加
> D.杠杆率避免了资本套利和监管套利
>
> C 在宏观审慎层面,杠杆率能够起到逆周期调节作用,有利于约束商业银行规模的过度扩张,降低杠杆积累和系统性风险的增加。

三、系统重要性银行附加杠杆率要求(中级考试内容) ★★★

巴塞尔委员会于2017年发布的《巴塞尔Ⅲ最终方案》,对全球系统重要性银行提出了更高的杠杆率要求。资本充足率监管中,对于全球系统重要性银行实施了差别监管,全球系统重要性银行需要在一级资本中额外计提1%～3.5%的附加资本。为了与上述做法保持一致,《巴塞尔Ⅲ最终方案》对全球系统重要性银行提出了比一般银行更高的杠杆率缓冲要求,即"全球系统重要性银行的杠杆率最低要求＝一般银行杠杆率最低要求＋50%×系统重要性银行附加资本要求"。目前,全球系统重要性银行分为五组,分别适用1%、1.5%、2%、2.5%、3.5%的附加资本要求,附加杠杆率为附加资本的50%,分别为0.5%、0.75%、1%、1.25%和1.75%。

第五节　内部资本充足评估程序(中级考试内容)

一、总体要求 ★

(一)巴塞尔委员会监管要求

巴塞尔协议第一支柱是银行的最低资本要求,第二支柱作为对第一支柱的补充,主要从以下两个方面进行充实:一是风险覆盖范围上,扩大到银行所有实质性风险,提高了银行的资本要求,同时也提高了银行抵御风险的能力;二是由于内部模型的引入,将银行最低资本要求与风险管理能力挂钩,提升了第一支柱对风险的敏感性,实现了监管的激励相容,但同时也增加了监管套利的可能性,因此要求在第一支柱的基础上,赋予监管部门监督检查权,也就是第二支柱的监督检查。

第二支柱作为对第一支柱的补充,主要是为了实现两个目标:一是保证银行拥有充足的资本,以抵御面临的风险;二是鼓励银行运用更好的风险管理技术,改进和提高风险管

理水平。为实现上述目标，巴塞尔委员会提出了四个要求：

（1）银行应建立资本充足评估程序，评估与风险状况相适应的总体资本水平，并制定保持资本水平的战略。

（2）监管部门检查和评价银行资本充足评估情况。

（3）监管部门鼓励银行保持高于最低资本要求的资本水平。

（4）对银行的资本充足问题早干预、早介入。

巴塞尔委员会认为，健全的资本充足评估程序包括五个要素：**董事会和高管层的职责、健全的资本评估、全面的风险评估、监测和报告体系以及内部控制。**

（二）国内监管要求

《商业银行资本管理办法》规定，商业银行内部资本充足评估程序应实现以下目标：确保主要风险得到识别、计量或评估、监测和报告；确保资本水平与风险偏好及风险管理水平相适应；确保资本规划与银行经营状况、风险变化趋势及长期发展战略相匹配。

二、风险评估 ★

（一）对全面风险管理框架的评估

1. 公司治理

（1）董事会的职责。**商业银行董事会承担本行资本管理的最终责任**，履行以下职责：设定与银行发展战略和外部环境相适应的风险偏好和资本充足目标，审批银行内部资本充足评估程序，确保资本充分覆盖主要风险；审批资本管理制度，确保资本管理政策和控制措施有效；监督内部资本充足评估程序的全面性、前瞻性和有效性；审批并监督资本规划的实施，满足银行持续经营和应急性资本补充需要；至少每年一次审批资本充足率管理计划，审议资本充足率管理报告及内部资本充足评估报告，听取对资本充足率管理和内部资本充足评估程序执行情况的审计报告；审批第三支柱信息披露政策、程序和内容，并保证披露信息的真实、准确和完整；确保商业银行有足够的资源，能够独立、有效地开展资本管理工作。

（2）高级管理层的职责。商业银行高级管理层根据业务战略和风险偏好负责组织实施资本管理工作，确保资本与业务发展、风险水平相适应，落实各项监控措施。

（3）监事会的职责。商业银行监事会应对董事会及高级管理层在资本管理和资本计量高级方法管理中的履职情况进行监督评价，并至少 **每年一次** 向股东大会报告董事会及高级管理层的履职情况。

（4）相关部门的职责。

2. 风险政策、流程和限额

商业银行应当完善与自身发展战略、经营目标和财务状况相适应的全面风险管理政策及流程，针对主要风险设定风险限额，确保限额与资本水平、资产、收益及总体风险水平相匹配。

3. 信息系统

商业银行应当建立与全面风险管理相适应的管理信息系统体系，相关管理信息系统应具备以下主要功能：

（1）支持各业务条线的风险计量和全行风险加总。

（2）识别全行范围的集中度风险，以及信用风险、市场风险、流动性风险、声誉风险等各类风险相互作用产生的风险。

（3）分析各类风险缓释工具在不同市场环境的作用和效果。
（4）支持全行层面的压力测试工作，评估各种压力场景对全行及主要业务条线的影响。
（5）具有适当的灵活性，及时反映风险假设变化对风险评估和资本评估的影响。

4. 内部控制和内部审计

商业银行应当建立全面风险管理的内控机制，确保相关决策信息的准确和全行风险管理政策的有效实施。

商业银行应明确内部审计部门在资本管理中的职责。内部审计部门应履行以下职责：

（1）评估资本管理的治理结构和相关部门履职情况，以及相关人员的专业技能和资源充分性。
（2）至少每年一次检查内部资本充足评估程序相关政策和执行情况。
（3）至少每年一次评估资本规划的执行情况。
（4）至少每年一次评估资本充足率管理计划的执行情况。
（5）检查资本管理的信息系统和数据管理的合规性和有效性。
（6）向董事会提交资本充足率管理审计报告、内部资本充足评估程序执行情况审计报告、资本计量高级方法管理审计报告。

（二）对实质性风险的评估

1. 总体要求

（1）商业银行应采用定量和定性相结合的方法，有效评估和管理各类主要风险。
（2）商业银行应建立风险加总的政策和程序，确保在不同层次上及时识别风险。
（3）商业银行进行风险加总，应充分考虑集中度风险及风险之间的相互传染。

2. 对信用风险、市场风险和操作风险的评估要求

对信用风险、市场风险、操作风险的评估要求主要是**定性评估要求**，是对第一支柱监管要求的补充。

要求商业银行应当建立完善的信用风险、市场风险和操作风险管理体系，相关要素包括但不限于：董事会的监督控制，高级管理层的职责，适当的组织架构和人员安排，各类风险的管理政策、方法、程序和限额。

3. 其他风险和事项的评估要求

其他风险包括集中度风险、银行账簿利率风险、流动性风险、声誉风险、战略风险、交易对手信用风险和资产证券化风险，其他事项主要是指估值。

4. 压力测试

《商业银行资本管理办法》规定，商业银行应在内部资本充足评估程序框架下建立全面的、审慎的、前瞻性的资本充足压力测试工作机制，通过以定量分析为主的方法测算在某些不利情景下可能发生的损失及风险资产的变化，以评估对银行整体层面资本充足水平的影响。

（三）风险评估最佳实践

1. 国际银行业开展风险评估的基本原则

（1）符合监管要求。
（2）满足银行实际需要。
（3）具有一定的前瞻性。

2. 国际银行业开展风险评估的实践

国际银行业开展实质性风险评估主要采用打分卡方法。

> 💡 **真题精练**
>
> 【例5·单项选择题】商业银行(   )承担本行资本管理的最终责任。
> A. 董事长　　　　　　　　B. 高级管理层
> C. 总经理　　　　　　　　D. 董事会
>
> D　商业银行董事会承担本行资本管理的最终责任。

三、资本规划 ★

(一)资本规划的监管要求

(1)商业银行制订资本规划,应综合考虑风险评估结果、压力测试结果、未来资本需求、资本监管要求和资本可获得性,确保资本水平持续满足监管要求。资本规划应至少设定内部资本充足率三年目标。

(2)商业银行制订资本规划,应确保目标资本水平与业务发展战略、风险偏好、风险管理水平和外部经营环境相适应,兼顾短期和长期资本需求,并考虑各种资本补充来源的长期可持续性。

(3)商业银行制订资本规划,应审慎估计资产质量、利润增长及资本市场的波动性,充分考虑对银行资本水平可能产生重大负面影响的因素,包括或有风险暴露,严重且长期的市场衰退,以及突破风险承受能力的其他事件。

(4)商业银行应优先考虑补充核心一级资本,增强内部资本积累能力,完善资本结构,提高资本质量。

(5)商业银行应通过严格和前瞻性的压力测试,测算不同压力条件下的资本需求和资本可获得性,并制订资本应急预案以满足计划外的资本需求,确保银行具备充足资本应对不利的市场条件变化。

(6)商业银行应将压力测试作为风险识别、监测和评估的重要工具,并根据压力测试结果评估银行所面临的潜在不利影响及对应所需持有的资本。

(7)商业银行高级管理层应充分理解压力条件下商业银行所面临的风险及风险间的相互作用、资本工具吸收损失和支持业务持续运营的能力,并判断资本管理目标、资本补充政策安排和应对措施的合理性。

(二)资本规划的主要内容及频率

1. 资本规划的主要内容

资本规划是对正常和压力情景下的资本充足率进行预测,并将预测资本水平与目标资本充足率比较,相应调整财务规划和业务规划,使银行资本充足水平、业务规划和财务规划达到动态平衡。

资本规划的核心是预测未来的资本充足率。

2. 资本规划的频率

资本规划采用滚动预测的方式,即每年重新开展一次对未来三年或五年的规划。

四、监测报告 ★

《商业银行资本管理办法》规定,商业银行应当建立内部资本充足评估程序的报告体

系,定期监测和报告银行资本水平和主要影响因素的变化趋势。报告应至少包括以下内容:

(1)评估主要风险状况及发展趋势、战略目标和外部环境对资本水平的影响。

(2)评估实际持有的资本是否足以抵御主要风险。

(3)提出确保资本能够充分覆盖主要风险的建议。

根据重要性和报告用途不同,商业银行应当明确各类报告的发送范围、报告内容及详略程度,确保报告信息与报送频率满足银行管理的需要。

章节自测

一、单项选择题(在以下各小题所给出的四个选项中,只有一个选项符合题目要求,请将正确选项的代码填入括号内)

1. 在商业银行经营管理活动中,风险管理始终是由(　　)来推动并承担最终风险责任的。
   A. 代表公司利益的监事会　　　　B. 代表资本利益的股东大会
   C. 代表公司利益的理事会　　　　D. 代表资本利益的董事会

2. 下列关于其他一级资本的说法,错误的是(　　)。
   A. 本金和收益都应在银行持续经营条件下参与吸收损失的资本工具
   B. 是累积性的、非永久性的资本工具
   C. 是不带有利率跳升及其他赎回条款的资本工具
   D. 其他一级资本包括其他一级资本工具及其溢价(如优先股及其溢价)、少数股东资本可计入部分

3. 二级资本的受偿顺序列在(　　)之前、在(　　)之后。
   A. 优先股;一般债权人　　　　B. 一般债权人;普通股
   C. 普通股;一般债权人　　　　D. 一般债权人;优先股

4. 以(　　)为基础计算的资本充足率,是监管部门限制银行过度承担风险、保证金融市场稳定运行的重要工具。
   A. 监管资本　　　　　　　　　B. 经济资本
   C. 账面资本　　　　　　　　　D. 无形资本

5. 储备资本建立在最低资本充足率的基础上,应由核心一级资本来满足,比例为(　　)。
   A. 1.5%　　　　　　　　　　　B. 2.5%
   C. 2%　　　　　　　　　　　　D. 3%

二、多项选择题(在以下各小题所给出的选项中,至少有两个选项符合题目要求,请将正确选项的代码填入括号内)

1. 第二支柱资本要求覆盖(　　),监管当局将根据风险评估与判断对单家银行提出差异化的资本要求,也可以认可商业银行内部资本充足评估结果。
   A. 流动性风险　　　　　　　　B. 集中度风险
   C. 其他实质性风险　　　　　　D. 结算风险
   E. 银行账簿利率风险

2. 下列关于资本规划的说法中,正确的有( )。
   A. 商业银行应优先考虑补充核心一级资本
   B. 商业银行应将压力测试作为风险识别、监测和评估的重要工具
   C. 资本规划应至少设定内部资本充足率五年目标
   D. 商业银行应测算不同压力条件下的资本需求和资本可获得性
   E. 资本规划的核心是预测未来的资本充足率

三、判断题(请判断以下各小题的正误,正确的选 A,错误的选 B)

1. 银行在计算资本充足率时,应对总资本进行适当扣除,并保证所有表内资产项目和表外资产项目都包含在资本充足率的计量范围中。 ( )
   A. 正确　　　　　　　　　　　B. 错误

2. 一般情况下,若银行的财务状况优良,盈利能力较强,可以通过利润分配减少资本数量,进而能够提高该行的资本充足率水平。 ( )
   A. 正确　　　　　　　　　　　B. 错误

答案详解

一、单项选择题

1. D。【解析】在商业银行经营管理活动中,风险管理始终是由代表资本利益的董事会来推动并承担最终风险责任的。

2. B。【解析】其他一级资本是非累积性的、永久性的、不带有利率跳升及其他赎回条款,本金和收益都应在银行持续经营条件下参与吸收损失的资本工具。

3. C。【解析】二级资本的受偿顺序列在普通股之前、在一般债权人之后。

4. A。【解析】以监管资本为基础计算的资本充足率,是监管部门限制银行过度承担风险、保证金融市场稳定运行的重要工具。

5. B。【解析】储备资本建立在最低资本充足率的基础上,应由核心一级资本来满足,比例为2.5%。

二、多项选择题

1. ABCE。【解析】第二支柱资本要求覆盖集中度风险、银行账簿利率风险、流动性风险以及其他实质性风险,监管当局将根据风险评估与判断对单家银行提出差异化的资本要求,也可以认可商业银行内部资本充足评估结果。

2. ABDE。【解析】资本规划应至少设定内部资本充足率三年目标。故 C 项错误。

三、判断题

1. A。【解析】银行在计算资本充足率时,应对总资本进行适当扣除,并保证所有表内资产项目和表外资产项目都包含在资本充足率的计量范围中。

2. B。【解析】一般情况下,若银行的财务状况优良,盈利能力较强,可以通过利润留存增加资本数量,进而能够提高该行的资本充足率水平。

第十二章 银行监督管理

考情直击

本章的主要内容是与商业银行有关的银行监管、市场约束等相关的知识。分析近几年的考试情况,本章的常考点有银行监管的主要方法、银行风险监管模式和内容、市场约束机制、信息披露机制、外部审计等,在考试中占0.5~4分。

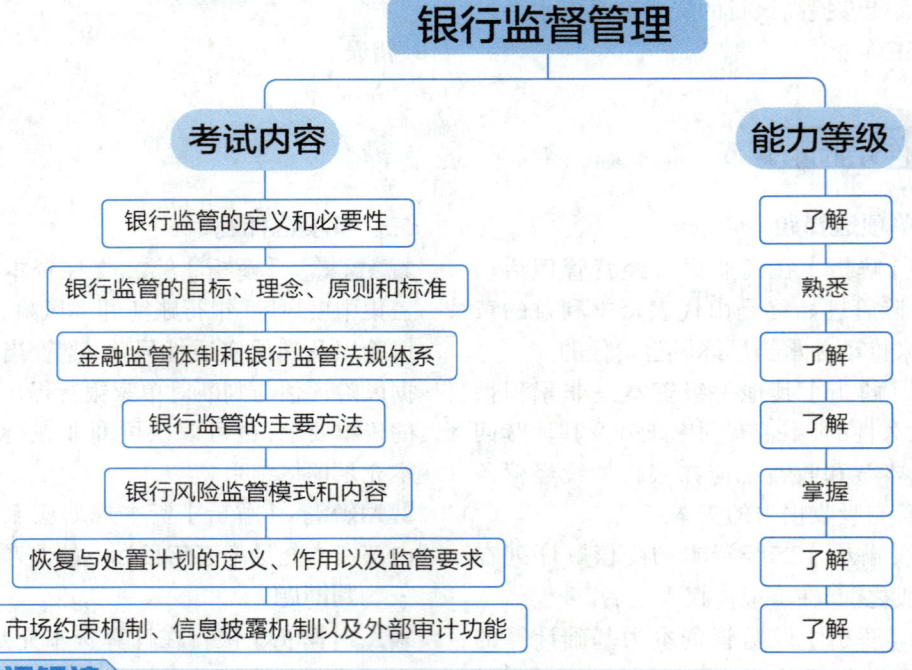

考纲要求

银行监督管理

考试内容	能力等级
银行监管的定义和必要性	了解
银行监管的目标、理念、原则和标准	熟悉
金融监管体制和银行监管法规体系	了解
银行监管的主要方法	了解
银行风险监管模式和内容	掌握
恢复与处置计划的定义、作用以及监管要求	了解
市场约束机制、信息披露机制以及外部审计功能	了解

知识解读

第一节 银行监管

一、银行监管的定义和必要性 ★

(一)银行监管定义

银行监管是由政府主导、实施的对银行业金融机构的监督管理行为,监管部门通过制定法律、制度和规则,实施监督检查,促进金融体系的安全和稳定,有效保护存款人利益。

(二)银行监管的必要性

(1)银行是特殊的企业,银行业在一国国民经济中具有非常重要的地位。
(2)银行机构通过经营风险获得收益,风险是银行体系不可消除的内生因素。

(3)银行往往比存款人、金融消费者占有绝对信息优势。
(4)银行普遍存在通过扩大资产规模增加利润的发展冲动。
(5)银行业先天存在垄断与竞争的悖论。

二、全球银行业监管演进

(一)巴塞尔协议

1988年巴塞尔委员会发布《关于统一国际银行资本计量和资本标准的协议》,并于1993年1月起逐步实施。该协议与1996年巴塞尔委员会发布的《资本协议市场风险补充规定》一起被称为巴塞尔协议Ⅰ。

20世纪90年代以后,经济金融全球化进一步发展,金融创新蓬勃发展,跨境资本流动规模持续扩大,巴塞尔协议Ⅰ的监管标准难以适应市场变化要求。为此,巴塞尔委员会又于2004年颁布了巴塞尔协议Ⅱ,对巴塞尔协议Ⅰ进行了补充和完善:**将最低资本要求作为巴塞尔协议Ⅱ框架下的第一支柱,第二支柱强调监督检查,第三支柱是市场纪律**。

2008年国际金融危机的爆发,暴露了巴塞尔协议Ⅱ监管框架对市场机制过度依赖的缺点,这推动了巴塞尔委员会对巴塞尔协议Ⅱ进行重新修订和完善。2010年底巴塞尔委员会公布巴塞尔协议Ⅲ框架,体现了宏观审慎与微观审慎相结合的监管新思维。

(二)《有效银行监管核心原则》

《有效银行监管核心原则》是巴塞尔委员会在总结国际银行监管实践与经验的基础上,归纳提出的有效银行监管的最低标准,许多国家将其作为评估本国监管体系质量和明确未来工作要求的标杆,同时,也是国际货币基金组织和世界银行评估各成员金融体系稳健程度的重要依据。

三、银行监管的目标、理念、原则和标准 ★★

(一)银行监管的目标

《中华人民共和国银行业监督管理法》明确我国银行业监督管理的目标是:促进银行业的合法、稳健运行,维护公众对银行业的信心。同时,提出银行业监督管理应当保证银行业公平竞争,提高银行业竞争力。

我国银行监管的四个具体目标:
(1)通过审慎有效的监管,保护广大存款人和金融消费者的利益。
(2)通过审慎有效的监管,增进市场信心。
(3)通过相关金融知识的宣传教育工作和相关信息的披露,增进公众对现代金融的了解。
(4)努力减少金融犯罪,维护金融稳定。

(二)银行监管的理念

在总结和借鉴国内外银行监管经验的基础上,国务院银行业监督管理机构提出了"**管法人、管风险、管内控、提高透明度**"的监管理念。

> **真题精练**
>
> 【例1·单项选择题】在总结和借鉴国内外银行监管经验的基础上,国务院银行业监督管理机构提出的监管理念是( )。
> A. 管法人、管流程、管内控、提高透明度
> B. 管机构、管风险、管制度、提高透明度
> C. 管法人、管风险、管内控、提高透明度
> D. 管法人、管风险、管制度、提高透明度
>
> C 在总结和借鉴国内外银行监管经验的基础上,国务院银行业监督管理机构提出的监管理念是管法人、管风险、管内控、提高透明度。

（三）银行监管的基本原则

监管原则是对监管行为的总体规范。《中华人民共和国银行业监督管理法》明确规定，银行业监督管理机构对银行业实施监督管理，应当遵循**依法、公开、公正和效率**四项基本原则。

（四）银行监管的标准

国务院银行业监督管理机构总结国内外银行监管工作经验，明确提出良好银行监管的六条标准：

（1）促进金融稳定和金融创新共同发展。
（2）努力提升我国银行业在国际金融服务中的竞争力。
（3）对各类监管设限做到科学合理，有所为有所不为，减少一切不必要的限制。
（4）鼓励公平竞争，反对无序竞争。
（5）对监管者和被监管者都要实施严格、明确的问责制。
（6）高效、节约地使用一切监管资源。

第二节　金融监管体制和我国银行法律法规体系

一、国际上金融监管体制的类型 ★

（一）单一监管体制

单一监管体制即由一家金融监管机构对金融业实施高度集中监管的体制。目前，实行单一监管体制的发达国家有英国、澳大利亚、新西兰等。此外，大多数发展中国家，如巴西、埃及、泰国、印度、菲律宾等，也实行这一监管体制。

（二）多头监管体制

多头监管体制即由不同的监管机构对不同的金融机构及金融业务分别实施监管。根据监管权限在中央和地方的不同划分，又可将其区分为**分权多头式监管体制**和**集权多头式监管体制**。

实行分权多头式监管体制的国家一般为联邦制国家。在这种体制下，不同的金融机构或金融业务由不同的监管机构来实施监管。美国和加拿大是实行这一监管体制的代表。

实行集权多头式监管体制的国家，对不同金融机构或金融业务的监管由不同的监管机构来实施，但监管权限集中于中央政府。一般来说，该体制以财政部、中央银行或监管当局为监管主体。日本等国家采用这一监管体制。

二、我国金融监管体制 ★

金融监管体制是指金融监管职责和权力分配方式的制度安排，包括监管的范围、监管的法律法规体系、监管主体的确立及其监管手段等，其中，金融监管主体以及职能划分构成了各国不同监管体制的主要差异。

我国金融监管体制大致可以分为如下五个发展阶段：
（1）统一监管阶段（1984—1992年）。
（2）"一行两会"阶段（1992—2003年）。
（3）"一行三会"阶段（2003—2018年）。
（4）"一委一行两会"阶段（2018—2023年）。
（5）"两委一行一总局一会"阶段（2023年至今）。

2023年3月，中共中央、国务院印发了《党和国家机构改革方案》。其中，金融监管体制改革引起市场广泛关注。与金融监管体制相关的改革包括以下方面：

（1）**深化党中央机构改革**。
①组建中央金融委员会。
②组建中央金融工作委员会。
（2）**深化国务院机构改革**。
①组建国家金融监督管理总局。
②深化地方金融监管体制改革。
③中国证券监督管理委员会调整为国务院直属机构。
④统筹推进中国人民银行分支机构改革。
⑤完善国有金融资本管理体制。
⑥加强金融管理部门工作人员统一规范管理。

三、我国银行业监管法规体系 ★

银行监管的有效实施必须具备完善的法律法规体系，以便为银行监管提供全面、有效的法规依据。

1. 按照法律的效力等级划分

在我国，按照法律的效力等级划分，银行监管法律框架由法律、行政法规和规章三个层级的法律规范构成。

（1）法律。法律是由全国人民代表大会及其常务委员会根据《中华人民共和国宪法》，并依照法定程序制定的有关法律规范，是法律框架的最基本组成部分。

（2）国务院的行政法规、决定、命令。行政法规由国务院根据宪法和法律制定。行政法规的效力低于法律，高于地方性法规、规章（部门规章和地方政府规章）。

（3）部门规章和规范性文件。中国人民银行和国务院银行业监督管理机构等金融管理部门，根据法律和行政法规，有权在权限范围内制定金融有关规章和规范性文件。

2. 按照风险类别划分

按照风险类别划分，风险管理相关领域主要监管规章制度和监管指引分为：信用风险管理领域、市场风险管理领域、操作风险管理领域和其他风险管理领域。

第三节　银行监管的主要方法

一、市场准入 ★

市场准入是指监管部门采取行政许可手段审查、批准市场主体可以进入某一领域并从事相关活动的机制。市场准入是银行监管的首要环节，把好市场准入关是保障银行机构稳健运行和金融体系安全的重要基础。

根据国务院银行业监督管理机构的监管规则，银行机构的市场准入包括三个方面：一是**机构准入**，指依据法定标准，批准银行机构法人或其分支机构的设立；二是**业务准入**，指按照审慎性标准，批准银行机构业务范围和开办新业务；三是**高级管理人员准入**，指对银行机构高级管理人员任职资格的核准或认可。

市场准入应当遵循公开、公平、公正、效率及便民的原则，其主要目标是：
（1）**保证注册银行具有良好品质，防止不稳定机构进入银行体系**。
（2）**维护银行市场秩序**。
（3）**保护存款者利益**。

二、现场检查 ★

现场检查是指监管当局及其分支机构派出监管人员到被监管的银行业金融机构进行实地检查，通过查阅账表、文件等各种资料和座谈询问等方法，对银行业金融机构经营管理情况进行分析、检查、评价和处理，督促其合法、稳健经营，提高经营管理水平，维护金融机构及金融体系安全的一种检查方式。

现场检查对银行风险管理的重要作用体现在四个方面：
(1)发现和识别风险。
(2)保护和促进作用。
(3)反馈和建议作用。
(4)评价和指导作用。

> **要点点拨**
>
> 银行业监督管理机构现场检查的重点内容包括业务经营的合法合规性、风险状况和资本充足性、资产质量、流动性、盈利能力、管理水平和内部控制、市场风险敏感度。

> **真题精练**
>
> 【例2·多项选择题】现场检查对银行风险管理的重要作用体现在（　　）。
> A.反馈和建议作用　　　　　　B.保护和促进作用
> C.发现和识别风险　　　　　　D.评价和指导作用
> E.分析和规避风险
>
> **A B C D** 现场检查对银行风险管理的重要作用体现在四个方面：发现和识别风险、保护和促进作用、反馈和建议作用、评价和指导作用。

三、非现场监管 ★

(一)非现场监管定义

非现场监管是非现场监管人员按照风险为本的监管理念，全面持续地收集、检测和分析被监管机构的风险信息，针对被监管机构的主要风险隐患制定监管计划，并结合被监管机构风险水平的高低和对金融体系稳定的影响程度，合理配置监管资源，实施一系列分类监管措施的周而复始的过程。

非现场监管人员通过风险为本的非现场系统监测被监管机构各类风险水平变化，及时跟进预警信号，识别被监管机构的内控缺陷，纠正其违规行为，改善其公司治理。由于非现场监管持续、频密，监管机构在两个现场检查的间隔期间仍可对被监管机构运营和财务状况有充分深入的了解。

(二)非现场监管和现场检查的关系

非现场监管和现场检查两种方式在监管活动中发挥着不同的作用，两者相互补充、互为依据。
(1)通过非现场监管系统收集到全面、可靠和及时的信息，大大减少现场检查的工作量。
(2)非现场监管对现场检查的指导作用。
(3)现场检查结果将提高非现场监管的质量。
(4)通过现场检查修正非现场监管结果。
(5)非现场监管工作还要对现场检查发现的问题和风险进行持续跟踪监测，督促被监管机构加快整改进度和情况，加强现场检查的有效性。

四、风险处置纠正 ★

风险处置纠正贯穿银行监管始终，是指监管部门针对银行机构存在的不同风险和风险的严重程度，及时采取相应措施加以处置，包括：

（一）风险纠正
风险纠正主要是针对正常或基本正常的银行业机构，以及存在潜在风险隐患的关注类机构采取的措施。

（二）风险救助
风险救助是针对有问题的银行机构采取的救助性措施。

（三）市场退出
市场退出分为法人机构整体退出和分支机构退出两大类，退出方式分为自愿退出和强制退出。

> **教你一招**
>
> 银行监管的主要方法：市场准入（首要环节）、现场检查、非现场监管以及风险处置纠正。

五、银行风险监管模式和内容 ★★★

（一）风险监管定义
风险监管是指通过识别银行固有的风险种类，进而对其经营管理所涉及的各类风险进行评估，并按照评级标准，系统、全面、持续地评价一家银行经营管理状况的监管模式。

（二）风险监管在实践中的作用
在有限资源的约束下，采用风险为本的监管无疑是一种最具成本效益的选择，它代表着国际银行业监管发展的趋势和方向，并且在实践中发挥着以下重要作用：

（1）通过对机构信息的收集、对业务和各类风险及风险管理程序的评估，能更好地了解机构的风险状况和管理素质，及早识别出即将形成的风险，具有前瞻性。

（2）通过事前对风险的有效识别，可根据每个机构的风险特点设计、检查和监管方案，更有计划性、灵活性和针对性。

（3）明确监管的风险导向，提高银行管理层对风险管理的关注程度，同时也提高管理层对监管的认同感，达成共识和良性互动，共同致力于风险的防范和化解。

（4）根据风险评估判断出高风险领域，有针对性地进行检查，并更多地借鉴内部管理和审计结果，减少低风险业务的测试量和重复劳动，减轻检查负担，节省监管资源，提高现场工作效率。

（5）把监管重心转移到银行风险管理和内部控制质量的评估上，明确了监管者和银行管理层各自的职责，对银行管理层的风险管理责任提出了更高的期望和要求。

（6）明确了非现场监管和现场检查的职责，使二者分工更清晰、结合更紧密。

（三）风险监管的监管步骤
风险监管框架涵盖了六个相互衔接的、循环往复的监管步骤：

（1）了解机构。
（2）风险评估。
（3）规划监管行动。
（4）准备风险为本的现场检查。
（5）实施风险为本的现场检查。
（6）监管措施、效果评价和持续的非现场监测。

(四)风险监管指标体系

> **风险水平类指标**
>
> 风险水平类指标用来衡量商业银行的风险状况,以时点数据为基础,属于静态指标,包括信用风险指标、市场风险指标、操作风险指标和流动性风险指标。

> **风险迁徙类指标**
>
> 风险迁徙类指标用来衡量商业银行风险变化的程度,表示为资产质量从前期到本期变化的比率,属于动态指标,包括正常贷款迁徙率和不良贷款迁徙率。

> **风险抵补类指标**
>
> 风险抵补类指标用于衡量商业银行抵补风险损失的能力,包括盈利能力、准备金充足程度和资本充足程度三个方面。

(五)风险监管的主要内容

(1)建立银行风险的识别、计量、评价和预警机制,建立风险评价的指标体系,根据定性和定量指标确定风险水平或级别,按照风险水平及时进行预警。

(2)建立高风险银行类金融机构的判断和救助体系,要建立对此类机构的判断标准,并对此类机构制定风险控制、化解方案,包括限制业务、调整管理层、扩充股本、债务重组、请求中央银行给予流动性支持等。

(3)建立应对支付危机的处置体系,包括停业隔离整顿、给予流动性救助、资产负债重组、关闭清算、实施市场退出等。

(4)建立银行类金融机构市场退出机制及金融安全网,包括存款保险体系建设等。

第四节 市场约束

一、市场约束机制 ★★

(一)市场约束机制定义

市场约束机制是通过建立银行业金融机构信息披露要求,提高其经营管理透明度,使市场参与者能够用及时、可靠的信息对银行业务及内在风险进行评估,通过奖励有效管理风险、经营效益良好的银行,惩戒风险管理不善或效率低下的银行等方式,发挥外部监督作用,推动银行业金融机构持续改进经营管理,提高经营效益,降低经营风险。

市场约束的具体表现:在有效信息披露的前提下,依靠包括**存款人、其他债权人、银行股东**等利益相关者的利益驱动,使这些利益相关者根据自身掌握的信息及判断,在必要时采取影响金融机构经营活动的合理行动,如卖出股票、转移存款等,达到促进银行稳健经营的目的。

(二)市场约束参与方及其作用

(1)**监管部门**。监管部门是市场约束的核心,其作用在于:一是制定信息披露标准和指南,提高信息的可靠性和可比性;二是实施惩戒,即建立有效的监督检查制度,确保政策执行和有效信息披露;三是引导其他市场参与者改进做法,强化监督;四是建立风险处置和退出机制,促进市场约束机制最终发挥作用。

（2）**公众存款人**。存款是银行主要的负债来源之一，公众存款人对银行的约束作用表现在存款人可以通过提取存款或把存款转入其他银行，增加银行的竞争压力。

（3）**股东**。银行股东拥有银行经营的决策权、投票权、转让股份等权利。股东通过行使权利给银行经营者施加经营压力，有利于银行改善治理，实现对银行的市场约束。

（4）**其他债权人**。

（5）**外部中介机构**。

（6）**其他参与方**。

二、信息披露机制 ★★

（一）信息披露定义

信息披露通常是指公众公司以招股说明书、上市公告书，以及定期报告和临时报告等形式，把公司及与公司相关的信息，向投资者和社会公众进行披露的行为。

银行机构的信息披露主要分为会计信息披露和监管要求的信息披露两大类。银行机构的信息披露原则是：侧重披露总量指标，谨慎披露结构指标，暂不披露机密指标。

（二）信息披露的目的

从监管的角度来看，巴塞尔协议Ⅲ和《商业银行资本管理办法》均要求银行建立资本充足率信息披露制度，明确市场约束作为资本监管的有效工具，起到配合监管机构、强化银行外部监督的作用。

从银行自身角度看，有效的信息披露机制促使银行更为有效且合理地分配资金和控制风险，保持充足的资本水平，提升银行自身资本管理和风险管理水平。

从投资者等利益相关方角度看，关于银行资本结构、风险敞口、资本充足率、对资本的内部评价机制以及风险管理战略等信息的充分披露，提高了银行信息的透明度，有利于利益相关方做出决策并保障它们的利益。

（三）信息披露的制度要求

在信息披露不充分的条件下，为了达到有效银行监管的目的，监管当局必须强化信息披露监控机制，包括：

（1）**日常监督机制**。

（2）**惩罚机制**。

（3）**监管当局责任**。

> **知识加油站**
>
> 商业银行应遵循真实性、准确性、完整性和可比性的原则，规范地披露信息。

1.《商业银行信息披露办法》的要求

2007年颁布的《商业银行信息披露办法》要求银行披露其经营状况的主要信息，包括财务会计报告、各类风险管理状况、公司治理情况、年度重大事项等。

商业银行董事会负责本行资本充足率的信息披露，未设立董事会的，由行长负责。信息披露的内容须经董事会或行长批准，并保证信息披露的真实性、准确性、充分性、及时性、公平性，以便市场参与者能够对商业银行资本充足率作出正确的判断。对于涉及商业秘密而无法披露的项目，商业银行应披露项目的总体情况，并解释项目无法披露的原因。

2.《商业银行资本管理办法》的要求

《商业银行资本管理办法》附件22"商业银行信息披露内容和要求"侧重于商业银行资本计量和管理相关信息的披露。提高信息披露标准，强化相关定性和定量信息披露，增强市场约束。

3. 披露方式

根据证监会规定,上市银行依法披露的信息,应当在证券交易所的网站和符合证监会规定条件的媒体发布,同时将其置备于上市公司住所、证券交易所,供社会公众查阅。

信息披露文件的全文应当在证券交易所的网站和符合证监会规定条件的报刊依法开办的网站披露,定期报告、收购报告书等信息披露文件的摘要应当在证券交易所的网站和符合证监会规定条件的报刊披露。

4. 披露要求

第三支柱披露要求与会计准则的有关要求并不矛盾,承认会计或其他监管规定的披露要求,有助于提高第三支柱信息披露的有效性。第三支柱的信息披露不要求必须经过外部审计,但会计准则制定部门、证券监管机构或其他权力机构另有要求的除外。

(四)专有信息和保密信息披露

信息披露需均衡考虑信息披露的完整性原则以及保护专有及保密信息的需要。在某些情况下,专有或保密信息的对外披露会严重损害银行的竞争地位,这种情况下银行可以不披露具体的项目,但必须对要求披露的信息进行一般性披露,并解释某些项目未对外披露的事实和原因。

三、外部审计 ★★

(一)外部审计的作用

外部审计作为一种外部监督机制,依据审计准则,实施必要、规范的审计程序,运用专门的审计方法,对银行的财务状况和风险状况进行审查,有助于发现银行管理的缺陷,引导投资者、社会公众对银行经营水平和财务状况进行分析、判断,客观上对银行产生约束作用。

(二)外部审计的内容

巴塞尔委员会要求银行监管者可以视检查人员资源状况,全部或部分地使用外部审计师对商业银行实施检查,并达到以下目的:

(1)评估其从商业银行收到报告的准确性。
(2)评价商业银行总体经营情况。
(3)评价商业银行各项风险管理制度。
(4)评价银行各项资产组合的质量和准备金的充足程度。
(5)评价管理层的能力。
(6)评价商业银行会计和管理信息系统的完善程度。
(7)商业银行遵守有关合规经营的情况。
(8)其他历次监管中发现的问题。

为确保客观、公正地发表审计意见,有关法律赋予了外部审计机构以下权力:

(1)要求被审计单位按照规定提供预算或者财务收支计划;预算执行情况、决算、财务报告以及其他与财务收支有关的资料,被审计机构不得拒绝、拖延、谎报。
(2)检查被审计单位的会计凭证、会计账簿、会计报表以及其他与财务收支有关的资料和资产,被审计单位不得拒绝、隐瞒。
(3)有关单位和个人应当支持、协助审计机构的工作,包括如实向外部审计机构反映情况,提供有关说明材料。
(4)及时向有关监管机构反映被审计单位严重违反国家规定的财务收支行为和其他阻碍审计工作的行为。

(三)外部审计与信息披露的关系

(1)外部审计有利于提高信息披露质量。

(2)信息披露有利于提高审计效率、降低审计风险。透明的信息披露对外部审计的影响具体表现在以下方面：

①消除信息不对称及降低代理成本的最有效途径,是公司治理机制的重要组成部分。

②降低审计人员发表不恰当审计意见的可能性,减少企业经营者与所有者的信息不对称,从而降低审计风险。

③强化外部市场对经营者行为的约束,优化审计环境。

④将企业及企业经营者的行为充分"暴露"在会计报表相关使用者面前,能够促进经营者形成有效的自我约束。

⑤使投资、债券等市场运行基础更加稳固,有效性提高,同时促使企业和经营者的行为更加规范,审计风险得以降低。

(四)外部审计与监督检查的关系

通常情况下,银行监管侧重于合规管理与风险控制的分析和评价;外部审计则侧重于财务报表审计,关注财务信息的完整性、准确性、可靠性。但随着银行经营管理的发展,外部审计也逐步向风险管理领域扩延。

(1)外部审计和银行监管都采用现场检查的方式。

(2)外部审计报告是银行监管的重要资料,银行监管政策、相关标准和准则也是实施外部审计所依据和关注的重点。同时,在一定条件下,监管部门通过要求、委托外部审计机构,实现对银行业务和经营管理信息的检查。二者互相配合并形成合力,既能促进银行机构完善管理,也能促进监管部门完善监管,从而有效防范金融风险。

(3)外部审计和监管意见共同成为市场主体关注、评价、选择银行的重要依据。

章节自测

一、单项选择题(在以下各小题所给出的四个选项中,只有一个选项符合题目要求,请将正确选项的代码填入括号内)

1.《中华人民共和国银行业监督管理法》明确规定,银行业监督管理机构对银行业实施监督管理的"四项基本原则"不包括(   )。
  A. 依法原则 B. 公开原则
  C. 谨慎原则 D. 效率原则

2. 下列风险监管框架的监管步骤中,最能体现持续有效监管的是(   )。
  A. 风险评估
  B. 规划监管行动
  C. 实施风险为本的现场检查
  D. 监管措施、效果评价和持续的非现场监测

3. 在信息披露不充分的条件下,为了达到有效银行监管的目的,监管当局必须强化信息披露监控机制,不包括(   )。
  A. 日常监督机制 B. 监管当局责任
  C. 惩罚机制 D. 奖励机制

二、多项选择题(在以下各小题所给出的选项中,至少有两个选项符合题目要求,请将正确选项的代码填入括号内)

1. 在银行监管中,非现场监管和现场检查两种方式相互补充、互为依据,在监管活动中发挥的作用主要有(   )。
  A. 通过非现场监管系统收集到全面、可靠和及时的信息,大大减少现场检查的工作量

B. 现场检查对非现场监管的指导作用
C. 现场检查结果将提高非现场监管的质量
D. 通过现场检查修正非现场监管结果
E. 非现场监管工作对现场检查发现的问题和风险进行持续跟踪监测

2. 外部审计侧重于（　　）。
A. 合规管理的分析和评价
B. 风险控制的分析和评价
C. 关注财务信息的可靠性
D. 财务报表审计
E. 关注财务信息的完整性

三、判断题（请判断以下各小题的正误，正确的选A，错误的选B）

1. 银行机构的信息披露原则是：侧重披露总量指标，谨慎披露结构指标，暂不披露机密指标。（　　）
A. 正确
B. 错误

2. 第三支柱的信息披露要求必须经过外部审计。（　　）
A. 正确
B. 错误

答案详解

一、单项选择题

1. C。【解析】《中华人民共和国银行业监督管理法》明确规定，银行业监督管理机构对银行业实施监督管理，应当遵循依法、公开、公正和效率四项基本原则。

2. D。【解析】监管措施、效果评价和持续的非现场监测是风险为本监管的后续阶段，也是最能体现持续有效监管的阶段。

3. D。【解析】在信息披露不充分的条件下，为了达到有效银行监管的目的，监管当局必须强化信息披露监控机制，包括：（1）日常监督机制。（2）惩罚机制。（3）监管当局责任。

二、多项选择题

1. ACDE。【解析】非现场监管和现场检查两种方式在监管活动中发挥着不同的作用，两者相互补充、互为依据。（1）通过非现场监管系统收集到全面、可靠和及时的信息，大大减少现场检查的工作量。（2）非现场监管对现场检查的指导作用。（3）现场检查结果将提高非现场监管的质量。（4）通过现场检查修正非现场监管结果。（5）非现场监管工作还要对现场检查发现的问题和风险进行持续跟踪监测，督促被监管机构加快整改进度和情况，加强现场检查的有效性。

2. CDE。【解析】在通常情况下，银行监管侧重于合规管理与风险控制的分析和评价；外部审计侧重于财务报表审计，关注财务信息的完整性、准确性、可靠性。

三、判断题

1. A。【解析】银行机构的信息披露原则是：侧重披露总量指标，谨慎披露结构指标，暂不披露机密指标。

2. B。【解析】第三支柱的信息披露不要求必须经过外部审计，但会计准则制定部门、证券监管部门或其他权力机构另有要求的除外。

> **温馨提示**
> "恭喜您，已完成本书全部考点学习，完成打卡100分，请继续乘风破浪下一段旅程！"